现代化档案管理与档案信息建设发展

龙 飞 著

吉林科学技术出版社

图书在版编目（CIP）数据

现代化档案管理与档案信息建设发展 / 龙飞著. --
长春：吉林科学技术出版社，2021.12（2023.4重印）
ISBN 978-7-5578-8964-7

Ⅰ．①现… Ⅱ．①龙… Ⅲ．①档案管理－信息化建设
－研究 Ⅳ．① G270.7

中国版本图书馆 CIP 数据核字（2021）第 226746 号

现代化档案管理与档案信息建设发展

XIANDAIHUA DANGAN GUANLI YU DANGAN XINXI JIANSHE FAZHAN

著　　者	龙　飞
出 版 人	宛　霞
责任编辑	汤　洁
封面设计	李　宝
制　　版	宝莲洪图
幅面尺寸	185mm×260mm
开　　本	16
字　　数	270 千字
印　　张	12.375
版　　次	2021 年 12 月第 1 版
印　　次	2023 年 4 月第 2 次印刷
出　　版	吉林科学技术出版社
发　　行	吉林科学技术出版社
地　　址	长春净月高新区福祉大路 5788 号出版大厦 A 座
邮　　编	130118

发行部电话 / 传真　0431—81629529　　81629530　　81629531
　　　　　　　　　　81629532　　81629533　　81629534

储运部电话　0431—86059116

编辑部电话　0431—81629520

印　　刷	北京宝莲鸿图科技有限公司
书　　号	ISBN 978-7-5578-8964-7
定　　价	50.00 元

前言

　　档案是一种社会的信息资源，是最基础的资源，也是国家的重要资源。档案工作信息化建设是档案工作跟随时代发展的产物，通过对信息化技术的利用，结合档案管理工作，既为档案信息化建设提供基础，也为档案事业的发展提供动力，让档案工作可以更加高效的满足社会对于档案信息资源的需要，体现档案管理的重要性。

　　档案管理信息化建设是对档案原文件进行保存的重要方式，应该充分利用先进的信息手段与技术把各种物质化信息资源进行信息化的转换，然后进行保存工作。并且建立起档案全文数据库和档案目录数据库，为社会及个人提供服务。同时档案管理工作的信息化要结合传统的档案管理工作的方法，使两者相互补充、相互共存、共同发展。

　　信息化建设是现代社会的一个关键词，各行各业都在比拼信息获取速度，因此，档案事业处于一个发展的黄金时期，档案部门需要加强档案信息化建设，提高档案管理的信息化水平，完善档案信息服务质量，为现代档案信息资源利用提供更多更广的渠道，为档案信息化建设开辟新的道路，肩负起应有的历史责任。

目 录

第一章　档案及其管理工作概论

第一节　档案的起源与发展

一、档案的起源与沿革

关于档案的起源，主要有以下四种观点：

第一种观点认为：在国家诞生以后，产生了文字，用文字记录国家的各种事务，就形成了档案。

第二种观点认为：在原始社会末期产生了原始的文字，国家产生后，用文字记录国家的各种事务，形成了档案。

第一、第二种观点称为阶级社会产物论，又称为文字、国家条件说。

第三种观点认为：在原始社会末期产生了原始的文字，原始部落用这种文字记录各项事务，就形成了比较原始的档案。国家形成后，形成了比较有条理的档案。

第四种观点认为：原始社会的结绳、刻契就是原始的档案，文字国家形成后，形成了比较有条理的档案。

第三、第四种观点称为原始社会产物说。

由此可见，档案不是历来就有的社会现象，它是人类社会随着生产的发展、记录符号的发明和使用逐步形成的。

二、档案载体与名称的发展演变

中华民族历史悠久，勤劳智慧，创造了光辉灿烂的人类文明。

中华民族在创造文明进程中形成的年代久远、数量浩瀚、内容丰富、价值珍贵的档案资源实为世间罕见。而档案载体多姿多彩，从甲骨、金石、简牍、缣帛到纸墨文书，经历了长期的发展演变。随着社会的不断进步，档案载体也在继续发展。

（一）甲骨档案

甲骨档案主要是指把人类的社会活动契刻在龟甲、兽骨上而形成的数量庞大、内容丰富的商周时期的档案。商代的甲骨档案距今已有 3300 多年，其总量在 15 万片以上。殷商时期，帝王们崇尚迷信，无论打仗、出巡、祭祀、狩猎、畜牧、农耕，还是发生了灾害、疾病，都要在神庙用龟甲或兽骨占卜吉凶。然后，将占卜的时间、占卜人的姓名、所问事项以及事后结果，都刻在甲骨上，并且集中存放在宗庙内保存起来，这就是甲骨档案。甲骨档案主要集中于商代，现在所保存的甲骨文，多为盘庚迁殷至纣亡的 273 年间的遗迹。甲骨档案记载了商代的政治、军事、经济、社会生活等方面的情况，是我国最珍贵的古代文字档案，也是研究商代历史的珍贵史料。

（二）金石档案

金文是铸刻在金属鼎彝器上的一种铭文，也称钟鼎文，一般是指冶铸在青铜器上的文字。古人称铜为金，故又常称钟鼎文为金文。随着社会的进步和文明的发展，甲骨档案逐渐退出了历史舞台。西周时期，青铜器手工业大力发展，不仅冶炼技术极其高明，而且分布也很广泛，为金文的发展提供了坚实的物质技术条件。据不完全统计，已出土的周代青铜器达 5000 多件。由于周代奴隶制的发展和疆域的拓展、国家权力的加强、分封和征战、以及科学文化活动等社会实践，使周代的许多青铜铭文具有档案的性质。钟鼎彝器中作为记事和凭信的金文，在档案学上称为金文档案。周代金文档案内容相当广泛，包括祀典、册命、赏赐、志功、征伐、诉讼和契约等各个方面的事迹。

石刻档案是随着金属工具的使用及其他社会背景而产生的。

秦汉以后，随着铁器时代以及秦汉统一帝国活动的发展，石刻档案进入盛行阶段，数量增多，内容丰富，既有帝王出巡、狩猎、宣扬功德、生产活动、社会重要事件的记述，也有颁发政令、规定法纪的文告等。采用石刻形式发布文告，传知的范围既广大，又有利于长久流传，故而直到明清、民国时期仍有所见。

现在人们所称的金石档案，还包括诸如铁券、金册等一些金属载体形式的档案，多是王朝对有功臣官和有关首领人物的册封。我国有关的档案馆和博物馆还保存有古代"铁券"和"金册"等实物。如清政府颁发给五世达赖和十一世达赖的金册，至今仍光彩夺目。这些都是当时的贵重文书，现在成为稀世的古代档案和文物珍品。

（三）简牍档案

金石档案虽坚固耐久，但载体笨重，制造费工，且不便传递，所以，商周至东晋时期，特别是从周代到汉代的 1000 余年间，多用竹片和木片撰写文书与保存档案。竹片称"简"、木片称"牍"，把若干竹片或木片编在一起叫"策"（册，古时策与册二字相通），通常称作"简策""简牍""简书"。20 世纪 30 年代，在西北居延（今内蒙古自治区境内）汉代烽燧遗址中发现 1 万余枚汉简，称为"居延汉简"。1996 年 10 月，在湖南长沙发现了三国孙吴纪年简牍，14 万余枚，超过中国历年出土简牍数量的总和。这批吴简详细地记录了当时人们的社会生活和经济关系等内容，对于研究中国古代史，特别是三国时期的政治制度、社会关系、经济关系及赋税制度等具有非同寻常的意义。因此，长沙吴简的出土被一些学者称作是继殷墟甲骨、居延汉简、敦煌遗书和清朝大内档案之后我国近代史料的第五大发现。

（四）缣帛档案

随着生产力的发展，秦汉之后的简牍在仍然大量使用的同时，一些重要文件用丝织品缣帛书写的逐渐多了起来。缣帛作为文书和档案的载体材料，比起竹木简牍显然更为进化。使用简牍上一奏章，竟有多达 3000 片的。秦始皇处理公文也有"日读一担"的记载。一天要看 100 斤文件，其不便之处可想而知。帛为丝织品的总称，缣是双丝的细绢，以比较精制的丝绸为书文和存档的材料，既轻便柔软，剪裁又灵活，传递和保管起来也比较方便。现存的缣帛档案有从长沙楚墓中出土的帛书，属于战国时代的古文书。汉墓中也发现有较多的帛书，其中有我国迄今所见的最早的舆图档案，也是世界上迄今已发现的最早的地图。

（五）纸质档案

缣帛档案固然有其当时历史条件下的优点，但缣帛价值昂贵，无法推广使用。随着社会经济、政治、文明的不断发展，勤劳智慧的中华民族早在汉代已发明了造纸术，使文字、档案和其他文献载体、记录方式逐渐地发生了空前的大变革，对人类文明做出了巨大贡献。我国虽然在东汉时期就发明了纸张，但纸完全代替竹木、缣帛而成为官府公文用纸却是在魏晋南北朝时代。到了唐、宋，用纸更为普遍，加之印刷术的出现，纸张被广泛应用于写文书。我国现存最古老的纸质档案，是西晋文字家陆机（261-303 年）所写的"平复贴"，而且也是世界上现存历史最久的纸质档案。

（六）音像档案

音像档案是随着现代科学技术的进步产生的，也被称为声像档案或视听档案，可分为视觉、听觉、视听综合等不同形式，包括照片、唱片、影片、录音带、录像带等。与纸质档案相比，音像档案具有更强的直观性。如照片档案记录了可视形象；录音带可以再现语言和音乐；影片、录像带能录制人物、事件、环境和气氛等。

它们成为当时社会活动真实、可靠的可视、可听记录。但除照片档案外，大多音像档案不能直接阅读，需要借助相应设备才能读取。社会实践活动的丰富和科技手段的提高，使音像档案的数量越来越多，作用也越来越大。音像档案的载体有磁性材料、感光材料或其他合成材料，成分复杂、质地脆弱。而且因为音像档案载体比纸张更易受光、热、温度、污染物等环境的影响而导致音像信息的失真、减弱甚至消失，所以对音像档案的保管条件、管理方法和管理要求都与纸质档案有所不同，需要专门的技术、设备、装具或专用库房。

（七）电子文件（电子档案）

电子文件是伴随计算机技术的发展而产生的一种新型文件。

关于电子文件的定义，目前尚无统一的标准说法。我国档案行业标准《档案工作基本术语》定义为："电子文件是以代码形式记录于磁带、磁盘、光盘等载体,依赖计算机系统存取并可在通信网络上传输的文件。"在电子环境中,文件和档案的界限不像纸质文件与档案那么清楚,而且目前电子文件的法律效力尚未得到全面的认可,电子文件尚未取得与"档案"一样的法律地位。但是档案馆又不能等这些问题都解决了再来接收电子文件,因此,姑且把作为"档案"接收和保管的电子文件称为"具有档案性质的电子文件"。电子文件具有与传统纸质文件完全不同的特征。其特征主要包括:信息存储的高密度性;信息的非人工识读性;系统的依赖性;信息与特定载体之间的可分离性;多种信息媒体的集成性;信息的可操作性。这些特征决定了对电子文件必须采用与以往不同的管理方法。随着计算机网络系统的发展,电子文件在人类社会的应用领域、应用范围日益广泛,数量日益增加,它给档案管理工作和档案学研究提出了新的全方位的挑战。

第二节　档案的分类

一、档案分类的含义

档案分类是指依据一定标准,按照档案的来源、时间、内容和形式特征,对档案进行有层次的区分,并组成一定的体系。广义的档案分类有三个层次:一是档案概念分类;二是档案实体的馆(室)藏分类;三是档案内容信息分类。

二、档案概念分类

档案概念分类通常称为档案种类划分。根据档案的不同属性和科学管理的需要,可采用不同的标准、从不同的角度对档案进行划分。

1. 按来源划分

按照档案的来源即形成者,可将档案分为国家机关档案、党派团体档案、企业档案、事业单位档案、个人档案等。

2. 按内容划分

按照档案的产生领域及其内容,可将档案分为文书档案、科学技术档案、专业档案。文书档案指反映党务、政务、机关事务管理等活动的档案。科学技术档案指反映科学研究、生产营运、项目建设、设备仪器及其管理等活动的档案。专业档案指反映专门活动领域的档案,如会计档案、人事档案、户籍档案等。

3. 按载体形式划分

按照档案的载体形式,可将档案分为原始型档案、传统型档案和新型档案三类。原始型档案主要指以甲骨、金石、简牍、缣帛、泥板、羊皮、纸草、棕榈叶等材质为载体的档案。传统型档案是指以纸张为载体材料而制成的档案,即纸质档案。新型档案是以感光材料和磁性材料等现代技术产生的新型材质为载体的档案。

4. 按时间划分

按照档案形成的时间,可将档案分为古代档案、近代档案和现代档案。

5. 按所有权划分

按照档案的所有权,可将档案分为公有档案和私有档案。

三、档案实体的馆（室）藏分类

档案信息实体的馆（室）藏分类,也简称为档案实体分类,或直接称为档案分类。档案实体分类是指根据档案的来源、形成时间、内容、形式等特征,对档案实体进行的分类。该分类有两个层次,即档案馆级的分类和档案室级的分类。

1. 档案馆级的分类

档案馆级的分类是指对一个档案馆内全部馆藏档案的分类,我国档案馆的档案是按照全宗和非全宗形式进行分类和保管的。

文书档案以全宗作为科学管理的基本单位;科技档案以工程项目、产品型号、科研课题、专业性质、地域特征等非全宗形式作为科学管理的基本单位。

2. 档案室级的分类

档案室级的分类主要有全宗内档案的分类和非全宗形式档案的分类。全宗内档案分类的标准主要有档案的形成时间、来源、内容和形式等。非全宗形式档案分类的标准主要有工程项目、产品型号、科研课题、专业性质、地域特征等。

四、档案内容信息分类

档案内容信息分类是指以国家机构、社会组织的职能分工为基础,结合档案内容所记述和反映的事物属性关系对档案信息进行的分类。

五、国家档案全宗的分类

档案分类按照来源、时间、内容和形式等方面的异同,将归档文件划分为若干层次和类别,构成一个有机体系。分类过程中应正确判定文件所属年度和机构。常用的档案分类方法有如下几种:

1. 年度分类法。以形成和处理文件的年度为标准,将档案分成各个类别。

2. 组织机构分类法。根据文件处理阶段和处理文件的承办单位进行分类,即按照立档单位的内部组织机构将档案分成若干类别。

3. 问题分类法。以文件内容所涉及的问题为根据,将档案分成各个类别。

将以上三种分类方法和保管期限结合使用,会形成下列复式分类方法:

（1）年度—组织机构—保管期限分类法。先将立档单位内的档案按年度分开,然后在每个年度内再按组织机构进行分类,再在组织机构下按保管期限划分。

（2）保管期限—年度—问题分类法。先将归档文件按保管期限分类，每个保管期限下按年度分开，然后在每个年度内再按机构（问题）分类。

（3）组织机构—年度—保管期限分类法。先将归档文件按组织机构分类，每个组织机构下按年度进行划分，再在年度按保管期限分类。

（4）年度—问题—保管期限分类法。先将归档文件按年度进行分类，每个年度下按问题分类，再在问题下按保管期限进行分类。

第三节　档案工作的基本内容与性质

档案工作指管理档案和档案事业的活动，包括档案管理工作、档案行政管理工作、档案教育工作、档案科学研究工作和档案宣传工作等。档案管理指档案的收集、整理、保管、鉴定、统计和提供利用等活动，即档案室和档案馆所从事的档案业务工作。通常说的档案工作是指狭义的档案工作，即档案管理。

一、档案工作的内容

1. 收集档案

收集是指档案馆（室）接收或征集档案和其他有关文献的活动。通过收集使分散的、数量浩繁的档案集中起来，便于档案的科学保管和有效利用。

2. 整理档案

整理是指按照一定的原则对档案实体进行系统分类、组合、排列、编目，使之有序化的过程。通过档案整理工作使成分复杂的档案条理化、系统化，利于档案的保存和使用。

3. 鉴定档案

鉴定是指按照一定的原则和标准，判定档案的真伪和价值，确定保管期限及决定档案存毁的一项工作。通过鉴定工作，去粗取精，剔除失去保存价值的档案，使档案保管机构的人力、物力和财力能够充分发挥作用。

4. 保管档案

保管是维护档案完整与安全的活动。其基本任务有两个：一是维护档案实体的系统性，使库藏档案始终有序；二是保护档案实体，最大限度地减少人为或自然因素的损坏，延长档案的"寿命"。

5. 检索档案

检索是指存储和查找档案信息的过程。档案检索工作是将档案信息运用一系列方法进行加工处理，形成各种检索工具，供人们查找所需档案。

6. 编研档案

编研是指在研究档案和社会需要的基础上，按照一定的题目、体例和方法编辑档案文献的活动。通过档案编研工作，可以满足更多利用者的利用需要，让档案信息以编研成果的形式长远流传下去,并延长档案原件的寿命。

7. 利用档案

利用又称利用服务,是指利用者以阅览、复制、摘录等方式使用档案的活动。档案得以利用是档案管理工作的最终目的,通过利用可以使包含在档案中的凭证价值和参考价值得以发挥和实现。

8. 统计

统计是指对反映和说明档案及档案工作现象的数量特征进行搜集、整理和分析的活动。通过档案统计工作,不仅可以为整个档案管理工作提供真实可靠的原始数据、基本事实,让人们对档案及档案工作做到"胸中有数",而且还能为档案工作决策提供强有力的信息支持,保证决策的科学性。

二、档案工作的性质

1. 管理性

档案工作的管理对象是档案及档案事业。档案工作必须用一整套科学的理论原则和技术方法管理档案,对繁杂的档案进行研究、考证和系统管理。

档案工作是各项工作的重要组成部分,任何一项管理工作都离不开档案工作。

2. 服务性

档案工作是一项提供档案信息,为社会各方面工作服务的工作。服务是档案工作赖以存在和发展的基础。

档案工作者应当树立服务意识,掌握服务技能,完善服务条件,提高服务质量,积极为社会建设做出贡献。

3. 政治性

档案工作存在着服务方向的问题,这正是档案工作的政治性的集中表现。档案工作的机要性也是档案工作政治性的表现之一。

档案工作者必须做维护历史真实面貌的楷模,实事求是,并积极地提供档案用以编史修志,用档案印证历史,校对历史。

第四节 档案工作的意义与基本要求

一、档案收集工作的意义与基本要求

(一)档案收集工作的要求

1. 丰富和优化室(馆)藏

丰富和优化室(馆)藏要求在收集档案时,做到以下四点:

（1）数量充分

所谓数量充分，就是要求各级各类档案保管机构尽量补充档案数量。就现状来看，我国的档案虽然在总数量上名列世界第一，但在人均占有量上并不高。这与我国的悠久历史和社会的需求不相适应，因此，应想方设法丰富档案室（馆）藏。

（2）质量优化

所谓质量优化，就是指所收藏的档案要达到一定的质量标准，具体包括两个方面：一是档案本身的内在质量（完整性、准确性、规范性）和外在质量（档案载体及书写、印制材料应符合长期安全保管的要求）；二是档案整理的质量。只讲数量，不讲质量的收集是没有价值的。必须保证所收集的档案在将来有人使用，必须在增加数量的同时，按国家的相关标准进行收集。否则，就会出现档案数量多了，但可供人利用的却少了的反常情形。

（3）门类齐全

所谓门类齐全，就是指档案保管机构应收集各种门类的档案。在收集中不仅要收集文书档案，也要收集科技、专门档案；不仅要收集纸张载体的档案，还要收集声像、照片、电子等各种载体形态的档案。否则，档案保管机构所保管的档案就会因门类或载体的单一而缺乏吸引力。

（4）结构合理

所谓结构合理，就是指档案保管机构所收藏的档案在来源、内容等方面，应该是合理布局的。档案馆、室藏档案既要有一般性的材料，也要有各具特色的材料；既要有领导机关的材料，也要有基层单位的材料；既要有宏观材料，又要有微观材料。在收集时，既要收集档案，又要收集如报刊、地方志、传记、年鉴、回忆录、文件汇编、成果汇编及其他书刊杂志等资料。

2. 加强档案室（馆）外的调查和指导

档案室必须注意调查研究，掌握本单位文件的形成规律和特点，制定归档制度，明确接收档案的范围、时间、数量与质量要求。

档案馆应从本馆的性质与职责出发，对有关国家机构、社会组织和个人的职能、地位、任务及形成档案的种类、内容、保存价值、数量、整理和保管等情况，进行调查研究，确定应移交档案的范围、时间、数量、质量要求和手续。

在接收前，档案室应加强对有关部门的档案工作的指导，以保证所收集档案的质量与价值。

3. 积极推行入室（馆）档案的标准化

积极推行入室（馆）档案的标准化要求在收集档案时控制好档案的质量。凡反映本机关主要职能活动，具有保存价值的各种门类、各种载体的档案，均应收集齐全完整；进馆档案必须以全宗为单位进行整理；进馆档案必须经过鉴定，保管期限必须准确无误；档案整理（分类、组卷、排列、编号、编目、装订等）规范；所采用的档案包装材料必须符合国家的相关要求，所编制的检索工具应符合档案工作要求，在利用档案时能做到有目可查；归档材料中有电子文件的，应当与相对应的纸质文件一并存档；属于非光盘形式的电子文件，应当转换成光盘储存形式的电子文件。档案工作的标准化，应该在收集时就着手推行。

4. 保持全宗不可分散性

全宗就是一个立档单位形成的全部档案，一个单位的各项活动是密切联系的，因此在活动中形成的各种文件材料也必然存在固有的联系。为了确保文件的完整，在收集档案时必须坚持全宗不可分散的原则，一个单位形成的档案应集中到一个档案室，不能人为地分散处理。

（二）档案收集工作的意义

档案收集工作是整个档案工作中极为重要的一个环节，是档案馆的一项重要的基础性工作。做好档案馆收集工作，对于加强国家档案资源建设、丰富馆藏、优化结构、建立健全"三大体系"、发挥"五位一体"的功能、提高档案馆服务水平，有着重要意义。

1. 档案收集工作是档案工作的前提条件

没有档案收集工作，就不可能有完整的档案，也就不可能有健全的档案工作。收集是档案室（馆）取得档案的一种手段。档案收集工作是档案工作的起点，它为档案工作提供了物质条件。

2. 收集工作是维护党和国家历史真实面貌的必要手段

档案室（馆）的收藏是一定地区、部门在政治、经济、科学和文化教育等方面情况的综合反映。收集工作使得档案齐全完整，内容丰富，因此应该补充进馆的档案及时接收进馆，并把散存在机关、组织、个人手中以及散失在各地的档案材料收集补充到档案室（馆）。档案是维护历史真实面貌的重要凭证，是贯彻执行党的路线、方针、政策的重要工具，因而收集工作的作用是十分明显的。

3. 收集工作为开展档案室（馆）各项工作，加强档案室（馆）建设奠定物质基础

档案馆要开展利用工作，没有一定数量的档案是无法进行的，而室（馆）藏不丰富、门类不全，就很难满足社会上各条战线、各种工作、各种人员对档案利用提出的各种要求。而编研工作更需要有丰富的档案作为后盾。档案室（馆）其他日常工作，也必须在室（馆）藏丰富的基础上才能做得更好。档案的整理，只有从众多的档案材料中才能清楚、准确地把握档案内在的有机历史联系，才能在丰富材料基础上综观全局、全面考察、权衡利弊，提高工作效率，加快整理工作进度，为档案提供利用等工作创造条件。

总之，只有做好收集工作，才能使室（馆）藏丰富，材料齐全，为档案室（馆）各项业务建设，为提高档案工作科学水平提供必要的物质条件。

4. 收集工作促进档案学理论发展，推动档案工作现代化的实现

档案室（馆）作为党和国家保存档案的重要基地，也是发展档案学理论的重要源泉。

假若档案室（馆）藏不丰富，档案室（馆）各项工作开展不充分，就不可能为档案学理论的突破和发展提供充足的实践依据。室（馆）藏越丰富，各项工作实践也就越丰富多彩，必然会提出许多新问题、新要求，提供很多新情况，为档案学理论的发展打下坚实的基础，推动档案学理论的发展。

丰富的室（馆）藏也是实现档案工作现代化的推动力量。要实现档案工作现代化，最基本的是要有丰富的室（馆）藏和对现代化的迫切需要。室（馆）藏丰富，利用者便如鱼得水，这无疑会对实现档案工作现代化产生重要的推动作用。

二、档案整理工作的意义与基本要求

（一）档案整理工作的基本要求

档案整理工作的基本要求是：保持文件之间的历史联系；充分尊重和利用原有的整理成果；便于保管和利用。

1. 保持文件之间的历史联系

文件之间的历史联系是指文件在产生和处理过程中所形成的内部相互关系。保持文件之间的历史联系，是档案整理工作的根本性原则，可使档案能够客观地反映其形成者的历史面貌。文件之间的历史联系主要表现为以下四个方面：

（1）文件在来源上的联系

文件的来源一般指形成档案的社会组织或个人。同属于一个形成者或同类型形成者的文件在来源上有着密切的联系。

不同来源的文件反映不同形成者历史活动的面貌，因此在整理档案时必须保持文件在来源上的联系，而且，不同来源的档案不能混淆在一起。

（2）文件在时间上的联系

文件的时间一般是指其形成的时间。不同时间的活动，所形成的文件先后有序；同一阶段的活动，所形成的文件具有自然的时间联系。在整理档案时，保持文件之间在时间上的联系，有利于体现其形成者活动的阶段性、连续性和完整性。

（3）文件在内容上的联系

文件的内容一般指文件涉及的具体事务或问题。解决同一个事务、同一项活动、同一个问题所形成的文件之间必然具有不可分割的联系。在整理档案时，保持文件之间在内容上的联系，有利于完整地反映其形成者各种活动的来龙去脉和基本情况，也便于查找利用。

（4）文件在形式上的联系

文件的形式一般是指其载体、文种、表达方式以及特定的标记等存在与表达形态方式的因素。不同形式的文件往往具有不同的作用、特点和管理要求，可承接不同的任务，反映一些特定的工作关系。在整理档案时，保持文件在形式上的联系，有利于揭示文件的特殊价值,便于档案的保管和利用。

2. 充分尊重和利用原有基础

充分尊重和利用原有基础指档案管理者要善于分析、理解和继承前人对档案的整理所形成的自然基础,不可轻易地予以否定或抛弃。需做到以下几点:

(1)当原有基础基本可用时,应维持档案原有的秩序状态。

(2)如果某些局部整理结果明显不合理,可以在原来的整理框架内进行局部调整。

(3)如果原有的整理基础无法实行有效管理,可进行重新整理。

3. 便于保管和利用

便于保管和利用是档案整理工作的出发点和目的,也是检验整理工作质量的标准。在整理档案时,保持文件之间的历史联系与便于保管和利用之间是一致的。而在某些特殊的情况下,二者之间会发生一定矛盾,此时就需要综合考虑各种因素,在保持文件之间历史联系的前提下,采取分别整理的方法,以利于档案的保管和利用。

（二）档案整理工作的意义

1. 档案整理可以通过有效保持文件之间的有机联系,为实现档案价值创造有利条件

保存档案的主要目的,是及时地、系统地提供档案为社会各项事业服务。为了达到这样一个目的,所提供利用的档案必须经过科学的整理。没有经过整理和系统化的档案,就不能充分体现档案的历史记录的特点,不能完整地反映出各项活动的历史联系和本来面貌,就会影响以致失去档案的利用价值,不便于进一步查考研究问题。档案整理工作的基本目的,是把档案组成一个体系,通过编目使其固定下来,为利用档案提供方便条件。

2. 档案整理是开展其他档案业务活动的重要基础性工作

档案整理不仅为档案的利用创造了方便条件,而且也为整个档案管理工作奠定了良好基础。在档案管理的诸多环节中,收集工作是起点,提供利用是档案工作的目的,而档案的整理则是承上启下的关键业务。收集或征集来的档案,经过档案整理这个环节,可以进一步了解和检查档案收集工作的质量,对档案收集工作有一定的促进作用。档案在整理过程中,往往是与档案价值的鉴定工作结合进行,而鉴定档案的价值和划分档案的保管期限,必须对档案进行全面的考察和仔细认真的分析,只有经过系统整理的档案,才能提供这种可能性。经过整理以后的案卷,是档案的保管、统计、检查的具体工作对象和基本单位,也使编制档案检索工具与编写参考资料有了主要依据。

3. 档案整理是实现档案管理现代化的要求

采用现代化手段管理档案,要求对档案实体加以整理,使之达到一定的系统化程度。例如,计算机库房管理系统、编目系统都需要以档案实体的一定体系为基础,档案数字化、信息化、缩微化更要求档案原件系统有序、具有有机联系的档案达到相对集中。档案管理的现代化,也需要以档案的系统整理为基础。

三、档案价值鉴定工作的意义与基本要求

（一）档案价值鉴定工作的要求

1. 应从国家和社会的整体利益出发去判定档案的保存价值

档案价值鉴定工作是一项直接关系到一个国家和民族的社会历史记忆能否得到有效维护、传承和保护的重要工作，所以，应从国家和社会的整体利益出发，科学地组织和开展。那种只考虑本单位利益，而忽视国家和社会整体利益的档案价值鉴定思想是十分有害的。因为，每个立档单位之所以会保存档案，其直接的动力来源是为本单位业务工作的可持续进行，留存足够的业务活动证据和法律所要求的证据，同时也为保证本单位业务活动的健壮性，留存那些具有参考价值的文件和记录。

但是，随着时间的流逝和立档单位的业务发展，原来留存的档案就会逐渐失去其业务证据价值和业务参考价值，这时，立档单位继续保存这部分档案的"原动力"就不存在了。如果一个组织只顾及自身的利益，而缺乏国家、民族的整体利益意识，那么必然的结果就是整个国家和社会的历史记忆不断流失。为此，在开展档案价值鉴定工作时，尤其是在对"保存期满"的档案进行"定期鉴定"时，各立档单位和国家档案管理部门只有遵循"从国家和社会的整体利益出发去判定档案的保存价值"的原则性要求，才能保证我们的国家记忆、民族记忆、社会历史记忆的相对完整性，才能保证我们民族文化的长久传承和发展。

2. 应采用全面的观点指导档案价值鉴定工作

不谋全局者，难以谋一域。所谓用全面的观点指导档案价值鉴定工作，从立档单位角度看，就是在判定档案保存价值时，应全面分析影响档案保存价值的相关因素，综合判定档案的保存价值；从社会角度看，就是在判定档案保存价值时，应避免只从一个机关、一个部门（机构）或个人的需要出发去开展价值鉴定工作，而应从社会的需要出发去开展工作；从档案管理的整体效益角度看，坚持全面的观点开展档案价值鉴定工作，也是实现整个国家档案资源体系建设整体优化目标的需要。如何有效地消除全宗之间的"档案重复留存"问题，关键的解决办法之一就是在档案价值鉴定工作中切实采用"全面的观点"，通过有效的整体控制手段和措施来实现。

用全面的观点指导档案价值鉴定工作，有助于档案价值鉴定人员从整体上把握和认识有关全宗、类别（系列）、案卷的保存价值，避免孤立地判定每一份文件的保存价值。

3. 应采用历史的观点指导档案价值鉴定工作

档案是历史记录，具有鲜明的历史时代性特征。那种只从"现实需要"出发判定档案保存价值的思想和行为，会给人类社会档案记忆的完整性和连续性造成极大的损害。在鉴定档案价值时，坚持历史的观点，就是要根据档案产生的历史条件及其在历史上的作用，科学地评价其对维护人类社会历史记忆的有用性，确定其保存价值。在档案价值鉴定工作实践中，坚持历史的观点，就必须坚决反对片面的实用主义观点。

4.应采用发展的观点指导档案价值鉴定工作

在档案价值鉴定工作中,按照发展的观点开展档案价值鉴定工作,就是要充分考虑到档案保存的未来意义。档案的保存不仅是现实社会存续和发展的需要,也是子孙万代的生存与发展需要。档案价值鉴定工作人员应具有一定的预测未来社会发展需要的能力。随着数字时代的到来,一些在纸质档案占统治地位时代被鉴定为"保存价值不大"的文件和记录,其数字形态的记录却因为蕴藏着丰富的、可供分析和加工的"数据"和"信息",而成为一种非常具有留存价值的资源。所以,那种简单地认为"纸质文件和记录"与"电子文件和记录"的保存价值相同的观点和做法,是非常武断和有害的。正确的做法是:纸质档案按传统的价值鉴定标准去判定其保存价值;数字档案(电子档案)的价值鉴定标准则应重新确定。

5.应采用科学的效益观点指导档案价值鉴定工作

对于纸质档案等传统载体形态档案的价值鉴定,必须考虑立档单位和国家档案管理部门的保存能力。那种认为只要文件和记录具有些许利用价值就应作为档案加以保存的思想观念,不仅脱离实际,而且一旦实施就会劳民伤财。为此,开展档案价值鉴定工作时,鉴定人员应对列入保存范围的文件和记录的利用价值和利用效益,进行充分地预测和评价。只有当档案发挥作用时所带来的经济效益和社会效益大于我们所付出的管理成本时,才能认为档案是具有保存价值的。诚然,单纯的"效益"观点(即只评价档案保存的经济效益,却忽略档案保存的社会效益的观点),在档案价值鉴定中也要坚决避免。

（二）档案鉴定工作的意义

档案鉴定是决定档案存毁的关键一环,对文件进行价值分析并确定保管期限,并将到期的档案剔除销毁,是档案管理工作中最具有决定意义的一环。具体可以归纳为以下三个方面:

1.去粗取精,解决档案日益庞杂与保管精练之间的矛盾,便于档案查找利用

档案的鉴定,就是解决庞杂与精练之间的矛盾,是对档案"去粗取精"的工作。档案是社会实践活动的产物,随着时间的推移,档案与日俱增,数量不断增多,致使档案日益庞杂,这就影响了查找利用的效率。又因档案保管限于库房等物质条件的限制,又要求保管的档案数量越精越好,所以档案是保存下来的宝贵财富。

档案与档案的价值是不同的,有的大,有的小,有的可能短时期内有用,有的可能长久有用,而人们利用的都应是有价值的档案。如果不经过鉴定,不剔除无价值的档案材料,那么大量的有价值的档案材料就会埋没其中,严重影响档案的查找利用。开展档案鉴定工作,目的是解决档案日益庞杂与保管精练之间的矛盾,便于档案查找利用。

2.玉石区分,节约保管成本,提高工作效率

保存档案也要讲究效益问题,档案保管是需要大量人力物力的,档案数量越多,需要的保管成本就越高。因此为了降低保管成本,就必须对不断产生的新档案材料以及保管期满的档案进行价值鉴定,将无保存价值的和已经失去保存价值的档案清理出去,精简

库存档案，玉石区分，节约保管成本，提高工作效率。我国自古就有"三年一拣除"制度，如唐宋律令中规定：文案不需常留者，留十年，每三年一检简；有其本应长留者，移于别库，并别注于籍。

3. 主次分明，便于安全管理，应付突发事件

档案鉴定就是将无价值的档案材料剔除出去，一方面节约了保管成本，腾出库房和装具去妥善保管有价值的档案材料；另一方面又明确了档案的价值，主次分明，日常管理时就很容易确定保管的重点，便于安全管理，应对突发事件。比如遇到水灾、火灾、地震等天灾人祸时，就能很快确定抢救重点，及时抢救和转移价值大的档案资料，减少损失。否则，就会因档案资料主次不明，数量庞大，感到束手无策，不知先抢救哪些，其结果只能是"玉石俱焚"，造成更大的损失。

4. 档案鉴定是"去芜存菁"，提高管理效益的科学措施

档案的鉴定工作就是通过对档案的不断筛选，去芜存菁，使保存的档案得以精炼，便于保管和利用。保存精选的档案，在提供利用时可免"沙里淘金"的查找之苦；有助于集中人力、物力改善保管条件；遇到突然事件，如水灾、火灾、地震、战争等，便于迅速抢救和转移重要档案。

四、档案保管工作的意义与基本要求

（一）档案保管工作的要求

1. 注重日常管理工作

为了保持档案库房管理的稳定、有序，我们应注重建立健全管理规则和制度，加强日常管理。在库房管理中要做到：归档和接收的案卷及时入库；调阅完毕的案卷及时复位；定期进行案卷的清点和检查，发现问题及时处理。只要持之以恒地坚持严格的日常管理，就能保证库房内档案的良好状态。

2. 预防为主，防治结合

在档案保管工作中，保护档案实体安全的方法概括起来主要有两类：一是如何预防档案实体损坏的方法；二是当环境不适宜档案保管要求时或当档案实体受到损坏后如何处置的方法。在归档或接收的档案中，实体处于"健康"状态的档案占绝大多数。

因此，在档案保管工作中，积极"预防"档案受到各种不良因素的破坏是主动治本的方法。我们应该采取各种措施，确保这些档案的长期安全。同时，还应该通过加强日常管理和检查，及时发现档案实体出现的"病变"情况，以便于迅速地采取各种治理措施，阻断或消除破坏档案的有害因素，修复被损害的档案，使其"恢复健康"。只有以预防为主，防治结合，才能全面保证档案实体的安全。

3. 重点与一般兼顾

由于档案的价值不同，保管期限长短不一，所以，在管理过程中，我们应该掌握突出

重点、兼顾一般的原则。对于单位的核心档案、重要立档单位的档案、需要长久保存的档案，应该加以重点保护，尽量延长档案的寿命。同时，对于一般性、短期保存的档案也要提供符合要求的保管条件，确保其在保管期限内的安全和便于利用。

4. 管理与技术相结合

档案保管工作要想有效开展，管理和技术二者缺一不可，二者从不同层面上维护着档案的安全和完整。管理和技术在应对威胁档案安全的不同风险因素中，各自发挥着不可替代的作用。比如：由于人为因素对档案造成破坏的，需要靠管理制度来约束，单纯的技术是难以发挥作用的；而对于不可控的自然因素对档案带来的破坏，必须利用先进的技术来应对。因此，片面强调管理，或者片面强调技术都是不科学的。同时，无论是管理还是技术，都不是一成不变的。管理的理念、方式需要不断科学化、合理化，技术手段需要不断现代化，以确保管理和技术成为档案保管工作科学发展的双翼。

5. 不同档案区分保管

在档案保管中，不能采取"一刀切"的模式来管理全部档案。为了实现对档案的合理保管，对于不同价值的档案，应区别对待。在保管工作中，所谓不同的档案，主要是从档案的保存价值、保管期限以及载体等方面加以区分。《中华人民共和国档案法实施办法》中规定"各级国家档案馆馆藏的永久保管档案分一、二、三级管理，分级的具体标准和管理办法由国家档案局制定"，"根据档案的不同等级，采取有效措施，加以保护和管理"，在《照片档案管理规范》（GB/T11821-2002）等标准中，对不同保管期限的档案，其保管条件也略有差异。区分保管不同价值、不同保管期限的档案，有助于实现档案保管工作稳定有序的开展。尤其是随着社会科学技术的飞速发展，不同载体的档案大量产生，不同载体记录信息的结构、原理不同，其保管要求也各不相同。因此，不同载体的档案，也应区分保管。

（二）档案保管工作的意义

档案保管工作质量的高低，对档案管理水平具有重大的影响，甚至在一定的条件（如涉及档案存毁安全问题）下具有决定性的影响。档案保管得好，就为整个档案工作的进行提供了物质对象和一个最起码、最基本的前提。反之，如果档案保管工作做得不好，或者不能有效地延长档案的寿命，甚至损毁殆尽，那就会使整个档案工作丧失最起码、最基本的物质条件。工作对象一旦丧失，整个档案工作也就随之失去其存在和进行的基础。若档案保管得杂乱无章，失密泄密，也会影响整个档案工作的秩序。

五、档案检索工作的意义与基本要求

档案检索工作的意义如下所述：

1. 桥梁作用

档案的数量随着时间的推移而日益庞大，内容也日益繁杂，涉及社会实践活动的各个方面,对于利用者来说犹如档案之海,如果不借助于科学的方法和手段,便无法从中获取所需的档案。档案检索工具在档案和利用者的特定需要之间架设了一道"桥梁",沟通了两者的借需关系,利用者借助检索工具便可以较为迅速准确地获取所需档案。也有人将这种桥梁作用比喻为"打开信息宝库的钥匙",使用它才可以开启档案信息宝库之门,满足特定的需求。

2,交流作用

档案检索工具中存储了大量的档案信息,它不仅可以提供查询,还可以成为档案馆(室)与利用者、档案馆(室)之间的交流工具。利用者借助它可以了解档案的分布、内容、价值等信息,档案馆(室)借助它可以互相了解馆藏情况,互通有无,提高服务质量。

3. 管理作用

档案检索工具记录了档案的主要内容和形式特征,集中、浓缩地揭示了馆藏情况,档案工作人员可以通过检索工具概要了解馆藏档案的内容、形式、数量等情况,为档案管理业务活动提供一定的依据,尤其是馆藏性检索工具能反映档案实体顺序,在库房管理、档案数量统计等管理活动中直接发挥作用。各种检索工具还是档案工作人员查找档案、提供咨询、开展档案编研工作的必要手段。

上述三个方面的作用是就档案检索工具的整体而言的,某一种检索工具可侧重于其中一个或两个方面。

六、档案编研工作的意义与基本要求

(一)档案编研工作的基本要求

档案编研工作是一项政治性、科学性很强的工作,需要有高度的政治责任心和实事求是的科学态度,严肃认真,一丝不苟。

其体要求包括以下内容:

1. 政治方向正确

古往今来,档案编研工作总是带有一定的政治倾向。现在的档案编研工作要体现为社会主义现代化建设事业服务的宗旨,坚持辩证唯物主义和历史唯物主义的思想方法,维护党和人民的根本利益,符合党和国家的方针、政策、法律,注意保守党和国家的机密。

2. 史料真实

编研过程中选用的档案史料必须要正确、客观地反映历史事实,这是检验编研成果质量和能否经得起历史考验的关键所在。档案编研工作必须对档案材料进行认真的核实考证,去伪存真。切忌不加考证地盲目使用档案史料,造成以讹传讹和鱼目混珠的后果。

3. 内容充实

档案编研成果能否受到社会的欢迎和重视,主要取决于它是否有丰富充实的内容,能否完整地反映有关事物的发生、发展、变化和终结的全部过程。因此就需要将与题目有关的档案材料收集齐全,尽量选用并组成能反映题目内涵的完整材料。

4.体例系统

体例上的系统,是指将档案材料按其内在联系,组成一个有机整体。在内容上条理分明,上下联系,合乎逻辑;在编排体例上,科学地划分章节或分类,结构严谨,形成体系。

(二)档案编研工作的意义

1.档案编研工作是档案馆(室)主动地、系统地、广泛地提供利用服务的一种方式

档案工作人员把具有研究价值和实用价值的档案信息编辑、加工后,推荐、分发给有关利用者使用或公开出版,使馆外利用、异地利用成为可能,这有利于更加广泛地发挥档案在各项事业中的作用,对于实现档案信息资源共享也是十分有益的。

2.开展档案编研工作是提高档案馆(室)工作水平的一个重要途径

档案馆(室)搞好档案的收集、整理、编目等基础工作是开展编研工作的前提,而在档案编研过程中大量调阅档案,又可对档案馆(室)的基础工作起到全面检验的作用。档案编研工作要求档案工作人员具有较高的知识水平,可以促进档案干部队伍素质的提高。档案编研工作向社会各界和本机关提供了系统的档案信息服务,有助于扩大档案工作影响,赢得社会各方面对档案工作的重视和支持。

3.开展档案编研工作是保护档案原件和长远流传档案史料的一种措施

档案编研成果不仅有积累史料、传播文化的作用,而且可以代替档案原件提供利用,从而保护了档案原件,使之延长自然寿命。将档案文献汇编出版,分存于各处,即使原件遭到损毁,档案的内容也可长久流传。

七、档案利用工作的意义与基本要求

(一)档案利用工作的基本要求

档案利用工作的基本要求是档案馆(室)应当为档案的利用创造条件,简化手续,提供方便,主动开展档案的利用活动,及时掌握档案的利用效果,加大宣传力度。具体要求包括以下几点:

1.档案工作者要不断提高自身的素质,主动、及时开展档案利用工作。

2.不断完善档案服务方式和手段。

3.掌握本单位、本地区近期的重点工作、重大活动,据此开展档案利用工作。

4.加强档案的宣传力度,增强全社会的档案意识,促进利用。

(二)档案利用工作的意义

档案利用工作的意义,主要表现在以下四个方面:

1.档案利用工作是发挥档案作用、实现档案价值的主渠道,是档案工作为社会主义

现代化建设服务的直接手段。

2. 档案利用工作是档案工作联系社会的一个窗口。

3. 能够推动档案基础业务建设,提高档案工作水平。

4. 促进档案工作人员业务进修学习,提高档案干部队伍素质和工作能力。

八、档案统计工作的意义与基本要求

(一)档案统计工作的要求

档案统计工作是档案部门的一项严肃科学的任务,为了做好档案统计工作,发挥档案统计工作的作用,在进行统计时必须做到准确、及时和科学。

1. 及时性

统计工作的目的是解决档案工作中的实际问题,及时了解有关情况。如果统计工作拖沓,必然会贻误良机,从而影响档案工作。为此应该建立档案统计制度,使档案统计纳入档案部门的日常工作轨道,各级各类档案馆、档案室的统计工作要制度化,相互配合,及时地按规定上报档案工作领域的相关信息,为指导和监督档案工作提供科学依据。

2. 可量化性

统计是以数字来量化反映统计对象现状的。档案统计工作中,实施统计的重要领域及其重要因素,必须是可进行量的描述与量化研究的。否则,档案统计工作会成为一般的档案登记工作。

3. 连续性

为达到统计工作的目的,保证统计数字的准确性和统计工作的质量,档案统计工作必须连续进行,对有关内容的统计一定要有始有终,不能间断。只有保持连续性,档案统计工作才能对档案现象的发展变化进行历史的、系统的、全面的反映和概括分析,也才能保证统计工作的质量,达到统计工作的目的。

4. 目的性

档案统计工作是为了一定的目的进行的,不是为统计而统计。如果没有明确的目的性,统计工作就会失去意义,也不容易坚持下去。因此,确定档案的统计项目,要依据本单位的实际情况,兼顾需要和可能,如单位大小、档案多少、管理状况和利用状况质量高低等有目的地、实事求是地建立本单位的档案统计工作。

5. 准确性

档案统计工作的基本要求是保证统计数据准确无误。统计工作所获得的各种数据及其整理、分析得出的数据和结果都必须真实可靠,具有客观真实性。档案统计工作是从档案现象的质和量的辩证统一中研究它的数量方面,是用数字语言来表述事实的,因此,必须十分准确。数字的真实性、准确性是科技档案统计工作的生命。

要做到统计数字真实、准确,就必须有认真、负责的工作态度和一丝不苟、实事求是的工作作风，严格统计纪律，建立和规定科学的统计指标和统计计量方法。这样统计出来的数字才有价值，也才能够保证统计工作目的的实现。

6. 法治性

现代是法治社会，任何工作都要依法办事，档案工作也不例外。比如《中华人民共和国统计法》是档案统计工作应该遵循的准则。

档案统计也要纳入法制建设的轨道，因为在目前实际工作中仍然存在统计违法行为，如人为夸大成绩或缩小失误而虚假、瞒报、伪造和篡改统计数据资料的现象屡屡发生。因此，档案统计也要加强执法力度，才能使档案统计工作顺利开展，真正发挥档案统计工作的作用。

统计工作的目的不是为了取得统计数字，而是要对统计数字进行分析、研究，从中寻找事物发展变化的规律。对档案统计所取得的原始数字进行周密分析和研究，根据档案现象在一定时间、地点和条件下的具体数量关系，揭示档案及其管理工作中的内在联系和矛盾，从中总结经验，发现问题，分析矛盾，探索规律，从而改进档案工作，提高管理水平。

（二）档案统计工作的意义

1. 档案统计工作是认识档案工作的一种重要手段

档案工作中诸多现象的发展过程、现状和一般的规律性，能够通过档案统计，让人一目了然。而且正是这种长期、系统的积累资料的工作，为档案管理研究和综合统计，为人们加深对档案工作的认识提供了一种手段。

2. 档案统计工作是科学管理档案的基础

从档案统计工作来看，国家档案事业的方针政策、计划、法规制度的制定都离不开档案统计工作，统计工作提供的大量的信息可以对档案事业进行指导、监督，协助理顺档案事业的各个方面的关系。如果没有档案统计工作提供的大量数据和信息，档案管理只能是盲目地管理；没有档案统计工作的指导，档案服务利用只能是被动地服务。

科学管理档案不仅要定性分析，也要定量分析，两者结合才能实现科学管理，提高档案管理水平，才能更好地指导档案实践工作。做好档案统计工作，可以为定量分析提供必要的数据。

3. 档案统计工作是提高档案学研究水平的重要保证

档案统计是档案学发展的一个表现。以前档案学研究比较偏重于研究社会科学的方法，随着科学技术的发展，档案学也需要逐渐运用自然科学、技术科学和管理学的方法来研究，由定性研究逐渐转变为比较关注定量分析研究。因此只有加强档案统计，认真进行分析，才能促进档案学的发展。

4. 档案统计是使档案工作处于良性运行的重要保证

从系统论的角度来看，档案工作是由档案实体管理、档案信息开发和档案反馈信息处理三个子系统组成的，档案统计工作就相当于档案反馈信息处理系统，统计得来的具体数据，直接反映了档案工作各方面的实际情况和水平，这是非常重要的。它可以提供正确的决策依据，监督指导档案工作的统计资料，从而保证档案工作处于良性运行状态。

要了解档案用户的需求、档案业务工作的现状、水平、成绩和不足，都离不开反馈信息的处理。而这主要是通过统计工作来实现的，比如要了解档案用户的需求，就要通过调查研究得到大量的数据资料，然后对这些数据资料进行及时地整理、分析就可以总结出档案用户的需求情况、需求趋势等。

第 二 章　传统文件档案及其管理

第一节　文书档案及其管理

一、文书档案概述

文书档案是指机关、团体、企事业单位在行政管理和社会事务活动中产生的,由通用文件转化而来的那一部分档案的习惯称谓。文书档案泛指科技档案和其他专门档案之外的一切档案,因而有时也称为"普通档案""一般档案"。在一个机关单位内部,无论是文书档案,还是科技档案和各种专门档案,都是本机关单位工作活动的历史记录。

从档案产生的领域来看,文书档案是机关单位在行政管理和社会事务活动领域中产生的;科技档案是机关单位在科技生产活动领域中产生的;专门档案则是机关单位在专门业务活动领域中产生的。这是机关单位区分文书档案、科技档案、专门档案的基本方法。

从档案反映的内容来看,文书档案的内容主要是反映机关单位的各种行政管理、事务管理活动,具有较强的管理性;科技档案的内容主要反映科技生产活动,具有较强的专业性;专门档案的内容主要反映各种专门业务活动,具有较强的业务性。但是机关单位在区分文书档案、科技档案、专门档案时,不能仅仅从内容上加以区分,而主要应从产生领域加以区分。如科技管理方面的文件、财务管理方面的文件等就应归入文书档案而不能归入科技档案、会计档案。

从档案形成的规律来看,文书档案往往以机关单位或部门自身作为活动主体,围绕该机关单位或部门形成一个密不可分的档案有机整体;科技档案往往以特定对象作为活动主体,围绕特定对象形成一套完整的档案;而专门档案往往以某一项连续的专门业务作为活动主体,围绕该项专门业务形成一个档案整体。

二、文书档案的收集

档案的收集工作可以分为两大部分:第一,对于单位的档案室来说,主要是按期接收归档的文件和进行必要的零散文件的收集;第二,对于各级各类档案馆来说,主要是接收档案室移交的档案、接收撤销机关档案和征集历史档案。收集工作是档案部门取得档案的手段,也是它们开展其他业务活动的前提。

档案收集工作不是一项简单的事务性工作,而是一项政策性、业务性很强的工作。

这是因为：一方面,档案收集工作具有明显的选择性。文件转化为档案是有条件的,在档案收集工作中必须严格把握这些条件,在归档和接收过程中认真筛选。档案选择是按照档案室(馆)藏范围的设计合理并全面进行的;另一方面,档案收集工作受档案形成者档案意识水平、价值观以及档案室(馆)保管条件等多种因素的制约,需要综合研究、统筹规划,提高档案收集工作的质量。

三、文书档案的整理

档案整理工作包括区分全宗、全宗内档案的分类、立卷、案卷排列、编制案卷目录等业务环节。

档案整理工作是分阶段进行的。其中,全宗内档案的分类、立卷、案卷排列和编制案卷目录等业务环节,一般由文书部门或文书人员承担;归档案卷的统一编号和排列由档案室承担;全宗的划分和排列多由档案馆承担。当档案室(馆)接收到整理质量不佳或基本未经整理的零散档案时,需要对档案进行局部或全部程序的整理。

1. 系统排列和编制案卷目录

系统排列和编制案卷目录是指档案室对接收的已经立卷归档的案卷,按照本单位档案的分类和排列规则,进行统一的分类、排列和编号,使新接收的案卷同已入库保存的档案构成一个整体。

2. 局部调整

局部调整是指对已经接收进档案部门的部分质量不合格的案卷所做的局部改动和调整工作。

3. 全过程整理

全过程整理是指档案部门对于接收到的零散文件所进行的从区分全宗到编制案卷目录的全部整理工作。

四、文书档案的鉴定

(一)鉴定工作的内容

档案界通常所说的档案鉴定,是对档案价值的鉴定。档案价值鉴定工作就是按照一定的原则、标准和方法,甄别和判定档案的价值,确定档案保管期限,剔除失去保存价值的档案并予以销毁的一项业务工作。

档案鉴定工作的内容主要包括以下几方面:

1. 制定档案价值鉴定的有关标准,包括单行规定和档案保管期限表等。

2. 具体判定档案的价值,确定其保管期限。

3. 拣出已无保存价值和保管期满的档案,按规定进行销毁或作相应的处理。

4. 围绕上述工作而开展的一系列鉴定组织工作。

（二）档案保管期限表

1. 档案保管期限表的含义及作用

档案保管期限表是以表册形式列举档案的来源、内容和形式，并指明其保管期限的指导性文件。

档案保管期限表能够保证鉴定工作的质量和提高鉴定工作的效率。有了保管期限表，就有了一个明确的标准，档案鉴定工作人员可以根据档案保管期限表来统一进行档案鉴定工作，可以避免个人认识上的局限性和片面性，以致造成判定档案价值过宽或过严的倾向，确保能够准确地判定档案价值，提高鉴定工作的质量。

同时，由于标准明确，认识一致，有利于推动鉴定工作的顺利开展，提高鉴定工作的效率。

2. 档案保管期限的种类

档案保管期限表结构通常由顺序号、条款、保管期限、附注以及总的说明等部分组成，其中条款和保管期限是最基本的项目。条款较多的保管期限表，还须把条款加以分类。条款用以列举档案的来源、内容和形式；保管期限则指明不同条款的保管期限。

我国现行的档案保管期限规定为永久、长期和短期三种。归档文件材料保管期限的计算一般从案卷所属年度的下一年1月1日算起，科技文件材料应从归档后（如一个项目分批归档，则从最后一批归档后）的下一年1月1日算起；文书文件材料应从案卷所属年度算起。

五、文书档案的保管

档案保管工作是指对档案的日常维护、保护性管理。

档案保管工作的内容主要包括以下三个方面：

1. 档案的库房管理，即库房内档案科学管理的日常工作。

2. 档案流动过程中的保护，即档案在各个管理环节中一般的安全防护。

3. 保护档案的专门措施，即为延长档案的寿命而采取的诸如纸张去酸、字迹恢复、修裱等各种专门的技术处理。

第二节　人事档案及其管理

一、人事档案概述

1. 人事档案的定义

人事档案是国家机构、社会组织在人事管理活动中形成的，记述和反映个人经历、德才能绩、工作表现的，以个人为单位集中保存以备查考的文字、表格及其他各种形式的历史记录。

2. 人事档案的作用

（1）人事档案是考察、了解员工的重要手段。

（2）人事档案是做好组织、人事工作不可缺少的依据。

（3）人事档案是澄清个人问题的凭证。

（4）人事档案可为人才开发提供信息和数据。

（5）人事档案是编写人物传记和专业史的宝贵史料。

二、人事档案的收集

（一）人事档案收集工作原理

人事档案收集工作应依据如下基本工作原理来进行：

1. 过程控制与结果控制原理

人事档案的管理主体有责任明确人事档案管理的业务工作流程，合理选择控制节点，清楚描述每个节点应形成的人事档案材料的种类和内容要求。人事档案的管理主体应重视结果控制，做好日常接收材料的审核工作，保证材料的"合规性"、真实性和可靠性。

2. 精细化管理原理

注意细节，保证材料的真实性、完整性。确保人事档案作为人力资源管理工具的有效性，防止用人失察、用人失当、用人失误等问题的发生。

细节决定成败，没有严格的精细化管理，就会造成人事档案管理的失败！

3. 动态化管理原理

人才流动服务机构应加强与人员及其现所在工作单位的联系，做好档案材料的收集工作，不断充实人事档案的内容。注意：人事档案是一种动态性和延展性很强的专门档案，它会随着人员的成长而生长。因此，管理人事档案的机构必须按照人事档案的形成规律和特点，不断补充相关人员的记录材料。

人事档案收集工作需要注意的几个问题主要包括以下几点：

第一，材料必须是办理完毕的正式材料。

第二，材料必须是真实、完整齐全、文字清楚、对象明确、写明承办单位或个人署名的材料，有形成材料的日期。

第三，必须是手续完备的材料。对于考察任免等材料，必须注明批准机关名称、时间和文号。

第四，档案材料最好统一使用 A4 规格的办公用纸，材料左边应留 2~2.5 厘米订边。不得使用圆珠笔、铅笔、红色及纯蓝墨水和复写纸书写。除电传材料需要复印存档外，一般不得用复印件代替原件存档。

第五，注意相对人基本信息的收集和补充，包括身份证复印件、联系方式（本人及亲属）信息、供职单位信息等。

第六，注意履行告知义务，消除相对人的误解，提供服务指南和帮助信息。需要告知的事项包括：人事档案与相对人切身利益的关系；人事档案相对人的义务；用人单位的责任与义务；人事档案管理机构的服务项目和工作流程等。

第七，注意制度建设，强化规范化管理。坚决做到档案不合格的不接收，材料不符合要求的不归档。

（二）人事档案的归档

1. 人事档案材料的归档范围

做好收集工作，首先应明确收集什么。依据中共中央组织部制定的《干部人事档案材料收集归档规定》的精神：人事档案材料的归档范围包括调配、任免、考察考核材料，录用材料，办理出国、出境材料，各种代表会材料，工资待遇材料，学历和评定岗位技能材料，职称材料，加入党团组织材料，政审、考核材料，奖励与处分材料，履历、自传、鉴定材料，科研材料，残疾材料，其他材料。

2. 人事档案材料的归档要求

（1）必须是办理完毕的正式文件材料。

（2）材料必须完整、齐全、真实、文字清楚、对象明确、写明承办单位及时间。

（3）手续完备。凡规定应由组织审查盖章的，须有组织盖章；凡需经本人见面或签字的，必须经过见面或签字。

（4）档案材料须统一使用16开规格的办公用纸。

三、人事档案的保管范围

人事档案的保管范围，是依据统一领导、分级管理、管人与档案相一致的原则确定的。合理划分人事档案的保管范围是统一领导、分级管理的原则落在实处的举措，有利于人事档案的科学保管、转递和利用工作的顺利进行。

我国人事档案的管理体制，是与干部的任免权限相一致的，干部由哪一级任免，工人由哪一级招收，档案就由哪一级管理。

任免权限改变了，人事档案的保管也随之改变，做到人档统一。如果两者脱节，组织上一旦要了解该人的情况，会因找不到相应的档案而影响对其了解和使用；该归档和补充的档案材料，不能及时归档和补充。如若保管范围混乱，人事档案部门积压的人事档案就不能发挥作用。

四、人事档案的转递和查阅

（一）人事档案的转递

人事档案工作是为人事工作服务的，只有对人员的管理和人事档案管理相一致，才有利于发挥人事档案的作用。做好转递工作是保持管人与管档案相一致的有效措施；是保证人事档案工作及时为人事工作服务的必要条件；是维护人事档案的完整与安全的一项重要业务建设，也是人事档案部门接收人事档案和充实档案内容的重要途径之一。

1. 转递工作的要求

（1）及时

为避免管人与管档案脱节，发生有人无档或有档无人的现象，必须及时转递人事档案。中共中央组织部下发的《转递干部档案材料的通知》中明确规定：干部档案材料应于干部调走三天内转走，不得积压。人事管理部门在员工提升、调动转业、复员、离休、退休的决定或通知下达后，应及时抄送或通知人事档案部门，以便续填职务变更登记表和转递人事档案。

（2）准确

转递人事档案必须以任免文件或调动通知为依据，在确知有关人员新的主管单位后，直接将人事档案转至该人新的主管单位。不能把人事档案转到非人事主管单位的上级机关或下级机关，更不能盲目外转。

（3）安全

转递人事档案工作，应确保人事档案材料的绝对安全，杜绝失密、泄密和丢失现象的发生。转递人事档案只能用机密件通过机要交通转递，也可由转出或接收单位派专人送取，不准本人自带，不得以平信、挂号、包裹等形式公开邮寄。凡转递人事档案，均应密封并加盖密封章，详细填写统一的"人事档案转递通知单"，确保其绝对安全。

2. 转递人事档案的原因和方式

转递人事档案的原因有：员工职务变动（提拔、免职、降职）改变了主管单位；员工跨单位、跨系统调动；员工所在单位撤销或合并入新单位；干部任免权变化与人事管理范围的调整，人事档案的管理范围也进行相应地调整；员工所在单位的隶属关系发生变动；干部进入院校学习毕业后统一分配，中专、高等院校毕业生分配工作；军队干部转业到地方安置或复员；员工离休、退休后异地安置；员工辞职、退职、开除公职、刑满释放、解除劳教后重新就业的；员工死亡后，按规定应向相应档案馆（室）移交的；"无头档案"查到下落的形成人事档案材料的单位需要向主管单位人事档案部门移交的，等等。遇有上述情况者，应按规定转递其人事档案。

转递人事档案的方式主要有零星转递和成批移交。零星转递是指日常工作中经常的、数量不大的人事档案材料及时转递给有关单位，这是转出常用的主要方式，一般通过机要交通来完成。

成批移交主要是指管档单位之间数量较多的人事档案的交接，经交接双方商定，由接收单位或移交单位派专车、专人到移交（或接收）单位取送，若移交与接收单位相距太远，则通过机要交通转递。

3."无头档案"形成的原因及其处理方法

"无头档案"是由于不知员工去向而积存在人事档案部门的人事档案材料。"无头档案"长期积压在人事档案部门，既转不出去，又不能销毁，不仅不能发挥作用，而且还需要花费人力、物力去管理，无疑是一种浪费。员工的主管单位由于有人无档，增加了对员工考察了解的难度，影响对员工的培养、选拔和使用。因此，人事档案管理部门既要重视对已有"无头档案"的处理，又要防止产生新的"无头档案"。

（1）"无头档案"形成的原因

之所以有"无头档案"主要是由于档案人员不稳定，制度不健全，档案工作与人员调动、任免工作脱节，转递不及时、不准确、不彻底等因素造成的。员工已经改变了主管单位，没有及时转递人事档案做到档随人走，使人与档案脱节，时间久了，情况一变再变，人员去向不明，而形成了"无头档案"。转递时，对接收单位名称不清楚或书写不准确，接收单位收到后又未仔细查对，误收误存，久而久之，人档脱节，找不到档案当事人下落。人事档案材料的收集、归档不及时，或对收集来的零散材料没有及时整理，而转递人事档案时，只转走整理好的，余下的零散材料，时间一长就转不出去，形成了"无头档案"。

（2）对"无头档案"的处理

对"无头档案"处理的主要方法是：先对"无头档案"清理鉴别，分清有无价值。无价值的档案，造册登记，报领导审核批准后予以销毁。有价值的档案，详细登记，积极查询该人的主管单位。必要时人事部门可印发被查询员工基本情况名册，发至各地人事部门广为查找，经过多方查询实在无下落者，可将有价值的材料，转至当事人原籍的县一级组织、人事部门代为查找，或移交县档案馆保存。

（二）人事档案的查阅

查阅人事档案总的原则是：宽严适度、内外有别、灵活掌握、便于利用。就利用者而言，由于人事档案是人事工作的重要依据和工具，组织、人事、劳动部门利用档案应从宽，其他部门利用档案应相对严一些。就利用范围而言，高级干部、中级干部、有贡献的专家、学者和有影响的知名人士，以及机要人员的人事档案，提供利用时从严掌握，严格审批手续，对一般干部、工人、学生的人事档案，利用范围可从宽一些。

根据有关规定，员工的主管单位、组织、人事、劳动、纪检、监察、保卫、军法、检察等部门，凡因人员任免、调动、升学、提拔、出国、入党、入团、福利待遇、离休、退休、复员、转业、纪律检查、组织处理、复查、甄别、治丧等，要了解该人的情况时，可以查阅和借用人事档案。其他单位不得直接查阅和借用人事档案，如确因工作需要，须办理手续。

第三节　会计档案及其管理

会计档案是指各类机构在经济管理活动中产生的会计凭证、会计账簿和会计报表等具有保存价值的并作为历史记录保存起来的会计核算专业材料；会计档案工作则是财会部门和档案部门按照有关法规保管和提供利用会计档案的活动。会计档案的管理既是财务会计工作的一个重要组成部分，也是专门档案管理工作的一部分。

一、会计档案和会计档案工作

（一）会计档案

1. 会计档案的来源

会计档案主要是由各类单位的财务会计部门或财务会计人员在会计核算的工作中形成的。会计核算就是对会计对象进行连续、系统、完整地记录和计算。整个会计核算方法是一个完整的体系，它以原始凭证为依据，以会计科目为分类标志，以记账凭证和账簿为工具，运用一定的记账方法，按照一定的程序完成整理、计算和登记工作。原始凭证、记账凭证、各种账簿和各种会计报表等在处理完毕后就转化为会计档案。

2. 会计档案的分类

会计档案一般分为四大类，即会计报表、会计账簿、会计凭证和其他。

在会计档案分类设置过程中，有些单位会遇到多个方面的独立核算材料，如行政账目、工会账目等，尤其是有下属单位的机关及具有一定规模的企业基本都有这种情况存在。

会计凭证、会计账簿和会计报表既在作用上有区别，又是一个密切联系的会计核算体系。会计凭证是经济活动、资金运转的合法证明；会计账簿是会计凭证的系统分类。核算记录、会计报表是会计账簿记录的更概括、更全面、更系统的定期的综合指标反映。会计报表中的年度决算，则是年度国家预算、单位预算和各项财务收支计划执行结果的总结。

（二）会计档案工作

1. 会计档案工作的管理体制

鉴于会计档案工作的特殊性，我国建立了符合财会工作规律和要求的从中央到基层的会计档案管理体系。

（1）财政部与国家档案局负责全国会计档案事务

从全国来看，会计档案工作由财政部和国家档案局负责领导和管理，具体表现是：第一，财政部制定、颁发了《会计基础工作规范》，对建立会计岗位责任制、使用会计科目、填制会计凭证、登记会计账簿、编制会计报表、管理会计档案、办理会计交接等事项作了具体规定，并将"管理会计档案"作为会计人员的重要职责之一。第二，财政部和国家档案局联合制发了《会计档案管理办法》，对会计文件的立卷、归档以及会计档案的保管、调阅与销毁，都做了明确的规定。第三，《中华人民共和国会计法》对会计档案的管理规定了明确的条款，把我国会计档案的管理纳入了依法办事的轨道。

（2）地方财政部门和档案行政管理机关对会计档案工作实施指导、监督和检查

在地方，会计档案工作由地方财政管理部门和档案行政管理机关依法并结合本地区的特点来制定会计档案管理的地方性法规，从而贯彻国家的法规，对本地区的会计档案工作实施指导、监督和检查。

2. 会计档案管理制度

（1）以《中华人民共和国会计法》为准绳，依法管理会计档案。《中华人民共和国会计法》第二十三条规定：各单位对会计凭证、会计账簿、财务会计报告和其他会计资料应当建立档案，妥善保管。会计档案的保管期限和销毁办法，由国务院财政部门会同有关部门制定。将会计档案的管理用法律的形式规定下来，既说明了会计档案对于国家建设和管理的重要意义，也为会计档案的管理明确了法律依据。我们在会计档案的形成和管理活动中必须依法办事，保证会计档案的真实、完整和安全。

（2）按照《会计档案管理办法》的规定，制定具体实施办法。由于各地区、部门、单位的具体情况不同，在会计档案的具体管理上不可能完全一致，因此，允许各地区、各部门参照国家的会计制度，自行制定会计档案的具体管理办法。

（3）适应形势发展的需要，不断完善会计档案管理办法。形势的发展会对会计工作提出新的要求；计算机技术在财务会计工作中的应用，也使会计档案的载体形式发生很大的变化，会计档案管理工作面临着一些新的问题。为此，我们应该根据现实的情况，不断补充和完善会计档案的管理办法，使会计档案的管理工作始终处于科学的规范之中。

二、会计档案的收集与保管

（一）会计档案的收集

会计档案的收集是指按照规定将会计凭证、会计账簿和会计报表集中归档、统一保存的活动。会计档案的收集工作要认真贯彻"统一领导，分级管理"的原则，各单位的会计档案要实行集中统一管理；同时，会计档案的收集工作要符合会计工作的规律，遵循会计档案的形成规律，要保证会计档案的齐全、完整和安全。

1. 归档范围

归档的会计文件材料主要来源于财政机关总预算会计、单位预算会计、建设银行会计、机关经费会计、税务机关的税收会计、企事业单位会计及建设单位会计等。会计文件材料的归档范围主要包括会计凭证、会计账簿和会计报表等会计核算专业材料。

2. 归档职责

各单位应将会计文件的积累和归档列入会计人员的职责范围，建立归档制度并明确

归档范围和登记办法。根据会计文件形成的具体情况，应将归档或收集渠道落实到人，以保证会计档案的收集质量。

3.分散会计档案的收集

在正常情况下，会计档案的收集是通过执行归档制度完成的，但是，出于某些原因，有些会计档案未能及时归档而分散于各处。针对这种情况，应采取措施，将分散的会计档案收集齐全。例如：各单位应清楚地掌握历任会计的任职情况，必要时，逐人逐年地收集会计文件；如果发现会计文件丢失或损毁的问题，要出具说明材料，并报领导审核。

（二）会计档案的保管

1.会计档案装具

会计档案装具主要是指用来保护会计凭证、账簿、报表的盛装用具。它既能减少频繁利用存放的机械磨损，又能有效地防光、防尘、防有害气体直接对档案的危害，是保护会计档案的一种较好的办法。

（1）会计档案盒的制作要求

用250g的牛皮纸印刷、折叠而成。它存放整齐、美观、搬动方便。对制作会计档案盒也有一定的技术要求，一般应符合下列条件：

①制作卷盒的材料要坚固耐用，又要采取防虫措施，在制作时应加一定的防虫药剂。

②卷盒应取存方便，减少机械磨损。

③卷盒表面要光滑，便于除尘。

④卷盒尺寸应以放存案卷方便为准。

（2）会计凭证档案盒

会计凭证档案盒的规格一般为：长25cm，宽（厚度）可分别为3~5cm，高为12cm。总之，会计凭证盒要略大于装订好的凭证。

在会计凭证盒的脊背上装上塑料膜，以备往上插会计凭证卡片，卡片上印有"会计凭证、类别、年、月、卷号、保管期限"等项即可，以方便拆换。因为会计凭证保管期限较短，一般不超过15年即可销毁，而会计档案盒可以较长时间使用，这样只要按时换去卡片即可继续使用，而且可以节省大量经费。使用时，将印有"会计凭证"字样的一头朝外放入档案架或柜橱内，查找利用十分方便。

（3）会计账簿档案盒

会计账簿档案盒的规格为：长30cm、宽22cm、高3~5cm。在盒盖翻口处两边的适当位置要设置穿扣，使盒盖能紧扣住卷盒。

在会计账簿档案盒的脊背上印上"科目""目录号""案卷号""保管期限"等项即可。存放时，将会计账簿档案盒的脊背向外放入档案橱内，科目醒目，方便查找。

（4）会计报表档案盒

会计报表档案盒的规格为：长30cm、宽22em、高3~5cm，与会计账簿档案盒类似。

在其封面上印制：编号、密级、年度会计报表、编报单位、单位负责人、会计主管、填报人、保管期限等项。脊背上印制："会计报表""年代""目录号""案卷号""保管期限"等项。如果会计报表较厚，要采取特殊的方法予以保管。

2. 会计档案的排放

接收入库的会计档案经登记后，即可排放于档案装具之上，固定其存放位置。会计档案排放要做到整齐一致。如果有规格不一的会计档案，应适当分类，尽可能排放整齐。

会计档案的排放一般有两种方法：第一种是会计黏附排放法，即将一个会计年度形成的全部会计档案分为凭证、账簿、报表、其他四大类，按保管期限依次排放，这种方法适用于会计年度形成档案较少的单位。第二种是会计档案形式排放法，即先将全部会计档案按凭证、账簿、报表、其他四大类分别排列，在四大类内再按会计年度排列，这种方法适合于会计年度形成会计档案数量较多的单位。

第 三 章　大数据环境下的档案管理与服务

第一节　大数据环境下的档案信息资源整合

一、大数据环境下档案信息资源整合的必要性

随着社会信息化的发展，数字化与网络化建设的不断完善，档案信息资源的记录载体、记录方式、管理方式也随着时代的进步而发生着变化，档案信息资源的管理也应该朝着网络化、数字化的方向发展。

随着人类的进步和发展，大数据时代的来临，人们在计算机系统存储的数据信息越来越多，这些数据是人们工作、生活和生产活动等的原始记录，能够为人们提供重要的利用价值。例如，美国沃尔玛超市将尿布与啤酒这两种看似毫无任何关联的商品摆放在一起进行销售时，这一举措带来了意想不到的收益，使得超市尿布和啤酒的销量大幅增加。原来，美国的妇女通常在家带孩子，所以她们会经常嘱咐丈夫在下班路上为孩子买尿布，而丈夫在买尿布的同时就顺便购买了自己爱喝的啤酒。于是，沃尔玛就通过这种发现为企业带来了丰厚的利润。这个故事讲述了沃尔玛超市通过对自己企业的档案信息资源的数据信息进行挖掘，为超市的发展带来了黄金价值。因此，档案信息资源整合将是挖掘档案信息资源潜在信息价值的有效措施，是实现档案信息资源共享化的必然选择，也是适应社会信息化进程的需要，更是档案事业发展的必然趋势。

二、大数据环境下档案信息资源整合的分析

随着互联网的普及，计算机信息技术和网络通信技术的飞跃式发展，各种数据和信息呈现出爆发式的增长。事物都有两面性，互联网在带给人们获取大量文本信息资源快捷方便的同时，也带来了一些难题。比如，如何快速有效地在海量的信息资源中挖掘出自己所需要的信息资源。总之，大数据时代已经悄然降临，海量信息也给档案部门的档案信息资源整合带来了挑战。

接下来，我们将采用 SWOT 分析法：S（Strengths）是优势；W（Weaknesses）是劣势；O（Opportunities）是机会；T（Threats）是威胁或挑战，对大数据环境下档案信息资源整合的优势、劣势、面临的机遇和挑战进行分析。

三、大数据环境下数字档案信息资源整合

在大数据的时代背景下，数字档案信息资源具有数量庞大、增长迅速、多源异构等新特点，在给人们带来丰富信息的同时，也给数字档案信息资源的整合带来了一定的困难，如数据存储问题、安全保障体系的缺失等问题。接下来，我们将从以下几方面对大数据时代数字档案信息资源的整合策略进行探讨：

1. 实现由馆藏中心模式向服务中心模式的转变

上述我们提到过大数据时代的信息挖掘技术，如云计算、Web2.0 文本挖掘技术等。这些大数据技术可以通过对复杂关联的数据网络中出现的趋势进行预测，从而为人们的行为决策提供有益指导。这就要求档案部门要改变过去单一的"供给式"的思维模式，转向关注大众的利用需求，构建起以社会利用需求为导向的档案数字资源体系。如档案网站导航、索引等人性化服务的提升都可以更加方便用户并时刻关注用户需求的变化，实现由馆藏中心模式向服务中心模式转变，不断提高档案服务与用户之间的匹配度。

2. 加强大数据时代数字档案信息资源整合的安全保障体系建设

首先，应建立 IAM（身份和访问管理）和隐私保护系统，实现统一身份认证与访问权限控制，达到用户安全集成管理的目标，有效应对档案数字资源整合与大数据应用过程中的安全风险。其次，通过数据加密技术保护档案信息安全。通过 SSL（Secure Sockets Layer，安全套接层协议层）加密，实现在数据集的节点和应用程序之间移动保护大数据。再次，综合运用大数据技术手段与安全保密制度，加强对重点领域档案数据的日常监管，有效应对因档案数据聚集性与档案利用需求无序性造成的档案泄密风险。最后，实时开展档案数字资源异地异质备份工作，提高系统容灾能力。

第二节　大数据环境下的档案信息资源挖掘

一、档案信息化下的大数据技术

（一）大数据概念探析

大数据的起源可以追溯到 2000 年前后，互联网网页以每日约 700 万个的速度呈现爆发式增长，随着越来越多的用户使用互联网，用户在互联网上检索准确信息也变得愈发困难。谷歌公司为提高用户使用互联网的效率，率先建立了覆盖数十亿网页的数据库，成了大数据应用的起点。而大数据技术的源头，则是谷歌公司提出的一套以分布式为特征的全新技术体系。

大数据从出现至今，一直都是全社会关注的焦点，至今仍无公认的定义。对于大数据，可以从资源、技术和应用三个层次理解，"大数据是具有体量大、结构多样、时效强等

特征的数据；处理大数据需采用新型计算架构和智能算法等新技术；大数据的应用强调以新的理念应用于辅助决策、发现新的知识，更强调在线闭环的业务流程优化。"大数据不仅"大"，而且"新"，是新资源、新工具和新应用的综合体。

（二）大数据对档案信息化的保障

1. 档案数据高效存储保障

目前，馆藏数字档案量已经从 TB 级别跃升至 PB 级别，与此同时，科技进步衍生出的数据呈现出了分布式和异构性特点，需要归档的数字资源繁多，包含结构化、非结构化和半结构化数据。非结构化数据，如文本、图片、各类表格、图像和音视频等，半结构化数据，如 E-mail、HTML 文档等，都不便于使用关系数据库二维逻辑表来表现。

传统关系型数据库已经无法满足对数量庞大、类型多样的档案资源的组织与管理需求，需要引入大数据管理系统对档案进行分布式存储、快速检索。大数据存储方法有很多种，如 Hadoop、NOSQL，都具有一些共同的特点，即利用硬件的优势，使用可扩展的、并行的处理技术，采用非关系模型存储、处理非结构化和半结构化的数据，并对大数据运用高级分析和可视化技术。

2. 档案数据价值挖掘保障

在档案数字资源中，不同的档案数据中蕴含的价值存在差异，有可能导致用户获取价值信息的难度增大。如何从这些资源中提炼、挖掘出有价值的档案信息，并以人们易于接受的方式传递给用户，是目前档案工作者必须解决的问题。

大数据时代带来的新技术，为档案工作者提供了解决问题的方式。档案工作者可以采用大数据技术，在海量档案数据中发现关联，从不同角度对其进行聚类和分类，以多维度、多层次的方式展现档案数据，将非结构化数据转换为结构化、半结构化数据，从而使用户更准确、更容易获得档案信息。必要时，还可以通过可视化技术，形成图形图像，直观地展示最终结果。

二、大数据技术在档案领域的应用背景

大数据时代，数据的种类和规模都空前庞大，成为一种最重要的社会资源，且亟待人们对其进行开发和利用。大数据时代深入改变了人们的生活、生产和思维方式，对社会各方面造成了巨大影响，档案信息资源在新的社会背景下也发生了巨大改变并愈发显现出大数据的特征，如何对海量档案信息资源进行高效系统挖掘，从而实现深层次开发利用成为当下档案工作的中心。传统的档案信息资源挖掘工作不能满足新形势下档案信息资源的开发要求，将以云计算、语义引擎和可视化分析为代表的大数据技术应用到档案信息资源的挖掘工作中，可以为其带来巨大机遇，世界各国对于大数据技术不断深入推广、积极倡导，我国也出台了相关政策进行支持，都为大数据技术深入应用在档案信息资源挖掘领域提供了支持。

（一）大数据技术为档案信息资源挖掘工作带来新机遇

国际咨询机构麦肯锡对大数据做出以下定义："大数据是指无法在一定时间内用传统数据库软件工具对其内容进行采集、存储、管理和分析的数据集合。"因此，在大数据时代，必须要使用新的数据处理技术才能实现对数据资源更好地开发和利用。大数据背景下的档案信息资源也具备了大数据的特征，主要体现在以下三点：一是各级档案机构所产生的档案信息资源总量日渐庞大且增长迅速；二是档案信息资源种类日趋繁杂，而且结构日渐复杂；三是档案信息资源的价值丰裕度、凝聚度很高。对具备大数据特征的海量档案信息资源进行广泛采集，深入挖掘，对档案信息资源发挥最大化效用具有不可估量的意义。

档案信息资源的挖掘工作是指对海量的档案信息资源进行采集，并对采集到的数据进行清洗、集成、变换等处理，最后选择相应的挖掘模型，实现对档案信息资源价值的开发和提取，从大量的档案信息资源中挖掘价值、提取知识，从而实现其更为广泛和高效地利用的过程。

档案信息资源的大数据化给其挖掘工作带来了很多困难，如档案信息资源的采集问题、清洗问题、价值分析问题和结果提取问题等，但是大数据技术的使用也给档案信息资源的挖掘工作带来巨大机遇，主要体现在以下三点：

1. 大数据技术可以实现档案信息资源更系统、全面的采集

大数据处理技术强调对整体数据进行分析和挖掘，以此取代传统档案信息挖掘中以抽样代替整体的方法，可以改变因为遵循传统经验思维搜集局部档案信息进行分析而造成的挖掘成果的片面性和不完整性。云存储技术手段为信息采集提供了足量的空间，为档案信息资源的系统、全面采集提供技术支持。

2. 大数据技术可以实现档案信息资源的智能化提取，并提高挖掘的精确度和效率

基于云计算的大数据价值分析技术可以在挖掘过程中提高精确度；可视化技术则对档案信息资源进行全面直观的呈现；语义处理技术为档案信息资源的智能检索创造了条件，有利于挖掘效率的提升。

3. 使用大数据技术对档案信息资源进行挖掘，可以弥补由于档案缺失而造成挖掘结果价值低的问题

大数据技术通过对海量档案信息资源进行处理分析，创建数据资源库，在某一部分档案信息资源存在缺失时，可以根据档案信息资源间的关联性原则对相关资源进行追踪，以补充缺失的档案信息，保证档案信息资源挖掘结果的完整性和可靠性。

（二）国家政策引领与支持

大数据概念自提出伊始，就成为最热门的名词之一。大数据技术给社会带来了强烈冲击，深入影响着社会的各个领域并引发思想变革。2012年3月，美国政府发布"大数据研究发展倡议"，在大数据技术研究领域投资2亿美元，并将大数据上升到国家战略级

别中。2012 年 5 月，联合国公布了名为"大数据的机遇与挑战"的白皮书，对于大数据技术给人类社会带来的机遇和挑战进行分析，在该报告中，联合国分析了大数据技术在中国互联网行业的发展状况，并认为大数据技术将会给中国互联网行业带来巨大的发展机遇。

2015 年 8 月，我国国务院发布了《关于促进大数据发展行动纲要的通知》，在此通知中指出了我国大数据技术发展的形势和意义，认为大数据成为重塑国家竞争优势的新机遇，并提出了在我国发展大数据的指导思想和总体目标。这份通知提出在未来的国家发展过程中，应利用好我国的数据数量优势，努力实现数据数量、质量和数据应用水平的协同发展，注重对数据资源潜在价值的挖掘，将大数据这一战略资源的作用得到最大限度地发挥，以提升国家竞争力。

在这份《促进大数据发展行动纲要》中，树立了未来发展大数据的指导思想，包括"大力推进政府信息系统和公共互联开放共享，消除信息孤岛，着力推进数据汇集和挖掘，推进数据资源向社会开放"，这些指导思想对于档案信息资源挖掘过程中使用以云计算为代表的大数据技术，实现档案信息资源共享、消除档案信息资源孤岛、实现数据广域采集都具有引导作用。

目前，我国已经认识到大数据对于国家未来发展的重要价值，并为大数据技术的发展提供思想指导和政策支持。档案信息资源是国家记忆的主要构成部分，也承担了保存国家记忆的重要使命，是未来国家战略资源最重要的组成部分之一。在国家积极倡导大数据技术应用的当下，把大数据技术与档案信息资源的挖掘工作紧密结合起来，构建起一个基于网络的多种类结构的、为中华民族集体记忆的、构建和传承提供文献支撑的"中国记忆"数字资源库，并使用大数据技术对大数据化档案信息资源进行深入挖掘和利用，顺应时代的要求和政策的支持方向，扩大档案信息资源的社会影响力，使档案信息资源为国家信息化进程的深入和国家竞争力的提升做出更大的贡献。

三、大数据技术在档案信息资源挖掘过程中的具体应用

大数据技术对社会生活的各个方面造成了冲击，并深入影响着人们生产和生活的方式。在档案信息资源的具体挖掘流程中，以云计算技术、可视化技术和语义处理技术为代表的大数据技术正在得到日渐广泛和深入的应用，并取得明显的效果。

（一）云计算在档案信息资源挖掘中的应用

1. 云计算的概念及特征

云计算是一种基于互联网的计算方式。这种方式利用分布式计算和虚拟资源管理等技术，通过网络统一组织和灵活调用，将分散的信息资源集中起来形成共享的资源池，并以动态按需和可度量的方式，向使用各种形式终端的用户提供服务。在云计算环境中，应用软件直接安装到了"云"端的服务器中，而不是用户终端上，用户仅需要通过 Web 浏

览器登录到"云"端的管理平台就可以使用软件并得到所需服务。"云"是对计算服务模式和技术实现的形象比喻。"云"由大量基础单元——云元组成，各个云元之间由网络连接，汇聚成为庞大的资源池。

按照云计算服务提供的资源所在的层次不同，可以分为 laaS（基础设施即服务）、PaaS（平台即服务）和 SaaS（软件即服务）三种服务方式；根据服务对象的不同，则可以分为面向机构内部提供服务的私有云、面向公众使用的公有云、以及二者相结合的混合云等。

2. 应用必要性分析

云计算的应用必要性体现在以下几个方面：首先，可以平衡档案信息资源挖掘基础设施建设。目前，我国档案信息资源开发挖掘工作由于地区经济发展不平衡、经费投入差别大，而在基础设施建设上存在较大差别。一些发达地区在档案信息资源挖掘基础设施的建设上投入大量资金，确保了工作需求得到满足，但是有些经济欠发达地区的基础设施建设存在较大缺陷，没有足够的设施和技术对档案信息资源进行挖掘、开发。这种情况下，通过云计算的基础设施服务来统筹规划档案机构的挖掘工具、管理服务器、存储器等基础设施，通过建设营造云计算环境，向分布的档案机构提供基础设施服务支持，这样不仅可以节省档案信息资源挖掘基础设施建设的资金，还可以平衡不同经济状况地区的档案信息资源开发状况，使挖掘技术力量较弱的档案部门可以应对档案信息资源开发工作。其次，可以拓宽档案信息资源采集渠道。档案信息资源挖掘工作过程中最基础的部分是对海量档案信息资源的采集。广域的数据采集对于档案信息资源挖掘成果的系统性、全面性至关重要。通过云计算构建"档案云"平台，实现档案信息资源共享，对各档案机构、企事业单位的档案信息资源进行统筹规划、合理、存储、调动、分配，消除以往的档案信息资源"孤岛"，将其融合为一个档案信息资源的"海洋"中。

云计算存储空间大、计算能力强、安全性高，现在通过云计算实现数据共享的技术条件已经成熟，并在档案信息资源管理领域有所应用，随着档案信息资源的大数据特征进一步明显，云计算必将在档案信息资源的挖掘和开发领域发挥愈发重要的作用。

（二）可视化技术在档案信息资源挖掘中的应用

1. 应用必要性分析

大数据背景下，档案信息资源种类、结构更加复杂，数量也更巨大，在档案信息资源挖掘过程中，需要对诸多海量的、多元化的、结构复杂的档案信息资源进行直观认知，使档案信息资源的管理者和使用者可以清晰洞察档案信息资源背后所隐藏的信息，并将这些信息转化为可以对自身生产生活发挥实际作用的知识。

对档案信息资源的挖掘必须要对原始资源有清晰、直观的认识，随着档案信息资源总量的增大，这一过程愈发困难。对于档案信息资源的开发者和挖掘者而言，海量的档案信息如同一个巨大的黑洞，必须对这些资源进行逐一认识、排查、发掘隐藏价值，当原始挖掘对象的总量很大时，还需要对原始信息资源进行检索，在传统的档案信息资源检索条件下，为了浏览所有结果，用户只能不断翻页。在档案信息资源的挖掘过程中引入可视化技术，把档案信息资源以及其内部不可见的语义关系以图形的形式直观地呈现，同时在使用计算机对档案信息资源进行处理时更加注重人机交互的过程，能更加系统、高效地对档案信息资源进行发掘，并准确提取其潜在价值，使之发挥更重要的社会效用。

2. 具体应用过程

信息可视化的定义："使用计算机技术，使复杂的数据信息以交互的、可视化的形式体现出来，以增加人们对其认知程度。"可视化技术的主要研究重点在于：它倾向于对复杂的数据信息进行综合分析，将其转化为易于理解的可视化图形，通过图形来以最直观的视觉方式展现数据中隐含的信息和规律。人类从外界获取的信息80%来自视觉系统，因而，可视化的主要任务在于建立起符合大家普遍认知的、易于理解的心理印象。信息的可视化技术已经发展多年，现在愈发成为人们分析抽象、复杂数据的重要工具之一。在现实生活中，存在很多信息可视化的使用案例，俄罗斯互联网调查机构在2013年对全球196个国家的35万个网站进行数据收集、整合和统计，并且根据这些网站之间的数百万个网页链接，以流量多少来组成球体而制成的互联网星际图。在互联网星际图中，星球的大小代表了该网站访问流量的多少，星球之间的距离则表示了相关网页链接出现的频率和强度，通过该图，可以对全球网站的活跃程度以及它们之间的相互关联有极为清晰明了的认识。

在档案信息资源挖掘领域，信息可视化技术也可以发挥类似的效力。首先，构建一个完整的档案信息资源数据集，即档案信息资源可视化界面，对该数据集中的档案信息资源有全面的认识。其次，对目标所在的相关档案信息资源领域进行放大并剔除不需要的档案信息，之后结合用户的具体需要向用户展示具体细节，通过用户的具体操作和实践过程探索在档案信息资源可视化分析中使用者的行为，以此对可视化系统的实现提供指导，注重档案信息资源之间的关联性和系统性，向用户展示档案信息资源数据项之间的相关性。

档案信息资源的可视化描述是实现其高效、准确挖掘的前提。这一过程的主要内容是构建反映档案信息资源具体内容的图符、多维度空间描述图、特征库、知识组织体系和相应的数据压缩格式组成。对于档案信息资源，尤其是以文本形式存在的文书类档案信息资源，可以根据这些档案形成的时间先后将其进行图形化显示，将它们的特性以图形的形式进行表示。当前可应用于档案信息资源挖掘工作中的文本信息可视化技术有很多种，如标签云技术，将原始档案信息资源的原始属性根据词频规则总结出规律，并按照这样的规律对其进行排列，用大小、颜色、字体等图形属性对原始档案信息资源的关键属性进行可视化表述。除此之外，还有图符标志法，这种可视化方法可以把专业的、复杂的档案信息资源以十分直观和易于理解的形式向挖掘者和使用者进行展示。在档案信息资源挖掘过程中，通过可视化技术了解挖掘对象的属性和关联性，对采集的海量数据进行去噪处理,有利于管理者和使用者更清晰地认识这些信息资源,从而实现档案信息资源的准确高效提取。

(三)语义处理技术在档案信息资源挖掘中的应用

1. 应用必要性分析

在大数据背景下,档案信息资源的总量呈现出急剧增长的态势,且其结构形态也表现出愈发复杂的特点,多媒体类档案占据了越来越大的比重。在此背景下,使用人工方法对档案信息资源进行采集、开发和利用的难度越来越大。语义处理技术在大数据挖掘的过程中为机器提供了可以理解数据的能力,使用自然语言处理技术对原始档案信息资源进行处理,构建数字化档案信息资源跨媒体的语义检索框架,为深入挖掘档案信息资源提供技术支持,可以在语义理解的基础上提高档案信息资源挖掘算法的语义化程度和性能,最终实现对海量、繁杂档案信息资源的快速挖掘、智能提取,提升挖掘质量和挖掘效率。

2. 具体应用过程

语义处理技术的主要作用是对原始的档案信息资源进行自然语言处理,以便机器更好地"理解"使用者的目的和需求,从而实现档案信息资源更为精确的提取。自然语言处理是基于计算机科学和语言学,利用计算机算法对人类自然语言进行分析的技术,属于人工智能领域的一个重要方法。自然语言处理的关键技术包括对自然语言的词法进行分析、对语言含义进行分析、对语句语法和内容进行分析,以及语音识别技术和文本生成技术等。在档案信息资源挖掘的过程中,这些技术可以使计算机对原始档案信息资源进行深入的理解和认识,使计算机"理解"这些自然语言。有利于档案信息资源挖掘者系统地掌握档案信息资源的内容概要,对档案信息资源进行内容检测,依照关键词义、语义对档案信息资源进行系统分类整理,对原始信息进行深入挖掘检索、质量检测,还可以实现自然语言所表达的内容信息不同形态之间的转换,有利于档案信息资源的丰富拓展以及清晰表述,对档案信息资源挖掘效率的提升意义重大,同时也为智能检索技术的应用奠定基础。

自然语言处理技术主要包括两大类,即机器翻译技术和语义理解技术。机器翻译技术,即使用计算机实现对自然语言内容的认识和提取,并将其以文本或其他形式输出,把一种类型的自然语言翻译成另一种类型。语义理解技术则强调把检索工具和语言学进行有机结合,通过对关键词专用检索工具的开发,以及对原始信息的前文扫描,弄清其词义、句意之间的相互关联,从而实现检索工具在语义层次上对检索目标词汇的理解。在自然语言处理技术中会用到汉语分词技术、短语识别技术、同义词处理技术等,并对原始语言信息进行系统区分、鉴定和提取。

总的来说,在档案信息资源挖掘过程中,语义检索的主要应用技术方法有两种:语义分析法和分词技术。前者目的在于在资源挖掘中对检索关键词进行语义分析,对关键词进行拆分，并查找拆分后关键词的关联，以及搜索与关键词含义存在关联的其他关键词，最终实现对查询者目的的解读，搜索出最符合使用者要求的结果；而分词技术则是在档案使用者对档案信息资源进行查询时，将其查询词条按照相应标准进行划分，然后按照对应匹配方法把划分后的字串符进行处理，实现对目标资源提取的一种技术。

第三节　大数据环境下的档案信息资源开发与利用

一、大数据环境下档案信息资源开发与利用的主客体分析

利用是一个满足需要的过程，档案信息资源利用的实现首先需要档案馆（主体）提供信息开发、传播；而后需要利用者（客体）有利用需求；最后主体提供的档案信息恰好或一定程度上能与客体利用者的需要相契合。大数据环境下，档案信息资源利用的主体、客体、目标都发生了一定的变化。

（一）主体

档案馆是永久保管档案的基地，拥有丰富的档案信息资源，是档案信息资源开发的主体。其中，综合性档案馆较其他档案馆在人才、资源方面具有独特的优势，是档案信息资源开发利用的主要力量。大数据环境下，许多档案馆推出了手机短信、微信、微博等微媒体服务，也有少数档案馆开发了 APP 提供档案服务。但是服务方式的增多和档案馆既定的人力、物力资源入不敷出，从而导致一些档案馆面对新环境力不从心，出现了"有数量没质量"的情况。

（二）客体

档案利用者产生档案利用需求，是档案馆的服务对象。在大数据环境下，一方面，档案利用者的范围在整体上有所扩展，更多的群体可以通过档案馆的微信公众号、微博、APP 等途径利用档案实现其参考价值；另一方面，档案利用需求具有"刚性律"，刚性档案需求的利用者变化较少，而这些刚性需求的利用者是档案馆的主要服务对象。在移动互联网大浪潮下，我们要时刻保持冷静，处理好"为谁服务，以谁为主"的问题。

（三）目标

档案信息资源开发与利用的目标是将主体与客体结合以满足利用者的信息需求。在大数据环境下，这一目标是在满足利用者需求的基础上使利用者的利用更加简单、自由，进而促进利用者的利用。在大数据环境下，分析用户档案信息需求，合理选题选材，并通过移动互联网将开发出来的档案信息资源以简单便捷的方式提供给用户。满足利用需求，提升客户体验是大数据环境下档案信息资源开发利用的最终目标。

二、大数据环境下档案信息资源开发与利用的特征

在大数据环境下，档案信息资源开发与利用有了一些新的特征，把握变化才能更好地适应这一环境。

（一）空间上的移动性

移动环境指的是人或物处在不断变化的空间环境中，茆意宏提出："在移动信息服务的过程中，用户及其所持终端是处于移动状态的，总是跨越不同地点，跨越不同情境。"一方面，这一特点为档案利用提供了便捷，用户可以获得和利用档案信息的空间自由度加强。另一方面，对档案利用工作提出了挑战：移动空间环境中的干扰因素增加，用户对档案信息利用呈现出碎片化趋势，对于档案信息的质量要求更高；移动环境对无线网络、信息传输等的技术要求也更高。

（二）时间上的碎片化

由空间的移动性导致档案信息资源利用时间的碎片化。这一特点在实现了随时利用的同时对档案信息资源开发者提出了新的要求。大数据环境下人们已经进入"读图时代""，档案信息资源开发形式应该与时偕行，图片、小视频成为受欢迎的形式。另外，集中阅读时间碎片化对档案信息资源的内容也产生了影响，人们更加倾向于简单、娱乐性的内容。所以档案信息资源开发者应该把握住大数据环境下的新特点，提供用户需要的内容。

（三）用户主导档案信息资源开发

大数据环境下，网民的"话语权"得到增强，更加有利于表达自身诉求。传统的由"档案馆"主导的档案信息资源开发逐渐向用户主导转变，一些类似于"我需要的档案信息"的调查活动使用户加入档案信息资源开发的"选题""选材""编辑"，甚至是宣传推广。利用者也是开发者，使得档案信息资源利用率得以提升。

（四）档案信息资源利用的深度增加

大数据环境下，档案信息资源的利用从简单的"实物利用"向"知识利用"转变。档案的凭证性作用依然重要，但是在大数据环境下，人们参考档案指导实践活动、利用档案信息进行创作、通过档案记忆历史的例子随处可见。档案信息资源开发利用深度加深。

（五）档案信息资源利用的方式增多

传统档案信息资源利用主要通过到馆利用、档案编研成果利用、档案网站利用来实现，大数据环境下档案利用途径变得更加丰富。微信、微博、手机 APP 等多种途径可供选择，同时也在这些社交媒体中使档案走进千家万户。

三、大数据环境下档案信息资源开发与利用的不足之处

我国各级各类档案馆已经开始利用移动互联网提供多种档案信息利用服务,并取得了一定的成绩。然而面对这一新事物,由于问题本身的复杂性及经验上的不足,在实践中显现出了一些问题。针对现状我们主要提出了功能定位、内容、推广几方面的问题,对于法律制度、观念等具有固有滞后性的问题在此不提。

(一)功能定位模糊

大数据环境下,档案馆的定位是指对档案馆利用服务的定位,是对预期利用者要做的事。定位的作用在于指导工作方向,定位确定了档案信息资源开发的方向。换句话说,定位决定档案信息资源开发的"选题"与"选材"。在目前档案馆提供的移动互联网服务中不乏定位模糊的现象。举例而言,一些档案微博中多是局馆新闻动态的内容,少有关于档案利用信息的发布,而局馆动态主要是为档案局(馆)本身服务,也就是其微博定位并非是为预期利用者服务而是为自身服务。在大数据环境下,档案馆在档案信息资源的传播方面做出了很大的努力,投入了很多资源,例如,开通微信公众号、微博、开发 APP 等。但是在选题、选材等内容方面却少有对移动互联网环境的适应和利用。

定位主要是指档案馆要把握好"为谁服务"和"主要为谁服务"的问题。大数据环境下,档案利用者的范围整体扩大,但是其中主要是传统环境中那些对档案信息资源具有刚性利用需求的群体。

在主要服务这些既有利用者的基础上,尽可能地为其他利用者服务。在档案馆的发展中,我们通过"档案利用登记表"积累了许多档案利用者的数据,通过大数据思维我们可以将这些数据转化为新环境下的眼睛,分析利用者特征,找到主要服务对象和他们的利用需求,进而进行科学的选题。但是实际上,无论在实践中还是在研究中,我们只关注了"档案利用登记表"的形成和管理,涉及利用档案登记表预测利用趋势的例子却是凤毛麟角。

(二)粗糙编辑缺乏吸引力

"人靠衣装,佛靠金装",在这个拼"颜值"的时代,精益求精的编辑是档案信息资源开发利用中的重要一环。面对大数据环境下的信息大爆炸,精巧的编辑形式有时候是敲开档案信息资源利用大门的"敲门砖"。

档案信息内容的表现形式至关重要。大数据环境下,人们阅读信息的空间移动性和时间碎片化使得我们进入了"读图时代"。

相对于文字,我们更喜欢简单直观的图片;相对于图文,我们更喜欢声像结合的"短视频"。在这一方面,我们的服务有一定的不足,通过我们的亲身体验,档案馆在微媒体上提供的档案信息仍然以文字方式为主,平均一篇 2000 字左右的文章配有 3~4 张图片,视频文件极少。这些不符合当前利用者习惯的形式会对档案利用效果产生不利影响。

另外,平铺直叙的标题、规规矩矩的格式是我们目前的现状,而引人入胜的标题与独特漂亮的格式应该成为编辑过程中的更高追求。

（三）传播方式缺乏顶层设计

目前档案馆推出的传播方式众多,手机短信、微信公众号、微博、WAP、APP 应用程序多种多样。但是由于档案馆的资源有限,众多服务使得档案馆力不从心,结果事倍功半。主要表现有服务众多却无人管理,有一些档案公众号自开通以来从未发布过任何信息,还有一些档案公众号根本无法提供服务。另外,由于缺乏顶层设计和整体规划,各种服务方式之间互相重合而又不能完全覆盖利用功能,导致各种方式的优势得不到体现。这种"有数量,没质量"的情况不仅没有达到我们的预期目的,也造成了资源的浪费和利用者的不满。

第四节　大数据环境下的档案信息服务创新

当前,我们处于信息技术快速发展的大数据时代,我们在享受着大数据时代给我们带来便利的同时,也不同程度地承受着各种困扰。这种情况在档案信息服务利用领域亦是如此,各种新型信息传播技术的应用给原有的档案信息服务方式带来了前所未有的冲击,但是它们也给档案信息服务模式的创新带来了发展机遇。

一、大数据时代档案信息服务研究现状

到目前为止,档案学界尚未形成一个统一的概念,但存在着这样一个潜在的共识,"大数据作为结构化数据、半结构化数据与非结构化数据的总和,不是对数据量大小的定量描述,它是一种在种类繁多、数量庞大的多样数据中进行的快速信息获取"。大数据共有四个特点:一是数据量大,大数据的数据数量从 TB 级上升到 PB 级,乃至会上升至 ZB级;二是类型繁多,大数据的数据来源种类繁多,数据形式也是多种多样,包含"文本、图像、视频、网络日志、地理位置信息、用户行为信息等";三是速度快,大数据的一个重要特点就是增长速度快,有较强的时效性,很容易被其他的数据信息所替代,因此,传统的数据管理模式已经无法满足快速的现代数据信息的管理分析需要,一般会采取实时分析和分布式处理方式来管理数据信息;四是数据价值具有稀疏性且相关度不高,数据量虽然庞大且蕴含着巨大的价值,但是单个数据的个体价值很小,只有将所有相关的数据进行综合整理分析之后,才可以发挥巨大的潜在价值,从而对结果进行较为准确的预测。

在我国,施永利最早于 2012 年将大数据引入档案信息服务领域,他指出了大数据背景下档案信息服务面临的挑战,也指出数据挖掘是大数据时代下档案利用服务的必然选择,同时提出应对挑战的对策。

二、大数据时代档案信息服务模式面临的挑战和机遇

随着科学信息技术的迅速发展,人类也从信息时代跨入大数据时代。相比较传统信息环境,在大数据时代,档案用户的信息需求与档案工作者的服务模式都发生了前所未有的变化,给原有的档案信息服务模式带来了巨大的冲击。而任何新事物都是一把双刃剑,大数据在给档案信息服务带来挑战的同时,也带来了前所未有的发展机遇。目前,档案信息服务模式主要有两种:一是传统实体档案服务模式;二是现代网站档案服务模式。大数据时代的来临为这两种服务模式带来不一样的冲击。

(一)当前档案信息服务模式

当前档案信息服务模式大致可分为以实体档案为单位的传统实体档案服务模式和以网站为平台的现代网站档案信息服务模式。以实体档案为单位的传统实体档案服务模式是中国自产生档案服务机构以来自实践活动中逐渐产生的,并已形成了一套具体完善的档案信息服务理论。以网站为平台的现代档案信息服务模式是伴随着网络的产生而产生的,主要是指电子档案的服务利用模式。目前电子档案服务理论还不够完善,并且仍存在一些实践问题。虽然如此,提供电子档案信息服务已然成为世界先进的档案信息服务模式,在中国提供电子档案利用服务也逐渐成为一大趋势,并逐渐向主流方向发展。

1.传统实体档案服务模式

传统实体档案服务模式指以往的档案信息服务机构工作人员就实体档案对其进行收集、整理、鉴定、保管、统计等,进而为档案需求者提供利用服务。同时该档案信息提供服务方式主要有:阅览服务、出借服务、复制供应、咨询服务、交流服务、档案证明和档案展览等。这些服务理论和服务方式是在前人的实践基础上积累和总结起来的,是人类智慧的结晶。随着社会的发展以及先进科学设备的引进,传统档案信息服务方式受到一定的影响,但在以纸质档案为主体的中国,以实体档案为单位的传统实体档案服务模式仍占据着主要位置。同时,先进技术的引进也加快和推动了传统档案服务模式的工作进程。

2.现代网络档案信息服务模式

顾名思义,现代网络档案信息服务模式是档案服务机构利用计算机网络为档案信息利用者提供档案信息服务的一种服务模式。"以网络为平台的现代档案信息服务模式是档案服务机构顺应时代潮流而提供档案服务利用的一种先进服务模式",该模式极大地提高了档案信息服务质量和服务效率,同时该服务模式也拓宽了档案信息服务范围,为档案服务事业的进一步发展创造新的条件。无论是数字档案馆的网络服务,还是现代档案网站提供的档案信息,主要有馆藏档案资源介绍、档案咨询、档案政务、档案展览、档案推送等档案信息,并且大部分省、市都开通了档案网站,这项举措大大提高了档案信息服务效率。现代网络档案信息服务模式主要为利用者提供电子档案信息服务,虽然较为简捷方便,但电子档案的安全性和准确性在大数据时代也面临着极大的挑战。

虽然这两种档案信息服务模式分别能够对实体档案和电子档案提供利用，并且能取得良好的效果，但是在大数据时代，这两种模式也存在着一些问题。对于传统实体档案服务模式而言，服务理论、服务手段和服务设备等急需跟着时代的进步而发生改变，以适应现代化的需求。对于现代网站档案信息服务模式而言，该模式还未形成较为完善的服务理论，仍然处于初级阶段，这需要档案服务工作人员的继续努力来促进其快速发展。总而言之，这两种模式既有优点又有缺点，这需要档案工作者继续为档案服务事业努力。

（二）大数据背景下档案信息服务面临的挑战

无论是传统实体档案服务模式，还是现代网站档案信息服务模式，在大数据时代，尤其是电子档案数据信息的快速增长，给以往的档案信息服务模式带来了很大的冲击。数据信息的快速增长及繁多的种类，给档案信息服务带来的挑战主要有以下四个方面，下面进行逐一分析：

1. 如何查询所需要的档案信息

随着档案信息化建设的发展，在对档案信息进行查询时，往往所需要查找的档案信息会淹没在大量的不必要的档案信息数据中，特别是对电子档案的查找，检索性能急剧下降。同时，依靠人工查询有用的信息，在传统纸质档案时代是可行的。但在大数据时代，在纷杂的档案信息中查找有价值、值得挖掘的信息是很困难的，这是一件心有余而力不足的事情，这给档案信息服务的初步实现带来很大的问题。因此，如何在大量复杂的档案信息中快速而准确地查找到利用者所需的档案信息是档案服务工作人员要解决的首要问题。无论是用传统实体档案服务模式查询信息，还是用现代网站档案信息服务模式查询信息，大数据都为其带来了严峻的挑战。

2. 如何改变原有的服务理念和方式

档案信息服务理念和方式具有间隔性和稳定性，服务理念和方式一旦形成就很难再改变。档案信息服务理念和方式的产生是顺应当今时代的发展要求的，在相当长的一段时间内是稳定的。同时，随着时代的发展和改变，档案信息服务理念和方式也会随之改变，这就造成了档案信息服务理念和方式的稳定性和阶段性。大数据时代是一个全新的时代，它对各个社会生产领域都产生了各式各样的影响，包括档案界信息服务理念和方式，也不管在传统实体档案服务模式上，还是在现代网络档案信息服务模式上。因此，最基本的理论观念性问题都应该得到应有的重视，才能够在主观因素上提高档案信息服务水平和工作效率。如何在原有的档案信息服务理念和服务方式的基础上加入大数据时代的元素来顺应社会的发展和群众的需要是一个重要问题，亟待解决。

3. 如何加强基础服务设施建设

在大数据时代，档案信息服务机构基本上都引进了大量电子设备以提高工作质量和服务效率，传统的档案信息服务机构的服务设备面临着淘汰的风险。因为大数据时代的档案信息数量繁多、来源复杂、种类多样，其储存要求远远超过以往的档案信息排架以及承受能力,它急需档案信息服务机构进行基础设施建设来满足其保存和管理要求,从而提供个性化、人性化服务。同时,"档案服务机构也要解决好档案信息服务系统的运行环境及维护系统的正常运行以保障档案信息的完整性、安全性以及原始性"。加强档案服务基础设施建设是提高服务水平和服务效率的物质条件和客观条件,这一点应该得到社会的重视。

4. 如何培养高素质档案信息服务人才

当今国际实力的竞争与其说是科学技术的竞争,倒不如说是国家人才的竞争。人才决定国家的综合实力,档案界亦是如此。

若想提高档案信息服务质量,要考虑的首要问题就是如何提高档案工作服务人员的专业素养以及综合素质。大数据时代的档案工作人员不仅要掌握最基本的档案管理以及服务知识,还要学习数据分析、数据挖掘等各种计算机知识。只有掌握了这些知识,一名档案工作人员才能更好地分析数据,然后做出准确的预测以提高档案信息服务水平。这点要求是对于从事档案行业工作人员的最基本要求。在当今的档案信息服务部门,尤其是对缺乏数据管理的人才部门来说更要注意好这个问题。

(三)大数据背景下档案信息服务面临的机遇

虽然在大数据背景下,大数据给档案信息服务带来了挑战,但它同时也为档案信息服务带来了很多机遇,无论是服务内容,还是服务模式及服务思想的转变等。这为传统实体档案服务模式和现代网站档案服务模式的新发展带来了契机。

1. 有助于丰富档案信息服务内容

数据的快速增长为档案服务提供了丰富的档案资源,使得档案服务机构的工作内容能够打破原有的限制,而提供巨量的档案信息资源。就档案馆而言,"档案资源除了储藏在本馆内的档案资源外,还可以通过与其他档案馆进行档案信息资源共享,实现档案信息资源云共享"。这项举措在很大程度上克服了本馆档案资源的局限性,为利用者提供丰富而有效的档案资源。所以说,这些海量的档案信息资源为档案馆信息服务提供了内在的硬性支持,使其提供的服务内容更加丰富多样,满足利用者的多方面需求。

2. 有助于完善档案信息服务方式

以往的档案信息服务模式基本上都比较倾向于被动服务,档案服务机构很少去主动服务,而且服务方式极为简单被动。最常见的服务模式是用户提出查档要求,档案馆根据其需求查找相应的档案信息资源以提供利用,并且利用者还要办理各种利用手续,程序复杂,给利用者带来极大的不便。而在大数据时代,档案服务机构可以在保持原有的服务方式基础上,利用各种电子设备和数据技术扩大服务范围,提高服务质量。同样拿档案馆来说,档案馆信息服务应该首先要立足于大数据背景下,在提高原来服务水平和服务质量的同时,还应积极主动地向社会发布一些档案信息,进行档案推送,提高服务效率。同时,"档案馆还要积极发挥电子档案信息资源的作用,扩大电子档案信息资源的利用范围,发展档案数字化"。这也就要求档案服务机构的服务方式和服务流程都要作出相应的转变以适应现代化的需要,其服务方式也要从被动式逐渐向主动式转变。

3.有助于转变档案信息服务思想

以往的档案信息服务思想是将档案信息服务看作是本机构的一种正常业务来完成,被动而又消极。而在大数据时代,档案利用者则对档案信息服务机构的服务质量和水平提出了更高的要求和期待。档案信息服务机构可以以此为契机转变服务思想,从消极被动向主动热情转变。同时,"档案信息服务也要完善为以用户为中心,在满足用户个性化需求的同时也要提供更好的人性化服务"。大数据为档案服务机构服务思想的转变提供了现实基础,其丰富的档案信息资源使档案服务机构为用户提供准确的解答、优质的服务成为可能。

三、档案信息服务创新研究的主要内容

大数据给档案信息服务模式带来了冲击,未来档案服务机构的核心竞争力很大程度上取决于其信息服务的能力,这就要求档案服务机构就服务方式进行创新。大数据时代是信息的时代,不仅包括繁多的数据,也包括各种数据平台,如 Web2.0、微博、微信等。下面我们就数据平台对档案信息服务创新的方式谈一下自己的认识。

(一)基于云计算的档案信息服务

在云计算背景下,构建数字档案馆是受"服务型数字档案馆"的启发而提出的。之所以构建数字档案馆是因为数字档案馆能够使档案云服务平台应用起来,并且使其系统能够得到有效运营和维护,最大限度地实现档案信息云服务,满足档案信息用户的各种需求。基于云计算构建数字档案馆来提供档案信息云服务已经是当前档案信息服务模式的一大趋势。

基于云计算构建数字档案馆主要是对全国的数字档案信息资源进行统一管理,为档案信息服务工作者提供便捷的服务平台。当我们在改善原有的数字档案馆服务模式以及创建新的服务模式时,我们可以借鉴丽水市云服务共享系统的成功之处,并在此基础上进行调整,在保持该馆档案特色服务的同时,也要适应当前利用者的利用需要,提高服务质量和效率。大体上,数字档案馆云服务系统模型包括以下五个部分:数字档案信息资源、档案云服务基础、档案云服务控制、档案云服务应用、用户终端设备。

1.数字档案信息资源

"基于云计算的数字档案馆可以将多个实体档案馆、机关档案室、数字档案馆等的档案信息资源进行组合,形成一个云档案共享网络"。这个方式能够很好地提高数字档案信息资源的利用率,更加全面地满足利用者的利用需求。随着机密性档案的不断公开降密,越来越多的档案信息展现在世人面前,供利用者查阅,档案信息的利用范围也越来越广。因此,为满足利用者的信息需求,数字档案馆就需要不断收集实体档案馆的档案信

息资源来充实档案云服务资源库。

2.档案云服务基础

档案云服务基础是实现数字档案馆云服务的基础部分。该部分主要包括服务器、交换机、虚拟机、操作系统等,是实现数字档案馆云服务的硬件要求,为数字档案云服务提供了操作平台。

"云计算中的应用程序只是在互联网上运行,不需要在本地计算机安装,避免了用户的安装、维护等麻烦。"但是,我们可以肯定档案云服务在数字档案馆服务中占有基础性地位。

3.档案云服务控制

档案云服务控制是数字档案馆云服务实现的核心部分,包括数据管理、用户管理、员工管理、系统管理、系统维护等。该部分主要是对档案资源、服务器、虚拟机、交换机、操作系统等设备进行管理和控制,以保证该系统的正常运行,为档案云服务的应用打下基础。

4.档案云服务应用

档案云服务应用是数字档案馆云服务实现的重要环节。该部分主要包括档案的收集、整理、利用、保存、借阅、统计等众多档案基础管理性工作。正是因为档案云服务的应用,才能将数字档案信息资源与用户连接起来形成档案云服务网络,从而简化档案用户的借阅程序和档案工作者的工作内容。

5.用户终端设备

用户终端设备主要是为档案用户提供进入数字档案馆云服务平台的端口服务,这可以是任何一种移动终端,如电脑、iPad 和手机等。任何档案馆、档案室以及其他档案管理机构和个人等都可以不受限制地访问任何数字档案馆中的档案信息资源,以满足自身的信息需求。

基于云计算构建数字档案馆创新性云服务在理论上没有太多的问题,但在技术和生活实践中却存在着很多困难,这需要档案工作者要有勇气、有目标、有毅力地对原有的档案信息服务模式进行革新。随着云计算技术在档案信息服务方面的影响不断扩大,越来越多的人力、物力和财力投入档案信息服务当中去,未来的档案信息服务模式将会焕然一新。

（二）基于Web2.0平台构建档案信息服务互动系统

若想在 Web2.0 背景下对档案信息服务模式进行创新,"档案信息服务机构必须要做好档案服务机构与用户之间的交流"。我们认为,要想创新就必须要有创新的思维、清晰的思路。在思路创新的基础上,我们将其运用到档案信息服务机构,创立基于 Web2.0 的档案信息服务互动系统。该系统在借鉴 NARA 的基础上结合本机构的服务特点进行创建,主要包括以下三大板块:用户板块、档案信息服务人员板块和咨询板块。

1.用户板块

用户板块主要包括用户管理和用户认证两个部分。"用户管理部分主要是负责存储和管理用户相关信息，通过用户认证后就可以获得其个性化的档案信息服务。"例如，检索相关档案资源、与档案工作者交流、用户向档案机构推荐相关信息资源等。用户认证部分则是档案服务机构对档案用户的权限设置，只有通过认证的用户才可以使用系统内的信息资源。

档案信息服务人员板块主要包括信息发布、资源简介、交流方式（QQ、博客、微信）等。信息发布主要是本档案机构发布给员工的内部工作信息，如值班日期、工作模式、管理规定等内部服务性和管理性文件。资源简介部分主要是利用 RSS 技术将本机构的档案信息发送给利用者，并且将文字、图片或视频档案结合使用来引起用户的兴趣。内部交流方式（QQ、博客、微信）则是档案机构提供给员工进行信息交流、发表心得体会的重要方式。

3. 咨询板块

咨询板块是用户与档案工作人员进行沟通的地方。用户通过咨询板块进行信息咨询，并利用 QQ、微信、博客进行信息留言与档案工作人员保持密切联系。信息服务人员也可利用该板块为用户答疑来提高服务质量。

档案信息服务互动系统是一个全方位的档案信息交流平台，该平台由档案服务机构自发研制并采用 Web2.0 技术满足利用者的多样化需求。它是一个功能强大的档案服务互动平台，简化了档案职员的本职任务，显著提高了工作质量和水平。此外，"Web2.0 技术在档案服务中的应用将使服务质量更加个性化和人性化，从而提高并增强档案部门的核心竞争力"。

（三）基于微信的档案信息服务

2011 年，腾讯研发出了一种新型的信息交流工具—微信，它可以快速方便地发送文字、图片、声音、视频等。用户可以通过关注微信公众号来了解想要知道的信息。如今许多档案馆、档案室、立档单位等档案服务机构基本上都开通了微信公众号来为广大微信用户提供档案信息服务。这项举措无疑是在原有档案信息服务方式基础上进行的服务创新。

档案服务机构创建各自的微信公众号，构建档案信息服务平台，这个平台大致可以包括以下几个方面：

1. 档案推送

档案工作者必须利用微信向微信用户发布并且推荐一些档案信息资料，无论是文字信息、图片还是视频等，确保微信利用者能够看到自己感兴趣的档案资料，以提高档案信息的公开度和利用率。"这些档案资料不仅要包括国家机关档案、社会组织档案、企业档案、个人档案等，还要包括本馆特色的档案信息。"同时，档案工作者也可以利用该微信公众号发布一些最新的馆藏信息，如档案馆开放信息、讲座信息、展览信息等。总而言之，档案推送这一板块主要是全面展示本馆馆藏信息与最新信息的。

2. 档案查询

档案查询主要是为用户提供查档服务，根据主题、关键词以及责任者等为用户提供相关的档案信息。服务范围包括档案馆藏资源目录体系、档案使用方法，并在帮助用户的过程中不断总结用户需求，有组织、有计划地组织好档案信息资源、档案资料等。同时，档案服务机构也要逐步改善技术水平，创建档案服务系统，提高档案信息服务的查全率与查准率。档案服务机构也要逐渐完善和丰富档案内容，无论是文字、图片还是视频，要一应俱全，为用户提供丰富的档案资料以供参考和查询。

3. 档案咨询

档案咨询是档案服务机构与用户相连接的中心纽带。微信作为新兴的信息交流媒体具有优秀的 SNS 属性，人与人之间可以进行实时交流、互动和资源共享。用户通过微信能够直接和档案服务人员进行交流，一对一的交流使得双方的理解更为顺畅地进行，也能逐步建立起档案服务人员与用户之间的情感桥梁。通过档案咨询，档案服务人员会正确地认识到工作中都有哪些不足需要改正，提高服务效率；而用户则可以通过在线咨询完整地得到档案服务人员的答复，对档案工作的理解将会更加深刻，确保档案服务人员工作的顺利开展。

笔者认为以上三点是任何一个档案微信信息服务平台都必须具备的，其他的附加功能则是根据各自档案服务机构的服务方式、服务内容、服务范围等所决定的，不用做太多具体的要求。各自的档案信息服务机构应有各自的服务特色，不能千篇一律。

总之，档案信息服务历来是伴随着档案发展的历史全过程的，从分散服务到系统服务，逐渐完善成为一个服务体系。"从古至今，档案工作实现着从重'藏'到重'用'、从为一小部分人服务到面向社会服务的重大转变。"中随着社会的发展，这个转变正在逐渐进行，从纵向层面讲，档案信息资源至今还没有完全开发出来；从横向层面讲，档案服务机构至今还未建立起较为完善的档案信息服务模式以及体系。因此，研究档案信息服务相关内容应该发展成为档案事业要务之一。

在大数据时代的背景下，将档案信息服务置于 Web 2.0 环境、云计算环境和各种交流 APP 软件相结合，研究档案信息服务应将如何创新开展。在 Web 2.0 环境下，我们通过构建档案信息服务互动系统来改变原有的服务方式；在云计算环境下，我们可以通过构建数字档案馆形势下的创新性云服务来提高档案信息服务效率；在微信背景下，我们可以利用微信及其他手机 APP 软件便捷地推广档案信息服务范围。虽然目前在理论研究层面和实践探索层面已经取得了一定的成果经验，但是我们在对档案信息服务方式进行创新研究的同时还要注意以下三个方面的问题：一是要提高档案工作人员的服务意识，紧随时代步伐，重视研究、宣传和利用网络技术优化档案信息服务；二是要深化微信平台内容、功能和资源等方面的开发与研究；三是要借鉴其他领域的成功经验，注重理论研究与实践经验相结合。

第四章 档案信息化建设概论

第一节　信息技术概述

我国的档案信息化建设是在信息技术日新月异、国家信息化战略不断推进、电子政务建设迅猛发展的多重背景下发展起来的。其中，信息技术是档案信息化的前提和基础。认识信息化和信息技术的基本概念和知识，有利于把握档案信息化的基本规律，克服盲目性，提高自觉性，增强对信息化战略的执行力。

一、信息化的基本概念

信息化是当今世界发展的大趋势、大潮流，是各地区、各领域发展的战略制高点。在档案信息化建设的理论研究和实践推进中，档案工作者需要掌握信息化的基本概念和特点。

（一）信息

客观世界有三大要素，即物质、能量和信息。人们较早地认识了物质，到18世纪60年代的工业化时期才认识能量，并发现了物质和能量的转换关系。20世纪50年代以后，信息科学发展成为一门新兴学科，至今方兴未艾，并深刻地影响着世界。

研究信息化首先须认识信息。一般来说，信息有广义和狭义之分。广义（本体论）信息是指事物存在方式和运动状态的表现形式。其"事物"是指存在于人类社会、思维活动和自然界中的一切对象；其"运动"是指一切意义上的变化，包括机械、物理、化学、生物、思维、社会的运动。在这一层次上定义的是最广泛的信息，既包括自然信息，如鸟语花香、冬去春来；也包括社会信息，如政治信息、经济信息、军事信息、文化信息、科学技术信息、社会生活信息。狭义（主体论）信息是指人所感知或表述的事物存在方式和运动状态。"感知"是外界向主体输入信息。"表述"是主体向外界输出信息。本体论层次上的信息是客观信息，不以人的存在为前提。主体论层次上的信息建立在人的意志基础上，是人的认识、感知、理解、表达、传递能力的产物，用于特定目的，因此，其内涵要比本体论层次上的信息丰富得多。显然，档案信息属于主体论层次，是人按照自己的意志，在对本体信息效用价值判断的基础上有选择地感知、存储和表述的信息。信息技术的发展，极大地拓展和增强了人对本体信息的感知和表述能力，档案信息化应当充分利用信息技术的强大功能和技术条件，增强人类对社会记忆信息的掌控和驾驭能力。

（二）信息资源

信息资源也有广义和狭义之分。广义信息资源是指人类在社会信息活动中积累起来的信息、信息生产者、信息技术等信息活动要素的集合。狭义信息资源是指人类社会活动中经过加工处理达到有序化并大量积累起来的有用信息集合。随着信息技术，特别是互联网的普及，人们实实在在地感受到了信息的普遍性和价值性。将信息看作并转换为一种资源，是对信息或信息活动相关要素价值性高度认可的表现，是当今社会的一种先进意识。同时，从上述概念可以看出，不能随意地将信息称为信息资源。信息的资源化是有条件的，这种条件同样适用于档案信息资源。因此，我们在从事档案信息资源的建设时，也需要在"有序化"和"大量积累"上下功夫，并且要将与信息有关的信息生产者、信息技术等要素一并纳入信息资源建设和管理的范畴，实现信息资源体系的整体优化和信息资源价值的最大化。

（三）信息技术

档案信息化的物质基础是信息技术，全面认识信息技术是档案信息化建设的前提条件。信息技术是指完成信息的获取、传递、加工、再生和利用等功能的技术。它是一门综合性很强的高新技术，包括以下四项基本内容：一是感测技术，它是人的视觉、听觉、触觉等感觉器官功能的扩展，使人们能更好地从外部世界获得各种有用的信息。二是通信技术，它是人的神经网络功能的扩展，其作用是传递、交换和分配信息，消除或克服空间上的限制，以便更有效地利用信息资源。三是计算机及人工智能技术，它是人的思维器官记忆、联想、计算功能的扩展，使人们能更好地存储、加工和再生信息。四是控制技术，它是人的效应器官（手、脚、口）功能的扩展，它是根据输入的指令对外部事物的运动状态实施干预，实现信息的效应。

（四）信息化

信息化是指社会经济结构从以物质与能源为重心向以信息与知识为重心转变的过程。也就是在经济和社会活动中，通过普遍采用信息技术和电子信息装备，更有效地开发和利用信息资源，推动经济发展和社会进步，使利用信息资源创造的劳动价值在国民经济生产总值中的比重逐步上升，直至占主导地位的过程。因此，信息化不是一种固定的状态，而是一个动态变化的过程。这个过程有着丰富的内涵，包含两个支柱、三个层面、四个特点。全面认识信息化的内涵，有利于我们准确地把握信息化的基本规律，引导和促进档案信息化事业持续、健康地发展。

"两个支柱"是指数字化和网络化。数字化是将现实世界中的各种模拟信息转变为以二进制代码表示的数字信息，供计算机处理和网络传输的过程。数字化是信息化的基础，没有数字化就没有计算机技术和信息技术。网络化是指利用通信技术和计算机技术，把分布在不同地点的计算机及各类电子终端设备互联起来，按照一定的网络协议相互通信,以达到所有用户都可以共享软件、硬件和信息资源的目的。网络化是信息化的手段,没有网络化,计算机终端就成为"信息孤岛",难以提升数字信息的价值。由此可见,档案信息化建设必须紧扣数字化和网络化两个主题。

"三个层面":一是信息技术的开发和应用过程,这是信息化建设的技术基础,信息技术的开发和应用是信息技术与档案工作有机结合和融合的过程,在很大程度上影响档案信息化发展的效率和质量。二是信息产品制造业不断发展的过程,这是信息化建设的物质条件。信息产品包括计算机软硬件和网络产品,它在很大程度上决定了档案信息化平台建设,也进而决定了档案信息系统建设的水平。三是信息资源的开发和利用过程,这是信息化建设的核心与关键。档案信息资源是档案信息化管理和利用的对象,其本身的规模和质量,以及潜在和显性的价值,决定了档案信息化的效率和效益。这三个层面是相互促进、共同发展的过程,需要全面、协调、持续地投入和发展。在档案信息化建设过程中,需要建立档案信息化发展长效机制,充分利用和平衡这三个层面的互动关系。

"四个特点":一是渗透性,信息化可以渗透并融入人类社会生活的各领域,深刻改变人类的工作、学习、交流、生活等方式。二是增值性,信息化可以实现信息的增值,使信息转变为信息资源,进而转换为知识,通过网络共享,广泛地传递信息、传承文化、传播知识,不断提升信息资源创造的社会价值和经济价值。三是创新性,一方面,信息技术的应用能够带来管理观念、管理理论、管理方法和管理手段的全面创新;另一方面,管理观念、管理理论、管理方法和管理手段的全面创新也将提高信息技术的应用水平和应用效能。四是带动性,信息化可带动档案行政管理和档案业务管理水平的全面提升。

二、计算机系统的基本构成

计算机系统一般由硬件系统和软件系统构成。硬件又称"裸机",它出厂时好像刚出生的婴儿,具有被开发的潜能,但是不具备应用能力,需要软件对它进行"智力开发"。软件是人按照自己预定的目的和要求,编写的操作指令的集合。它相当于人脑,可以按照人的意志,模仿人的智慧,指挥硬件实现预定的功能。由此,硬件是软件的物质基础,软件是硬件的灵魂,软件指挥硬件的数据存取、数据运算处理,以及输入、输出和网络设备的运行。

硬件由主机、外部设备和网络设备组成,软件由系统软件和应用软件组成。

三、硬件系统

(一)主机

主机相当于人的大脑,具有控制、运算和记忆功能。包括中央处理器和内存储器两部分。

1. 中央处理器(CPU)

中央处理器是计算机系统的核心部件和指挥中枢,主要由控制器和运算器组成。控制器是计算机系统的指挥中心,它根据计算机操作指令,向计算机的各个部件发出控制信息，使计算机系统按照人的意志有条不紊、协调一致地运行。运算器是根据控制器发出的指令进行逻辑运算、算术运算的部件。

CPU 的技术指标主要由主频、总线速度、工作电压等所决定，它也决定了计算机系统的技术效能和档次。一般来说，主频和总线速度越高，计算机系统运行的速度越快；工作电压越低，计算机电池续航时间提升，运行温度降低，也使 CPU 工作状态更稳定。当前各种移动终端的发展和普及就是得益于 CPU 技术的迅猛发展。

2. 内存储器

内存储器又称主存储器，简称内存，它是相对于外存储器而言的。运行时，内存储器与外存储器交换数据和程序，又将数据、程序与 CPU 进行交换，向 CPU 发出操作的指令和被处理的数据，再将处理完毕的数据存入外存储器。内存储器分为 ROM（只读存储器）和 RAM（随机存储器）两种，ROM 存放计算机启动和运行的最基本的程序和参数，RAM 存放正在运行的程序和中间数据。内存储器的容量等指标，也决定着计算机系统的性能和档次。

（二）外部设备

外部设备是主机与外界交换信息的中介和枢纽，其配置和使用在很大程度上受主机技术性能的制约。

1. 外存储器

外存储器又称辅助存储器，简称外存，用于存放暂时不用，需要长期保存的数据和程序。外存可以根据需要，批量地与内存交换数据和程序。外存向内存传输数据称为"读"数据，内存向外存传输数据称为"写"数据。外存储器主要有磁盘、磁带、光盘、闪存、磁卡等。

存储器的主要技术指标是容量。存储器容量是指存储器存放数据的总量，以字节（Byte）为单位，缩写为 B。1 个 B 通常由 8 个二进制位组成，16 个二进制位合成一个字（Word）。存储器容量通常以 KB（1KB=1024B）、MB（1MB=1024KB）、GB（1GB=1024MB）、TB（1TB=1024GB）为单位。随着存储技术的发展和大数据时代的到来，计算机容量单位也越来越海量化。目前，还有更大的容量单位 PB（1PB=1024TB）、EB（1EB=1024PB）和 ZB（1ZB=1024EB）等。

外存储器的选择和配置是档案信息化基础设施建设的主要内容，是存储档案数据的主要载体。

2. 输入设备

输入设备是将外部世界的数据输入计算机系统的设备。目前常用的输入设备有键盘、鼠标、话筒、摄像头、扫描仪、翻拍仪、触摸屏、无线射频识别等。

传统的输入设备是键盘和鼠标。键盘按应用可以分为台式机键盘、笔记本电脑键盘；按工作原理可以分为机械键盘、塑料薄膜键盘、静电电容键盘。其中，机械键盘价格低，易维护，使用普遍；薄膜键盘无磨损，价格低，噪声低，应用广泛；电容键盘经久耐用，手感好，代表了键盘技术的发展方向。鼠标按工作原理分机械式和光电式；按接线分有线鼠标和无线鼠标。

随着多媒体技术、图像技术的发展，话筒、摄像头、扫描仪等输入设备的应用日益普及。话筒又称传声器，是声电转换的器件，按转换方式分为动圈话筒和电容话筒。摄像头是一种影像信息输入设备，可分为数字摄像头和模拟摄像头两大类，被广泛用于数码照相、录音、录像。扫描仪、翻拍仪是纸质载体信息模数转换设备，也是档案数字化的重要工具。

随着手机、平板电脑等移动终端的发展，触摸屏的应用也极其广泛，并给计算机用户带来崭新的体验。

无线射频识别（RFID），又称射频识别，是通过无线电信号识别特定目标并将相关数据读入计算机系统，而无须在识别系统与特定目标之间建立机械或光学接触的一种数据传输技术。此项技术在档案信息化中有很好的应用前景。

3. 输出设备

输出设备是将计算机系统的数据进行输出的设备，与输入设备一起，构成计算机与外部世界交换信息的通道。常用的输出设备有显示器、扬声器、打印机等。显示器是显示计算机处理结果的器件。主要有 CRT（阴极射线显像管显示器）、LCD（液晶显示器）、LED（发光二极管显示器）、PDP（等离子显示器）四种。其中 LED 以其色彩鲜艳、动态范围广、亮度高、寿命长、工作稳定可靠等优点，适用于大型广场、商业广告、体育场馆等场所。PDP 是采用等离子平面屏幕技术的新一代显示设备，其优越性是亮度和对比度高、厚度薄、分辨率高、无辐射、占用空间少，纯平面图像无扭曲，代表了未来电脑显示器的发展趋势。

扬声器（耳机）是电声换能器件，分内置扬声器和外置扬声器。外置扬声器一般指音箱，其音响效果好，而内置扬声器可以避免佩戴耳机所带来的不便。打印机是将计算机处理结果输出在纸张等介质上的器件。一般分为针式、激光式、喷墨式、热敏式等。

（三）网络设备

网络设备是指用于网络连接、信号传输和转换的各类传输介质、网卡、集线器、交换机、路由器、光电转换等设备。

1. 网络传输介质

网络传输介质是指在网络中传输信息的载体，常用的传输介质分为有线传输介质和无线传输介质两大类。

（1）有线传输介质是指在两个通信设备之间实现的物理连接部分，它能将信号从一方传输到另一方。有线传输介质主要有双绞线、同轴电缆和光纤等。双绞线和同轴电缆传输电信号，光纤传输光信号。

双绞线，由两根具有绝缘保护层的铜导线相互缠绕而成，一般用于星型网络拓扑结构中。与其他传输媒介相比，双绞线在传输距离、信道宽度和数据传输速度等方面均受到一定的限制，但价格低廉，使用方便。

同轴电缆，其中心有一根单芯铜导线，铜导线外面是绝缘层，绝缘层外面有一层导电金属，用于屏蔽电磁干扰和防止辐射，最外面的绝缘塑料起保护作用。

与双绞线相比，同轴电缆的抗干扰能力很强，屏蔽性能好，传输距离长，常用于设备与设备之间的连接。

光纤，又称光缆，是一种传输光束的细微而柔韧的介质，由一捆纤维组成，通过数据包在玻璃纤芯中的传播实现信息传播，是目前实现长距离、大流量数据传输的最有效的传输介质。光缆传输过程中信息衰减小、频带宽、电磁绝缘性能好、距离长，目前已经广泛用于主干网的系统连接和数据传输。

（2）无线传输介质是指我们周围的自由空间，即利用无线电波在自由空间的传播，实现多种无线通信。在自由空间传输的电磁波根据频谱分为无线电波、微波、红外线、激光等，信息被加载在电磁波上进行传输。

不同的传输介质，其特性也各不相同。它们的特性对数据通信质量和通信速度有较大影响。

2. 网卡

网卡又称网络适配器、网络接口卡，是将计算机等网络设备连接到某网络上的通道。网卡的主要功能是实现数据转换、数据包的装配与拆装、网络存取与控制、数据缓存等。网卡一般插在计算机主板的扩展槽内，通过收发器接口与缆线连接，缆线另一头接在信息插座或交换机上使计算机联网。选购网卡一般应考虑以下因素：生产厂家售后服务的有效性；用于主计算机、服务器还是工作站；使用什么网络介质或网络传输方式；计算机使用的操作系统；计算机或网络设备的总线类型等。目前，由于终端接入的便捷性，无线网卡正在快速发展。

3. 集线器

集线器是基于星形拓扑的接线点。其基本功能是分发信息，即将一个端口接收的所有信号向所有端口分发出去。一些集线器在分发之前将弱信号重新生成，一些集线器整理信号的时序，以提供所有端口间的同步数据通信。目前，集线器已基本被成本相近的小型交换机所替代。

4. 交换机

交换机是一种用于电信号转发的网络设备。它可以为接入交换机的任意两个网络节点提供独享的电信号通路，具有提供桥接能力以及在现存网络上增加带宽的功能。

5. 路由器

路由器是连接互联网中各局域网、广域网的设备，它会根据信道的情况自动选择和设定路由，以最佳路径，按前后顺序发送信号。目前路由器已经广泛应用于各行各业，各种不同档次的路由器已成为实现各种骨干网内部连接、骨干网间互联和骨干网与互联网互联互通业务的主力军。无线路由器是带有无线覆盖功能的路由器,实际是一个转发器,将宽带网络信号通过天线方式转发给附近的笔记本电脑、平板电脑、手机等无线终端设备。目前流行的无线路由器一般只能支持 15~20 个以内的设备同时在线使用。

6. 光电转换器

光电转换器是一种类似 MODEM(数字调制解调器)的设备,和 MODEM 不同的是它接入的是光纤专线,是光信号。其原理是在远距离传输信号时,把电脑、电话或传真等产生的电信号,转换成光信号后在光纤里传播,这就需要光电转换器,它既可以把电信号转换成光信号,也可以把光信号转换成电信号。

还有一种光纤收发器,也被称为光电转换器,是一种将短距离的双绞线电信号和长距离的光信号进行互换的以太网传输媒体转换单元。这种设备一般应用在以太网电缆无法覆盖、必须使用光纤来延长传输距离的实际网络环境中,且通常定位于宽带城域网的接入层应用,将光纤最后一公里线路连接到城域网和更外层的网络上。档案部门在进行网络化基础设施建设时,不但要关注路由器、交换机乃至网卡等用于节点数据交换的网络设备,也要关注介质转换这种非网络核心设备。

四、软件系统

软件是一系列按照特定顺序组织的计算机数据和指令的集合。计算机之所以"聪明",主要靠软件。软件的本质是人的意志和智慧,是人用特定的计算机语言,指挥计算机系统"做什么"和"怎么做"的指令集合。软件系统分两大类: 系统软件和应用软件。

(一)系统软件

系统软件包括操作系统、数据库管理系统和各种工具软件等。

1. 操作系统

操作系统是管理计算机硬件资源,控制其他程序运行并为用户提供交互操作界面的系统软件的集合。操作系统是计算机系统的关键组成部分,负责管理与配置内存、决定系统资源供需平衡调剂的优先次序、控制输入与输出设备、操作网络与管理文件系统等基本任务。性能优良的操作系统,能提高计算机系统的运行效率和安全性能;操作系统的低效或故障,会造成信息系统的低效甚至瘫痪。操作系统按照应用领域可分为桌面操作系统、服务器操作系统和嵌入式操作系统。

(1)桌面操作系统。主要用于个人计算机,个人计算机主要有两类:PC 机与 Mac 机。PC 机一般使用 Windows 操作系统,Mac 机使用基于 Unix 操作系统的 Mac OS 操作系统。Windows 操作系统有 Windows XP、Windows Vista、Windows 7、Windows 8、Windows 10、Windows NT 等。Unix 操作系统主要有 Mac OS X、Linux 发行版等。

(2)服务器操作系统。一般指的是安装在大型计算机上的操作系统,如 Web 服务器、应用服务器和数据库服务器等。该操作系统主要有三类：一是 Unix 系列，包括 SUN Solaris、IBM-AIX、HP-UX、FreeBSD 等；二是 Linux 系列，包括 Red Hat、CentOS、Debian、Ubuntu 等；三是 Windows 系列，包括 Windows Server2003、Windows Server 2008、Windows Server 2008 R2 等。

（3）嵌入式操作系统。该操作系统是根据计算机应用的特定需要，如智能手机的应用，专门设计并嵌入在特定终端中的操作系统。该操作系统广泛应用于数码相机、手机、平板电脑、家用电器、医疗设备、交通灯、航空电子设备和工厂控制设备等各种电子设备。常用的嵌入式操作系统有 Linux、Windows Embedded、VxWorks 等，以及广泛应用在智能手机或平板电脑等电子产品上的 Android、ios、Symbian、Windows Phone 和 Black Berry OS 等操作系统。

2. 数据库管理系统

为了应用计算机有效地管理和利用信息，人们需要将某些相关数据，如文书档案、科技档案的目录数据，按一定的方式进行组织管理，这就需要使用数据库和数据库管理软件。

数据库可以简单定义为：以一定组织方式存储在一起的相关数据的集合。这些数据具有一定的结构，尽可能小的冗余度，与应用程序彼此独立，并能为数据库管理系统的所有用户共享。在信息化社会，数据库技术是各类信息系统的核心，是科学管理和有效利用信息资源的重要技术手段。数据库管理必须借助专用的软件——数据库管理系统。

数据库管理系统（Data Base Management System，简称 DBMS），是操纵和管理数据库的一组软件，用于建立、使用和维护数据库。DBMS 具有以下功能：一是描述数据库，运用数据描述语言，定义数据库结构；二是管理数据库，控制用户的并发性访问，数据存储与更新，对数据进行检索、排序、统计等操作；三是维护数据库，确保数据库中数据的完整、安全和保密，数据备份和恢复，数据库性能监视等；四是数据通信，利用各种方法控制数据共享的权限，在确保数据安全的前提下广泛共享数据。

数据库按结构不同一般分层次型、网络型和关系型三种。目前，常用的数据库管理系统主要是指关系型数据库管理系统（RDBMS），主流产品有 SQLServer、Oracle、Sybase、Foxbase 和 Informix 等。

选择 RDBMS 的目的是存储档案目录数据和电子文件原文数据，实现对档案数据的有效管理。为适应档案业务管理需要，选择 RDBMS 主要考虑以下几个重要因素：

（1）档案管理软件所采用的数据库管理系统；

（2）数据库管理系统在数据库建立、数据备份、分布式数据存储与管理等方面的功能；

（3）数据库管理系统使用的方便性、易操作性、兼容性与可维护性；

（4）数据库管理系统所能提供的大文本存储、全文检索等功能；

（5）数据访问是否遵循统一的标准，是否可实现与其他格式数据库文件的转换。

我国档案信息化早期多数应用 Foxbase 关系型数据库管理系统，以至于许多单位的早期档案数据库都以 DBF 格式保存。该数据库管理系统在 20 世纪 80 年代中期 PC 机中占主导地位（市场占有率高达 80%~85%），相继经历了 dBASEII、dBASE I、dBASE IV、Foxbase、Foxpro、Visual FoxPro 等发展历程。其中，Visual FoxPro（简称 VFP）又经过不断改良和版本升级，VFP 6.0 及其中文版被广泛使用，它是 32 位数据库开发系统，不仅使组织数据、定义数据库规则和建立应用程序等工作变得简单易行，并支持过程式编程技术，而且在语言方面做了强大的扩充，支持面向对象可视化编程技术，并拥有功能强大的可视化程序设计工具。目前，VFP 已经推出 9.0 版本，功能更加强大。然而，2007 年前后，微软宣布停止研发 Visual Foxpro，VFP 9.0 是 VFP 系列最后一个官方版本。

3. 各种工具软件

工具软件是指为支持计算机软件的开发、维护、模拟、移植或管理而研制的软件系统。它是为专门目的而开发的，在软件工程范围内也就是为实现软件生存期中的各种处理活动（包括管理、开发和维护）的自动化和半自动化而开发的软件。开发工具软件的最终目的是提高软件生产率和改善软件运行的质量。

工具软件按照软件工程建设阶段可分为六类：模拟工具、开发工具、测试和评估工具、运行和维护工具、性能质量工具和程序设计支持工具。此外，还有许多辅助特定业务处理的工具软件，常用的有：办公软件（如微软 Office）、媒体播放器（如暴风影音）、媒体编辑器（如绘声绘影）、媒体格式转换器（如格式工厂）、图像浏览工具（如 ACDSee）、截图工具（如 HyperSnap）、图像 1 动画编辑工具（如 Picasa）、通信工具（如 QQ）、翻译软件（如金山词霸）、防火墙和杀毒软件（如金山毒霸）、阅读器（如 CajViewer）、输入法（如搜狗）、系统优化保护工具（如 Windows 优化大师）、下载软件（如 Thunder），等等。档案工作者熟悉和善于使用这些工具软件，往往可以解决档案业务处理中的一些大问题，起到"四两拨千斤"的效果。

事实上，Windows 等操作系统也附带一定的工具软件，如负责系统优化、系统管理的软件，这一类的软件被称作系统工具。顾名思义，与系统软件类似，系统工具作用于系统软件，而不是应用软件。常见的有系统优化（磁盘的分区、磁盘的清理、磁盘碎片整理等）、系统管理（驱动等）以及系统还原等软件。

（二）应用软件

系统软件的特点是通用，它并不针对某一特定应用领域。而应用软件的特点是专用，即针对特定的管理业务，并应用于某些专用领域的信息管理。如用于政府信息化的电子政务系统，用于企业信息化的电子商务系统，用于辅助行政办公和决策的办公自动化系统，用于机关档案室信息化的数字档案室系统，用于档案馆信息化的数字档案馆系统等。这里所指的应用软件具有以下特点：一是在特定的操作系统环境下，运用特定的软件工具研制而成的；二是针对特定的信息处理需求和管理业务需求进行设计开发的，且应用于特定的专业领域、行业、单位,或辅助特定的管理：业务。

有些书将上述的工具软件,如 Windows Office,甚至将数据库管理系统也列入应用软件的范畴。本节以"通用"和"专用"为区别的原则,还是将工具软件和数据库管理系统列为系统软件的范畴。其原因是：第一,这些软件虽然也专用于某些用途,如媒体播放,但是,这种工具还是具有一定的通用性,广泛应用于各个领域、行业和单位。第二,工具软件虽然也使用某些软件开发工具进行研制,但是,它也提供了二次开发的能力,可以作为各种应用软件的开发平台,如数据库管理系统。

第二节　信息化与档案工作

档案信息化不是简单地用计算机替代传统的手工作业,也不是将传统的管理方式复制到信息化平台上去。其本质上是档案工作和信息技术的结合,其成功与否取决于这两者的融合,这种融合从概念到实践都是一场深刻的革命,赋予两者崭新的内涵。

一、档案信息化的概念

科学的定义是档案信息化实践的理论基础,有利于全面理解档案信息化的目标和任务,有利于按照信息化的客观规律推进档案事业的科学发展。什么是档案信息化? 学界有多种定义,不同的视角会有不同的理解。本节采用 2013 年 12 月出版的《大辞海》中的定义："档案信息化是指在国家档案行政管理部门的统筹规划和组织下,以档案信息资源建设为核心,以信息人才为依托,以法规、制度、标准为保障,全面应用现代信息技术,不断改革传统的档案管理模式,有效提高档案信息资源收集、管理和提供利用服务水平,加速档案管理现代化的过程"。该定义总结了我国档案信息化的基本经验和基本规律,其内涵如下。

（一）必须由档案行政管理部门统筹规划和组织实施

档案信息化不是单纯的计算机应用,也不是具体的档案业务,而是事关全局和影响深远的复杂的系统工程。需要人才、设备、资金等方面的支持,需要全面、持续、稳步地推进,并需要经历较长的完善过程。因此,档案信息化不能各自为政、分头建设,而必须由各级国家档案行政管理部门建立统一的规划、制度、规范、标准,实行宏观管理和监督指导。同时,需要精心组织实施,在技术平台、网络体系、组织机构、人才队伍、资源建设、基础业务、建设经费等方面提供保障,才能确保这项事业持续有效地开展。

（二）必须以档案信息资源建设为核心

从某种意义上说,档案信息化的核心目标是使档案信息"资源化",即将档案信息转换为真正意义上的档案信息资源。资源化不是简单地将档案信息做数字化处理,也不是简单地将其放到网络上传输，而是应用信息技术，使档案信息媒体多元化、内容有序化、配置集成化、质量最优化、价值最大化，通过档案信息系统的加工处理，确保各种社会信息的真实、完整、有效，便于跨越时空广泛地共享利用，在实现档案信息增值的同时，承担起传承人类记忆的历史使命。

（三）必须建立高素质的档案信息人才队伍

档案信息化是档案专业、信息专业和计算机专业的结合，属于技术密集和知识密集型专业。传统的档案干部队伍结构和人员知识结构已经不能完全适应档案信息化的需要。目前，档案部门缺乏档案专业和信息技术专业的复合型跨界人才，特别是中、高级信息技术专业人才，这已经成为制约档案信息化深入发展的瓶颈。因此，一方面，要引进和培养相关人才；另一方面，要通过建立有效的激励机制，鼓励档案人员学习信息技术知识，提升档案信息化水平。

（四）必须在法规、制度、标准方面建立相应的保障体系

信息技术的应用必然向传统的保障体系提出全面的挑战。只有根据信息技术的特点和应用要求，不断制定和完善档案管理的法规、制度、标准、规范，才能确保档案信息系统的科学建设和有效运行。

（五）必须全面应用现代信息技术

信息技术具有强大的潜能，只有全面、成功地应用才能真正转化为生产力。

所谓全面应用，有三层意思：一是与档案工作有关的各个工作部门和人员都要参与应用，而不是仅靠档案业务人员应用；二是应用于档案全过程管理的各项业务，而不是只应用于单项业务；三是引进、消化、吸收各种先进、适用的信息技术，并不断跟踪和应用新兴的信息技术，使信息技术真正成为档案事业发展的不竭动力。

（六）必须改革传统的档案管理模式

传统的档案管理模式建立在手工管理基础上，必然会出现与信息技术应用不相适应或不相匹配的问题。应当不断改革传统的档案管理模式，适应信息技术环境下的新型档案管理模式，而不能消极地让新技术适应传统的档案管理模式，这样才能最大限度地发挥信息技术应用的效能。

（七）必须树立强烈的效益意识

档案信息化不是作秀表演，不能徒有虚名，而是要遵循经济规律，力争取得务实的效果。当然，档案信息化很难估量直接的经济效益。但是，在产出效果方面，要努力追求社会效益、长远效益。要树立大目标，不能满足于一般的省人、省事、省力，而要致力于解决传统档案管理中遇到的收集难、著录难、整理难、保管难、内容检索难、多媒体编研难，以及电子文件的保真、保密、保用等老大难问题，力争提升档案科学化、规范化的管理水平

和服务水平,在促进社会改革、开放,经济发展、文化繁荣以及法制化、民主化进程中建功立业。

档案信息化的概念是在档案工作与信息技术相结合,档案管理理论研究和实践推进相结合的过程中逐步形成的。档案界曾经有过许多与档案信息化类似或相关的概念,都强调了某些侧面,如"档案管理自动化",它强调包括微机、微电子、缩微、复印、传真等自动化技术在档案管理中的应用;"计算机辅助档案管理",它强调应用计算机人机交互、对话的方式,辅助档案管理的各项业务工作;"档案现代化管理",除了强调档案管理应用计算机技术,实现管理手段的现代化以外,还强调档案管理理念、体制、方法的现代化;"文档一体化管理",强调运用文件生命周期的理论,从公文和档案管理工作的全局出发,应用计算机技术实现档案的全过程管理和前端控制,提高文档管理的效率和质量。这些与档案信息化相关的概念形成,都是计算机技术及其在档案工作中应用状态、发展水平的标志,既反映了档案信息化理论研究和实践探索的阶段性成果,也反映了我国档案信息文化发展的轨迹。

二、档案信息化历程回眸

我国档案信息化自 20 世纪 80 年代起步以来,经历了从弱到强,从低端到高端,从分散到整合的发展过程,取得了长足的进步。迄今为止,大致可以划分为三个阶段。

(一)探索起步,奠定基础阶段(20世纪80年代)

这一阶段,计算机软硬件技术还处于初级阶段,数字化和网络化从概念到技术还未成熟,也未被认识。此时的档案信息化工作被称为"档案计算机管理""档案管理自动化"或"计算机辅助档案管理",强调运用计算机技术改善和辅助传统的档案管理。在此期间,档案馆起步较早。1979 年起,中央档案馆、中国人民解放军档案馆、国家档案局档案科学技术研究所等机构率先购置计算机设备,开始了档案管理自动化课题的研究和实验,截至 1985 年年底,全国已有 20 多个档案馆成功开发并运行计算机辅助档案管理系统。随后,企业档案部门对计算机应用热情高、发展快,至 80 年代末,研制出一批计算机辅助档案管理系统、文档一体化管理系统,利用技术创新和管理改革的结合充分发挥计算机应用效益。这些探索应用为我国档案信息化积累了宝贵的档案数据库资源,培养了一批热心于信息技术的业务技术骨干,也推进了档案信息化理论的发展。然而,当时在总体上尚处于探索、起步、奠基的阶段,应用的重点主要是在计算机单机上模拟传统的档案管理方式,辅助传统档案立卷、著录、编目、统计、检索等。多数档案部门尚未采用网络技术,计算机应用虽然在档案部门内部取得了较好的效果,但是对外界的影响较小。

我国档案信息化起步较早,发展较快主要得益于:一是微机技术迅猛发展,并在档案部门迅速普及;二是全国开展档案工作恢复整顿和升级达标活动,计算机应用被纳入档案工作升级达标考核指标;三是通过升级达标,各单位普遍建立、健全了档案管理规章制度和规范标准,提高了档案的内在管理质量,为档案信息化奠定了基础。

（二）项目带动，重点突破阶段（20世纪90年代）

20世纪90年代起,微软Windows操作系统伴随着奔腾系列微机技术的加速发展,Office软件系统日益普及,办公自动化技术广泛应用,极大地激发了广大档案工作者应用信息技术的热情和需求。1993年,随着国家经济信息化战略的启动,电子政务系统的应用催生了大量电子文件;1996年,国家档案局成立了"电子文件归档研究领导小组",开始对档案信息化建设进行宏观规划。全国档案部门以需求导向、以项目带动,研制出一大批各具特色的档案信息系统;积极开展档案科研,成功地应用了光盘、多媒体、CAD、条形码、数字水印、图像处理等技术。系统建设从单点应用到联网应用;从单项应用到综合应用;从归档后管理到文件的前端控制和全过程管理;从单纯模拟传统管理方式转向改革管理适应计算机技术应用;从对档案实体的管理转向对档案信息的管理;从封闭式应用转向开放式应用。文档一体化管理系统与电子政务、电子商务、企业信息化、办公自动化系统相连接,向着功能综合化、性能成熟化、管理专业化、传播网络化方向发展,计算机技术的应用效益进一步显现。

（三）宏观管理，全面推进阶段（21世纪以来）

进入21世纪,国家档案局加强对档案信息化的宏观管理,并将其纳入国民经济和社会信息化的总体规划。2001年,国家档案局、中央档案馆颁发《档案管理软件功能要求暂行规定》,对档案管理软件的开发研制和安装使用进行了严格规范。2002年,国家档案局发布了《全国档案信息化建设实施纲要》,对档案信息化建设进行战略布局;同年,颁发国家标准《电子文件归档与管理规范》（GB/T 18894-2002）,推动了我国电子文件管理工作的开展。2003年,国家档案局第6号令公布了《电子公文归档管理暂行办法》。2004年11月,国家信息化领导小组会议纪要中明确把档案信息化列入国家信息化基础信息库的建设计划。2006年,国家档案局印发的《档案事业发展"十一五"规划》中,将"建设较大规模的全国性、系统性、分布式、规范化的档案信息资源库群,建立一批电子文件中心和数字档案馆,实现档案信息资源社会共享"作为总体目标之一。2010年,国家档案局发布了《数字档案馆建设指南》,为各级档案馆推动馆藏档案资源数字化、增量档案电子化,逐步实现对数字档案信息资源的网络化管理以及分层次多渠道为档案信息资源利用和社会共享服务提供参考和依据。2011年,《全国档案事业发展"十二五"规划》将"加快数字档案馆及电子文件（档案）备份中心建设,完成国家数字档案馆建设总体规划的编制工作,对电子档案进行安全有效的管理"作为主要目标之一。2014年,国家档案局发布了《数字档案室建设指南》,推动数字档案室建设的开展。

在国家档案局的统一规划和规范指导下,我国档案信息化向纵深发展:电子文件归档管理、电子档案移交进馆、档案目录中心建设、馆藏档案数字化、档案公共网站建设,以及数字档案馆、数字档案室建设等蓬勃开展。以档案馆室联动、馆社(社区)联动、馆际联动为标志的集成化数字档案馆和数字档案室系统相继建立,各自为政、分头建设的应用局面有所改变。在档案信息资源整合的基础上,档案信息共享范围有所扩大,数字档案信息资源的安全控制能力和有效服务能力进一步增强,通过档案信息化和社会信息化同步推进,促进了档案事业和社会各项事业的联动发展。

这一阶段的档案信息化建设具有以下特点和成功经验:一是突出了归档电子文件管理,并延伸到多媒体档案和电子文件的内容管理。二是充分借助局域网、政务网和互联网平台实现各级档案部门以及文件形成部门的互联互通、数据交换和共享,形成区域性的档案信息资源库。三是信息来源大大拓展,可以利用各种技术手段,实现有价值的档案信息资源(包括实体和电子)的采集和接收,既解决了原业务流程以单一传统载体为管理对象的局面,也大大丰富了档案信息资源。四是服务水平显著提升,通过对档案信息资源的深度挖掘,提炼出不同角度和不同用途的信息资源,通过不同途径面向不同用户提供全方位、多角度、深层次的档案信息服务。五是数字档案馆(室)建设如火如荼,如深圳市、青岛市率先启动数字档案馆建设;上海市通过数字档案馆建设实现民生档案远程协同服务,建立"馆室、馆社、馆际"三联动机制;北京市档案馆实行可公开档案的大规模数字化工作及推进面向社会的服务。六是逐步建立和完善了档案信息化的宏观管理体系,国家层面的档案信息化纲要、制度、规范、标准相继颁发,其他档案工作规划、制度、规范、标准也都融入了有关档案信息化的要求。

三、档案信息化的意义

档案信息化建设无论是对档案事业自身发展,还是社会信息化发展都具有十分重要的现实意义和深远的历史意义。

(一)是社会信息化建设的客观要求

人类已经进入崭新的信息社会。2002年,党的十六大将信息化列为国家重点发展战略。信息化已经成为衡量一个国家、地区、企业或专业综合实力的重要标志,各行各业都在贯彻实施信息化战略。档案事业发展也必须主动适应时代潮流,搭上信息化快车,加快现代化步伐。

社会信息化包括政府、企业、家庭、社会保障体系信息化四大领域。这四个信息化都离不开档案信息化,因为这些领域的信息化已经或正在形成浩瀚的电子文件,这些新型文件打破了纸质媒体一统天下的局面,使信息的存储媒体、传播媒体、表现媒体呈现多元化发展态势。新媒体与传统媒体相融合,深入社会生活的各个领域,深刻地改变了人类的生存环境和生活方式,并留下精彩纷呈的数字记忆。这些记忆是社会的宝贵财富,迫切需要实行档案化管理,即采用信息技术手段进行收集、整合、保管和共享利用,以提高其整合度,延长其价值链,保障社会的全面、协调、可持续发展。因此,档案信息化是时代和社会信息化发展的客观需要。

（二）是档案工作现代化的必由之路

档案工作现代化是指用科学的思想、组织、方法和手段,对档案工作进行有效管理,使之获得最佳的工作效率、经济效益和社会效益的过程。信息化与档案工作的结合,不仅能减轻手工劳动,提高工作效率,而且能全面优化档案工作的各个要素,全面提升档案管理水平。

1.“化”观念。信息化是一个充满生机和活力的领域,也是公开、公平的人类活动平台。信息技术的应用,可以使档案工作者不断破除封闭、狭隘、守旧、畏难的落后观念,激发开拓、开放、效益、效率、服务等先进意识,弘扬追求理想、崇尚科技、奋力改革、务实创新、图存图强、团队作业的精神风貌,营造尊重知识、尊重人才、鼓励创新的社会氛围,为档案事业的持续发展赋予强大的正能量。

2.“化”资源。档案信息资源是管档之基,用档之源。按照档案信息化的要求,需要将电子档案收起来,将存量纸质档案数字化做起来,将档案信息资源总库建起来。做好这些工作,就能逐步解决目前馆藏档案中存在的载体单一、门类不全、存储无序、利用不便等难题,显著增强档案资源的丰裕度、适用度、有序度、集成度、可靠度,使档案管理从实体管理转变为内容信息管理,再转变为知识管理,更好地满足社会大众不断增长的档案信息利用需求。

3.“化”管理。信息技术的应用,会暴露出传统管理模式的弊端,向传统管理模式提出挑战,从而促使档案管理部加快建立与信息技术应用相适应的档案管理原则、体制、机制、规范和考核体系,加强档案收管用等各项基础工作,以保障档案信息化的顺利实施和建设成效。信息化管理水平越高,对改革传统管理观念和模式的要求也越高。因此,档案信息化的推进必将全面、持续地提升档案管理的现代化水平。

4.“化”技术。先进和适用的技术永远是档案信息化发展的强大动力。然而,先进和适用有时会产生矛盾,只有进行档案信息化实践,才能使技术的先进性和适用性取得统一,产生效益;才能持续激励档案工作者关注、引进、吸收新兴的信息技术。事实证明,档案信息化一方面能促使先进的信息技术与档案管理有机结合,对档案和档案工作产生带动和增值作用;另一方面也会使信息技术在档案需求的导向下日臻完善,促进信息产业的发展。

5.“化”队伍。信息化是技术密集型、知识密集型的事业,档案信息化对高素质人才具有依赖性。一方面促使我们去选拔和培养人才,更新档案人才队伍的专业结构和知识结构,并合理地组织和使用人才,最大限度地调动人才的积极性;另一方面档案信息化的理论研究和实践锻炼,又为人才的培养和能力的发挥提供了机会和舞台,使越来越多热衷于、尽心于、擅长于信息技术的档案人才脱颖而出,创新创业。

（三）是提高档案服务水平的必然选择

在传统的管理方式中，档案人员借助简单工具，通过手工方式对档案实体进行收、管、用。其局限性在于：只能通过档案实体（如文件、案卷、卷盒）的整理、存放、调用和传递，管理和利用档案的内容；用户利用档案，只能实时（上班时间）、实地（在阅览室）调用档案实体（案卷）进行查阅；档案信息难以脱离档案实体，灵活、高效地跨越时空，广泛共享。信息化时代的档案利用可以突破原有档案利用的局限，提高档案信息资源的利用效率。

1. 直接查阅内容。电子档案信息内容和实体的可分离性，使我们可以直接对档案信息内容进行灵活地分类、排序和组合，利用计算机检索途径多、能力强的优势，快速查找；同时，还能实现对档案信息内容的全文检索。

2. 提供多媒体信息。可以采用多媒体技术，提供声情图文并茂的多媒体档案信息，真正做到让记忆说话，让记忆显影，生动逼真地还原历史。

3. 跨越时空障碍。档案信息化系统可以借助互联网，将任何档案信息，在任何时间，传递到任何地点的任何人手中，彻底打破了档案信息传递的时空障碍，实现"全天候"服务。

4. 实现联动服务。通过网络将档案服务的主体，包括档案馆、档案室、社区事务受理服务中心的档案资源连成整体，通过数据集成手段，在馆室联动、馆社联动、馆际联动的基础上，实现档案信息的"一站式""一口式"或"一门式"服务，联动服务在民生档案服务中特别有效。

5. 服务的多样性。信息技术，特别是网络技术的应用，极大地拓宽了服务主体、服务对象、服务手段、服务形式和服务媒体，如网站查询服务、电话咨询服务、微博微信服务、个性化推送服务、主题展览服务等，使服务真正做到以用户为中心，以需求为导向，进一步改善档案部门的服务形象。

第三节　档案信息化的战略和任务

档案信息化不是一般意义上的档案工作，而是档案事业发展的战略性举措，即关于档案事业发展的全局性、长远性谋划。战略思维是大智慧，战略谋划是大手笔，只有战略正确、任务明确，才能保障档案信息化既好又快地发展。

一、档案信息化发展战略

档案信息化的标志性发展战略是 2002 年国家档案局颁发的《全国档案信息化建设实施纲要》，该纲要不但明确了"十五"期间全国档案信息化建设的指导思想、建设目标和主要任务，也为今后制定发展战略奠定了基础。2006年的《档案事业发展"十一五"规划》中再次将档案信息化建设作为主要任务之一，提出："加大管理力度，全面整合各类档案资源，促进档案信息资源总量增加，质量提高，结构优化；加强多形式多层次共享平台建设，推进服务机制创新，促进档案信息资源的公开、共享和再利用，全面提升档案信息资源开发利用水平和能力；加快优化档案信息资源开发利用工作的保障环境，建立长效发展机制。"2011年的《全国档案事业发展"十二五"规划》强调要加强档案信息化基础设施建设、加强电子文件管理和数字档案馆建设、加强数字档案资源建设、加强档案信息服务建设等。在全国档案信息化战略的指导下，各省市均将档案信息化建设纳入本地区档案事业发展规划和社会信息化发展规划。

档案信息化的战略实施，即发展策略主要有以下几个方面。

（一）制定国家档案信息化发展专项规划

档案信息化建设作为国家档案事业发展的有机组成部分，在国家档案"三个体系"建设中举足轻重，其发展水平直接制约着"三个体系"建设效果。在科学制定国家档案事业发展规划的基础上，须同步配套制定《国家档案信息化发展规划》和《国家档案信息化中长期发展计划》作为专项规划，其目的是总结过去的经验教训，解决现有档案信息化建设中存在的短视行为、重复建设、无序状况，确保档案信息化建设协调有序地向广度和深度推进。国家档案信息化发展专项规划要研究档案信息化建设的战略定位和目标，明确实施阶段、落实任务完成的配套保障措施，做好与档案事业发展规划和国家信息化建设规划的相互衔接，把档案信息化建设的重大战略、重点项目、改革试点和政策要求纳入国家和各行业、各层面规划，并把解决档案信息化建设中突出矛盾的措施落实到具体的项目上，分清责任。

（二）加快档案信息化法规与标准体系建设

档案信息化工作要强化顶层设计的理念，加强立法、完善标准规范体系，使档案信息化工作有法可依，有章可循。档案工作肩负保存社会记忆的历史使命，在电子文件成为社会各项活动记忆的今天，需要从法律层面明确档案信息化的地位、作用与要求，明确电子文件（档案）的定义、属性、法律证据效力、体制机制、工作原则、管理内容和要求、机构及职责、权利和义务、归属和流向，解决电子文件（档案）的凭证作用不明确、电子文件的归档要求不统一、电子文件（档案）的利用及管理中存在的各种风险等难点问题。与档案信息化"入法"相配套的是建立和完善档案信息化标准规范体系，包括基础标准、管理标准、业务标准、技术规范和专项标准等，使档案信息化成为技术标准清楚、质量要求准确、可操作性强的建设项目。

（三）加快"三个体系"建设

"三个体系"是指"建立健全覆盖人民群众的档案资源体系、方便人民群众的档案利用体系、确保档案安全保密的档案安全体系"。三者是相互联系、相互作用、相互影响的。

其中,档案资源体系是基础,是根本;档案安全体系是保障,是为档案资源体系和档案利用体系服务的;档案利用体系是目的,是归宿,是档案事业发展的效益工程。"三个体系"建设既与档案信息化密切相关,又为档案信息化发展指明方向。

档案资源体系建设是档案信息化的核心内容。针对国内档案信息资源建设发展不同步、标准不统一、信息"孤岛"依然存在的现象,应加大建设力度,初步形成完整配套的档案信息资源体系。在加快传统档案数字化步伐的同时,加大对新生电子文件规范化的监督和控制,建立电子文件归档及电子档案接收应用系统,推进电子文件归档和电子档案的接收、保管与利用,逐步建设全国性可共享的档案目录数据库、纸质档案全文数据库、电子档案数据库和多媒体档案数据库;加大档案信息资源的整合,一方面加强各部门档案信息资源的纵向整合;另一方面加大与其他相关信息系统之间的横向整合,实现档案信息资源的共建共享。档案利用体系建设是档案信息化的服务方向。通过建立档案信息共享通道和服务平台,拓展档案信息服务社会的渠道,强化档案信息资源共享机制,逐步减少"信息孤岛",加快档案信息资源的开发利用,挖掘档案信息利用服务的社会效益和经济效益,建立高效、优质、快捷的新型档案利用服务体系。档案安全体系建设是档案信息化的重大课题。档案部门必须始终坚持把档案信息安全与档案实体安全放在同等重要的位置,通过提高认识、强化管理、采用先进技术和各种有效措施保障档案信息安全,确保数字档案和电子档案内容真实、长久可读和有效利用。

（四）加强档案信息化的理论体系研究

档案信息化建设发展至今,已到了强烈呼唤先进理论的时候,这种"倒逼"现象,是由信息化建设"技术引领需求"的特有规律所决定的。档案信息化建设之初,大家都尝试将传统档案管理基本理论运用到信息化建设实践中。随着实践不断深入、范围不断扩大,目前档案信息化建设遇到了"瓶颈",在一定程度上是由于缺乏相应的理论指导,导致法规不健全、标准不配套、研究方向不明确、管理对象不明晰等问题出现。数字档案馆、电子文件中心、档案信息服务体系、档案信息利用体系、档案信息安全保障等档案信息化建设中的热点、难点问题,也需要基础理论来支撑。档案信息化理论研究要立足于档案工作实践、行业特点、专业特色探索档案信息化发展规律,构建系统的、具有中国特色的档案信息化理论体系,引领、指导档案信息化工作。

（五）推进档案信息化成果共享与交流

应本着成果资源共享的原则,有效整合政府、院校、企业的智力资源,积极吸纳和采用具有全国推广价值的档案信息化技术研究成果,减少项目重复建设,节约国家投资。国家应对已经实施档案信息化建设的单位加强经验总结和理论研究,搭建一个交流平台,把取得的成果在档案业界进行推广和共享。另外,在具体项目建设过程中,要立足实践应用,合作攻关,充分吸纳先进信息技术的成果,优化建设中的各种技术方案和各种技术选型要求，解决具体的关键技术应用问题，注重使用标准规范的研究成果，引导市场，重点培育精通档案信息化建设业务的 IT 企业。

（六）探索档案信息化建设评估体系

档案信息化建设是一项系统工程，涉及的范围很广，它几乎涵盖了档案业务建设的所有内容。在档案信息化建设过程中若要确保建设质量，弄清建设中的短板或缺项，就需要对档案信息化建设实施评估。评估作为一种控制手段，需要建立一套科学、合理、可行的评估体系，该体系需要从系统论的角度考虑，全面分析评估体系的各个构成要素，合理设置评估指标，综合考量档案信息化建设成效，尤其是最后的评价结论要成为推进和改进档案信息化建设的重要参考依据。

二、档案信息化建设的主要任务

2002 年国家档案局颁发的《全国档案信息化建设实施纲要》将档案信息化建设任务归纳为以下六项内容。

（一）档案信息化基础设施建设

基础设施是档案信息资源收集、管理、开发利用的物质基础和技术条件，主要包括计算机和网络的软硬件系统、数据库管理系统、网络系统以及计算机用房设施等。基础设施应当从先进性和适用性相统一的原则出发，按照档案信息化建设的规划和应用系统建设的实际需求，进行采购、配置和安装。目前，全国尚无统一的档案信息化基础设施建设规划，强调将档案信息化基础设施建设纳入本地区、本行业、本单位信息化发展总体规划，与电子政务、电子商务、办公自动化等基础设施共同建设，形成统一的系统平台和设备环境，以便获得必要的资金、技术支持，相互协调发展。

（二）档案信息资源建设

档案信息资源是国民经济和社会发展的战略资源，档案信息资源建设的任务包括三个方面：一是开展档案目录和全文信息资源总库建设，满足机读目录检索和共享利用的需要；二是加快馆（室）藏档案的数字化工作，加强对珍贵档案的保护，满足档案内容网络查询利用的社会需求；三是加强电子文件归档和电子档案移交进馆，将具有档案价值的电子文件收集好、管理好和利用好。档案信息资源建设应当与数字档案馆、数字档案室，以及社会公共信息库、所属单位管理信息库的建设相结合，充分实现资源的无障碍传输、互联互通和共享利用。

（三）档案管理应用系统建设

档案管理应用系统建设是信息技术与档案工作需求相结合的产物，是实现档案信息化实用价值的关键环节。其主要任务包括：研制开发和推广应用相对统一、符合规范的档案管理软件,包括电子文件归档管理,数字档案馆、数字档案室、档案行政管理等软件;推进档案信息化与电子政务、电子商务、办公自动化的同步发展;建设档案网站,并与本地区、本系统各级各类档案门户网站建立链接;运用档案管理系统开展档案管理各项业务,并做好应用系统的维护。

(四)档案信息化标准规范建设

标准规范化是档案信息化建设的重要基础,要在充分调研的基础上,根据国际标准和通用规范,逐步推出适合我国国情的档案信息化标准规范。档案信息化标准规范体系包括管理型、业务型和技术型三种,其内容包括电子文件归档和电子档案管理,档案信息资源的标识、描述、加工、存储、查询、传输、转换、管理和使用等,逐步形成具有中国特色的档案信息化的标准规范体系。形成的标准规范体系应与信息源(档案生成者)、信息用户(档案利用者)的标准规范体系兼容,使分散的档案机构、档案信息系统、档案资源库集成为有机的整体,真正在跨地区、跨行业、跨层次、跨部门的广阔空间内最大限度地实现档案信息资源的广泛共享。

(五)档案信息化人才队伍建设

坚持以人为本,始终把培养人才、建设队伍、提高人的素质放在第一位。将信息技术基础知识培训列入档案干部培训教学计划;加强档案信息化建设相关技术、技能培训课程与教材的建设;加强对档案业务人员实用技术的操作培训;更新档案人才队伍的知识结构,在内部培养人才的同时,吸纳社会信息技术人才力量,形成开放式的人才队伍,形成尊重知识、尊重人才、鼓励创新、人尽其才的良好工作氛围,营造优秀人才脱颖而出、健康成长、才尽其用的政策环境。

(六)档案信息安全保障体系建设

档案信息化安全责任重于泰山。档案信息安全保障体系建设包括:建立档案信息安全保障组织体系,健全档案信息安全管理的法规制度,加强档案管理应用系统的安全管理;采取管理和技术手段确保档案信息网络传输的安全,加强对档案信息安全的行政监管和业务指导,加强档案人员的安全教育等。

第五章 档案信息资源建设

第一节 档案信息的数字化

一、纸质档案的数字化

纸质档案是指以纸张为载体的档案,占据了我国馆藏档案的绝大多数,因此,对其进行数字化加工是档案数字化的主要任务。由于传统照片、底片记录的照片档案数字化与纸质档案数字化相类似,因此,本节所介绍的数字化设备也包括照片底片档案的数字化设备。

（一）扫描仪

扫描仪(scanner)是利用光电技术和数字处理技术,以扫描方式将图形或图像信息转换为数字信号的设备。扫描仪是目前纸质档案数字化的主要设备。正确选择扫描仪对提高纸质档案数字化的效率和质量十分重要。

扫描加工是馆藏中纸质、照片、缩微品等档案转变为数字化信息的主要方法,数字扫描仪是进行数字化处理的主要工具。在选择和使用扫描仪时,需要了解扫描仪的工作原理、分类方法、技术指标等,以实现对扫描设备的正确选择和科学使用。

1.扫描仪的基本工作原理。扫描仪通过对原稿进行光学扫描,将光学图像传送到光电转换器中变为模拟电信号,又将模拟电信号变换成为数字电信号,并通过计算机接口传送至计算机中。在扫描仪获取图像的过程中,有两个元件起到关键作用:一个是CCD,它将光信号转换成为电信号;另一个是 AD 变换器,它将模拟电信号变为数字电信号。这两个元件的性能和技术指标直接影响扫描仪的工作质量。扫描仪的工作方式主要有反射式和透射式两种。大多数平板扫描仪采用反射式扫描原理。在扫描仪内部,有一个步进电动机驱动的可移动拖架,拖架上有光源、反射镜片、透镜和 CCD 光敏元件等。扫描时,原稿固定不动,拖架移动,其上的光源随拖架移动,光线照射到正面向下的原稿上,其过程类似复印机。图片反射回来的光线通过反射镜片反射到透镜上,经过透镜的聚焦,投影到 CCD 光电耦合元件上,经过光电转换形成电信号,然后进行译码,将数字信号输出。

采用透射式扫描原理的扫描仪一般有两类,一类是专用的胶片扫描仪,另一类是混合式扫描仪。专用胶片扫描仪的结构紧凑，反射镜片、透镜和光源安装在固定架上，不能移动，可移动的是胶片原稿。扫描时，固定在移动架上的胶片原稿由步进电动机带动，进行缓慢移动，光源发出的光线透过胶片照射到反射镜片上，经过反射、聚焦，由 CCD 元件转换成电信号，最后经译码传送到主机中。混合式扫描仪是在普通平板扫描仪上增加一个带有独立光源和相应机构的配件，该扫描仪就具备了透射式扫描的特点，可扫描胶片的芯片和负片。在扫描时，胶片原稿固定不动，移动拖架在步进电动机的带动下移动，顶部的独立光源也同步随之移动，该光源的光线穿透胶片照射到移动拖架上的反射镜片、透镜和 CCD 元件上，变成电信号，最后经过译码，把数字化图像送到主机中。

2.扫描仪的种类。由于广泛的社会需求，近年来，数字化扫描技术迅速发展，扫描仪的种类越来越多，用途越来越专业。目前，按扫描速度可以将扫描仪分为高速、低速两种，按工作原理可以将扫描仪分为手持式、平板式、胶片专用、滚筒式和 CIS 扫描仪等多种类型。

（1）高速扫描仪：扫描分辨率在 50~600dpi 以内。在 200dpi 以下，黑白或灰度扫描，每分钟可扫描 90 多幅图像；彩色扫描，每分钟可扫描 60 多幅图像。扫描幅面从小卡片至 A3 纸张都适用，既可单面扫描，也可双面同时扫描。它的优点是扫描速度快，图像处理功能强。缺点是扫描时容易卡纸，损坏档案，对字迹质量较差的档案不易扫清楚，扫描后的图像处理工作量比较大。适用于纸张质量状况较好，统一 A3、A4 幅面的文书档案或尺寸较小的票据、单证等，也可扫描纸张较大的 A4 报表。

（2）宽幅扫描仪：这是一种大型的扫描仪，最大进纸宽度可达到 54 英寸，最大扫描宽度达到 51 英寸，扫描厚度达 15 毫米。这种扫描仪分辨率在 50~800dpi 以内，有黑白、灰度、彩色等扫描模式。自带扫描和图像处理系统，具有全面支持色彩管理、快速预览、处理大型文件、改进批量扫描等功能，能有效提升扫描的效率和品质。它的优点是能扫描零号及零号以下的工程图纸，大幅的地图、字画，超长、超厚的文书档案等。缺点是扫描速度比较慢，价格比较昂贵。

（3）零边距扫描仪：扫描分辨率在 100~1200dpi 以内，有彩色、灰度、黑白三种扫描模式，可自动适应 A3、A4 纸张大小，可自动进行页面校正。这种扫描仪外形类似平板扫描仪，不同的是有一侧无边框，由此适用于扫描原件不能拆除装订的图书、资料和珍贵的档案。缺点是扫描速度较慢，价格高于平板式扫描仪。

（4）底片扫描仪：照片底片，又称负片或透明胶片，主要用来扫描幻灯片、摄影负片、CT 片及专业胶片，高精度、层次感强，附带的软件较专业。底片扫描仪是直接对底片进行数字化处理，进行模数转换及处理，并将处理结果输送至计算机进行存储。目前，市场上的底片扫描仪分专业级和普通级两种。专业级底扫一般体积较小，只能扫描底片，它采用透射光源，分辨率极高，可扫 135、120 底片，也可扫描 4 英寸 ×5 英寸或者更大幅面底片，如医学底片。价格比较贵。普通级底扫是在普通扫描仪上加透扫适配器，采用的是反射光源，分辨率也是主流扫描仪的指标，实质上是"带底片扫描功能的平板扫描仪"，价格与普通扫描仪相当，一般只能扫 135 底片。对于大多数档案部门来说，底片的数量不多，只要求扫描图像清晰，不追求"艺术效果"，因此，普通级底扫也是不错的选择。

（5）手持式扫描仪：价格便宜，方便，光学分辨率一般在 100~600dpi 以内，大多是黑白的。

（6）平板式扫描仪：平板式主要扫描反射稿，扫描分辨率在 100~2400dpi 以内，色彩位数从 24 位到 48 位，扫描幅面一般为 A4 或 A3 纸张。它的优点是扫描图像清晰，色彩逼真，不易损坏纸张。缺点是扫描速度比较慢，图像处理功能比较弱。适用于纸张状况较差，如纸张过薄、过厚、过软或破碎的档案。

（7）滚筒式扫描仪：以点光源一个像素一个像素地进行采样，采用 RCB 分色技术，优点当然明显，真正的专业级，价格也很昂贵。

（8）CIS 扫描仪：它是"接触式图像传感器"，不需光学成像系统，结构简单、成本低廉、轻巧实用，但是对扫描稿厚度和平整度要求严格，成像效果比 CCD 差。现在有 CCD 扫描仪带 TMA（透扫器），可扫胶片。

3. 扫描仪的主要性能指标。扫描分辨率、扫描精度、色彩位数、灰度级、扫描幅面、扫描速度、兼容性、接口形等都是选择和使用扫描仪时应重点考虑的技术指标，了解扫描仪的性能指标有利于正确选购适用的扫描仪设备。

（1）扫描分辨率：主要是指扫描仪 CCD 的光学分辨率，是决定扫描清晰度的主要参数指标，dpi 的数值越大，扫描的清晰度越高，决定了扫描仪记录图像的细致度。描述分辨率的单位一般为 dpi，代表垂直及水平方向每英寸显示的点的数量。分辨率越高，图像越清晰，同时数字化图像所占有的容量也越大。光学分辨率是扫描仪的光学系统可以采集的实际信息量，即扫描仪感光元件的分辨率；最大分辨率是通过处理软件或算法可以捕获的信息量。购买扫描仪时应当首先考虑光学分辨率指标，因为它不仅决定了扫描仪对原始图像的最大感知能力，还决定了扫描仪的价格档次。当前市场上扫描仪的光学分辨率一般有 300×600dpi、600×1200dpi、1000×1200dpi 等类型。扫描的分辨率越高，扫描图像的品质越高，但这是有限度的。当分辨率大于某一特定值时，只会使图像文件增大而不易处理，并不能显著改善图像质量。所以，分辨率选择应根据用途原件字体大小来决定。一般须兼顾显示打印或识别的要求，适当考虑存储空间效率，过高的分辨率不仅无法显现效果，反而会放大原件的干扰信息，而且对存储空间造成浪费。事实上，档案馆采用 300×600dpi 分辨率的扫描仪已经可以胜任一般档案的数字化了。

（2）扫描速度：扫描速度是指扫描仪从预览开始到图像扫描完成的过程中光头移动的速度。在保证扫描精度的前提下，扫描速度越快越好。扫描速度主要与扫描分辨率扫描颜色模式和扫描幅面有关，扫描分辨率越低、幅面越小、单色，扫描速度越快。扫描速度有多种表示方法，因为扫描速度与分辨率、内存容量、存取速度以及显示时间、图像大小都有关系，通常用指定的分辨率和图像尺寸的扫描时间来表示。档案数字化工作量大，高速扫描有利于提高工作效率，缩短档案数字化的时间，但是，必须在保证图像质量、不损害档案原件的前提下正确选择高速扫描仪。

（3）色彩分辨率：色彩位数用以表明扫描仪在识别色彩方面的能力和能够描述的颜色范围，它决定了颜色还原的真实程度，色彩位数越大，扫描的效果越好、越逼真，扫描过程中的失真就越少。色彩分辨率是表示扫描仪分辨彩色或灰度细腻程度的指标。理论上，色彩位数越多，颜色越逼真。灰度级是扫描仪从纯黑到纯白之间平滑过渡的能力，灰度级位数越大，相对来说扫描结果的层次就越丰富、效果越好。目前市场上扫描仪的色彩位数一般有 24 位、30 位、36 位、48 位等几个档次。如果一般的文稿或图片本身质量就不高的话 24 位色彩位数的扫描仪就够用了。

（4）扫描幅面：扫描幅面表示扫描图稿的最大尺寸，平板扫描仪、零边距扫描仪、高速扫描仪一般可选择 A4 或 A3 幅面，宽幅扫描仪可以扫 A0 以下幅面的图纸。

（5）接口方式：扫描仪与计算机之间的接口方式主要有 SCSI、EPP、USB 和 IEEE1394 四种类型，其中以 SCSI、USB 较常用。SCSI 接口的最大优势是它工作时占用 CPU 的空间很少。扫描仪软件接口标准（TWAIN 1.0）已经得到广泛使用，适应 32 位、64 位的软件和驱动程序也正在开发中。

EPP 即打印机端口，其特点是使用方便，对计算机要求低，但扫描质量较差。USB 接口速度较快，安装方便，可以带电拔插。随着 USB 应用的日益广泛，USB 接口的扫描仪已成为主流。SCSI 扫描仪安装时需要在计算机中安装一块接口卡，安装较复杂，价格较高，但速度快，扫描稳定，扫描时占用系统资源少。其实，无论 EPP、USB 或 SCSI 接口，都不是决定扫描仪扫描速度的主要因素，扫描速度与扫描仪本身的性能息息相关，因而使用任何一种接口方式，扫描速度上并无太大差别，但从接口上看，最适宜档案馆使用的是 USB 接口。当然，如果配置 SCSI 接口卡，则扫描仪性能更佳。

SCSI 接口的扫描仪需要一块 SCSI 卡将扫描仪与计算机相连接，早期的扫描仪大都是 SCSI 接口。优点是传输速度较快，扫描质量高；缺点是需要开机箱安装一块 SCSI 卡，要占用一个 ISA 或 PCI 槽以及相应的中断，有可能和其他配件发生冲突。EPP 接口是采用计算机连接打印机的接口，同 SCSI 的扫描仪相比速度较慢，扫描质量稍差，但安装方便，兼容性好，大多采用 EPP 接口的扫描仪后部都有两个接口，一个接计算机，另一个接其他的并口设备。USB 接口是采用串口方式进行连接，当前已经成为连接标准，优点是速度快，可带电插拔，即插即用，有的扫描仪可直接由 USB 口取电，无需另加电源。IEEE1394 接口是苹果公司开发的串行标准，中文译名为火线接口（firewire）。同 USB 一样，IEEE1394 也支持外设热插拔，可为外设提供电源，省去了外设自带的电源，能连接多个不同的设备，支持同步数据传输。作为高性能的快速通信接口，它尤其受到专业扫描仪厂商的青睐。不过，对 IEEE1394 规范，苹果公司采用收费授权的方式，也就是使用 IEEE1394 规范的产品都必须向其支付一笔使用费。IEEE1394 接口虽然是具有里程碑意义的变革，但是由于其较昂贵的价格还很难在家庭用户中普及。所以，采用 IEEE1394 接口的扫描仪的价格比使用 USB 接口扫描仪高许多。

（6）扫描仪最新发展：高质量的镜头和CCD是扫描仪发展的主要突破点，"镜头技术"是指现代专业扫描仪中光学镜头的相关技术，内容包括可变焦镜头技术和多镜头技术。扫描仪采用多个自动变焦镜头或镜片进行组合，由更为精密的电机伺服系统驱动，目的是实现更好的均匀度和锐度，使扫描原稿的边缘聚焦准确，并使扫描质量得到进一步提高。

随着扫描仪使用的广泛和普及，人们对扫描仪的精度、准确度、灵敏度、速度等都提出了较高的要求，扫描仪的生产厂家也在RCB同步扫描技术、高速图像处理技术、色彩增强技术、智能去网技术、光学分辨率倍增技术等方面不断研究和进取。同时，为了更好地满足用户的特殊使用要求，生产厂家将各种技术、图像处理系统与扫描仪的使用相结合，开发出以人为本的功能更强、性能更好、使用更方便的零边距、无边距、无盲区、无变形、自动翻页等扫描仪。如全息无损、自动定位、高速采集、超大幅面、智能化图文优化、图像文件批量处理等都是一些新型产品具有的特点，大大提高了扫描加工的效率，降低了扫描加工人员的劳动强度。

（二）模数转换技术

声像档案的数字化过程与纸质档案完全不同，这是因为传统的声像都采用模拟的磁带、录音带、录像带来保存，必须通过模拟数字转换才能实现数字化。模数转换是将模拟输入信号转换成二进制数字信息的一种技术，主要包括采样、保持量化和编程三个过程，实现这些过程的技术很多，并采用这些技术研制出各种转换设备和系统，在开展声像档案数字化过程中必须了解和熟练掌握这些设备的功能、性能和操作规程。模拟声像档案数字化的核心过程就是要完成声像档案的数据采集与数字化转存，实现声像档案从模拟数据向数字信息的转化。这个过程主要依靠模拟声像资料播放机、数模转换线、视频采集卡、影像工作站等设备搭建的声像数模转换系统完成。声像数据的数字化转换过程是实时的，即一个小时的模拟声像资料转化为数字格式同样需要一个小时。

（三）OCR文字识别技术

档案内容数字化工作包括数字化预加工和深加工两步：预加工是通过扫描处理将纸质档案、照片档案、缩微胶片等转变为电子图像文件，不能将纸质档案上的文字信息进行完全处理；深加工则是需要获取档案内容中的文字信息，以提供档案的全文检索服务。光学字符识别（optical character recognition，OCR）就是用于从数字化档案的图像文件中以获取档案标引信息和全文信息的一种技术。档案数字化加工的主要步骤包括图文输入、预处理、单字识别及后处理。

1. 图文输入。它是指实现档案原件的数字化，通过扫描设备或数码拍照等方式形成档案的数字化图像文件。

2. 预处理。它是在对数字化档案的图像文件进行文字识别之前做的一些准备工作，主要包括版面分析、图像净化、二值化处理、文字切分等。这一阶段的工作非常重要,其处理效果将直接影响识别的准确率。

3. 单字识别。它是文字识别的核心技术,主要包括文字特征抽取和分类判别算法。人之所以能够通过大脑简单地认识文字,是由于在人的大脑中已经保存了文字的基本特征,如文字的结构、笔画等。要想让计算机识别文字,首先也要存储类似的基本信息。那么,存储什么形式的信息以及如何提取这些信息,则是一件比较复杂的事情,而且需要达到很高的识别率。通常采用的方法是根据文字的笔画、特征点、投影信息、点的区域分布等进行分析,常用的分析方法是结构分析方法和统计分析方法。

4. 后处理。它是指对识别出的文字进行匹配,即将单字识别的结果进行分词,与词库中的词进行比较,以提高系统的识别率,减少误识率。对于文字的识别,从文字类型上划分,通常分为印刷体文字的识别和手写体文字的识别;从识别的方式划分,通常分为在线识别和脱机识别。由于印刷体和手写体的文字特征差异较大,所以其处理方法是不相同的。

（四）数码翻拍仪

随着数码影像技术的飞速发展,一种新型的数字化设备——数码翻拍仪正在悄然流行。数码翻拍仪,又称数码拍摄仪、数码缩微仪等,是一种将数码相机安置在可垂直调节高低的支架上,用以拍摄文件材料或其他实物的数字化设备。目前,市场上数码翻拍仪按照翻拍性能、翻拍对象、尺寸等分为多种。

1. 数码翻拍仪与扫描仪相比所具有的优越性。

（1）数字化速度快:平板式扫描仪每扫描一页文件都有扫描灯管的往复移动和翻盖的过程,扫描速度较慢,若采用 200dpi 来扫描 A4 幅面真彩图像,每分钟扫描加工数量一般为 1~2 页,而高速扫描仪对档案的纸张质量要求较高,容易损坏档案,因此使用有一定的局限性。用数码翻拍仪拍摄文档没有机械运动的过程,只是曝光一下,速度不到 1 秒,扫描加工数量一般可以做到每分钟 8~20 页。

（2）对档案材料损害小:平板式扫描仪扫描装订的档案时,难以做到平整扫描,扫描的图像往往会倾斜或扭曲,导致后期处理工作量增加;高速扫描仪不拆档案根本无法加工。数码拍摄可以省略档案拆装过程。应用数码翻拍仪提供的低畸变镜头和图像变形处理软件,可以解决拍摄档案倾斜、线条变形等问题,这不但大大提高了数字化处理的效率,而且避免了档案在拆装过程中造成的损失。

（3）加工对象直观:用扫描仪扫描文档,若要在扫描前浏览扫描图像的效果,一般需要选择扫描仪预览功能,这样就降低了扫描加工的速度。而数码翻拍仪的全部操作过程直观可见,即真正做到"所见即所得"。

（4）加工对象不限于纸张:扫描仪一般只能扫描纸张材料,数码翻拍仪除了扫描纸张材料以外,还能翻拍特种载体的档案,如奖旗、奖牌,甚至奖杯等立体的物体。

（5）便于调节扫描幅面：一般扫描仪只能扫 A4 幅面的纸质材料，扫大幅面图纸的扫描仪价格十分昂贵，利用率又不高，不适宜于一般机构配置。数码翻拍仪只要调节数码相机与底板的距离，就能灵活地选择拍摄不同幅面的纸质档案，这对于扫描尺寸频繁更换的档案特别具有优势。

2. 数码翻拍仪与传统翻拍仪相比所具有的优越性。

传统的翻拍仪采用传统相机进行档案拍摄和缩微，与之相比，数码翻拍仪具有以下显著优势：

（1）使用成本低：传统的翻拍仪拍摄需要胶片，拍摄后需要冲洗显影，阅览需要购置专门的缩微阅读仪，使用成本和人力成本都比较高。数码翻拍仪的翻拍与普通数码相机一样，使用不需要耗材，拍摄图像有问题时，可立即重拍。拍摄形成的照片，任何计算机系统都可以阅读。

（2）图像处理便捷：传统的翻拍仪形成的缩微片图像很难进行处置。数码翻拍仪形成的影像电子文件可以被灵活加工处理，如纠偏、去污点、去黑边框等；应用翻拍仪自带的 OCR 软件进行字符识别，将扫描形成的图像文件识别成可编辑的 word、pdf、txt 等格式文件，进行二次编辑与加工；应用图像处理软件，将扫描中出现的线条扭曲、图像变形等问题进行纠正，有些数码翻拍仪还自带防畸变镜头，自动纠正大幅面图纸拍摄中四周弯曲的线条。

（3）便于计算机技术应用：传统翻拍的缩微胶片不便于查找、传递、编辑、整理，这些缺点都是数码翻拍技术的优势所在。数码翻拍仪形成的电子文件，具有采集高效、处理灵活、传播迅速、检索快捷、多媒体集成生动直观等缩微技术难以比拟的优势。

（4）充分整合了数码相机技术：传统的翻拍仪一般只翻拍成黑白胶片；数码翻拍仪不仅能翻拍成黑白图像，还能翻拍成彩色图像。数码翻拍仪借助高分辨数码影像技术，拍摄图像清晰逼真、色彩丰富；支持色差、亮度、对比度、饱和度、伽马值等后期图像增强功能；能通过 USB 接口直接连接电脑，将拍摄的档案文件直接在电脑中显示或通过邮件发送出去，实现档案的无障碍传播；USB 能直接给翻拍仪供电，不需要另插电源；将所有拍摄操作按钮都整合在底板上，操作十分简便；突破传统使用扫描枪扫描条形码识别的方式，用户只需轻点鼠标，即可完成条码识别，不但提高了工作效率，也省下购买扫描枪的费用；可拍摄录像，将动态的图像，如手工翻阅档案的过程记录下来，用作视频编辑的素材。

（5）灵活使用各种数码拍摄设备：有些数码翻拍仪的活动支架可以固定数码相机、手机等各种拍摄设备，用户可以借助拍摄设备翻拍档案材料。

3. 数码翻拍仪的应用范围。

数码翻拍仪是传统的复印、扫描、投影、拍照、录影等技术的融合，由此兼有这些技术的优点，它无论是对于传统的翻拍缩微还是扫描技术来说都是一场变革，受到社会各领域的普遍关注和应用。目前，该技术已经广泛用于政务领域红头文件、往来信函等文件翻拍；银行传票、合同、抵押担保、会计凭证和信用卡等文件翻拍；证券期货行业股东账户开户、买卖合同、股东身份等文件翻拍；保险行业合同发票、身份证等文件翻拍；工商税务行业税务年检等业务文件翻拍；学校学生学籍、成绩单等档案翻拍；国土行业房地契、图纸、合同等档案翻拍；司法行业往来信函、红头文件、法律文件、卷宗等档案翻拍；医疗行业病历、处方等档案翻拍；公安部门案件档案翻拍等。

4. 数码翻拍仪在纸质档案数字化中的应用前景。

尽管数码翻拍仪已经在各政府机关、企事业单位得到广泛的应用，然而，在档案信息化中使用较少。其原因之一是档案界人士对这种设备的发展现状和趋势不够了解，以为它就是传统的缩微翻拍仪。由上述分析可知，它特别适用于以下情况：一是中小型企事业单位办公室或业务部门对尺寸频繁变化的文件材料进行数字化。二是各级各类档案馆或机关档案室对纸质材料老化，不便于拆卷的档案进行数字化。三是建筑设计、制造业等企业未购置大型扫描仪，又需要对大幅面图纸档案进行数字化。四是对奖旗、奖牌等实物档案进行数字化。五是对尚无条件对纸质档案数字化，但在利用时临时需要对查阅的档案进行数字化，以便通过网络提供远程查档服务。鉴于数码翻拍仪具有使用成本低、拍摄精度高、速度快、操作简便，又便于做 OCR 字符识别和其他图像处理等特点，相信会吸引越来越多的档案用户。随着数码翻拍仪应用范围的扩大，数码翻拍仪的功能和性能将会不断改进和完善，因此，它有可能在不远的将来，部分取代扫描仪，成为纸质档案数字化的得力工具。

（五）缩微胶片扫描仪

已经对纸质档案进行了缩微复制，可以采用专用设备——缩微胶片扫描仪，对缩微胶片上的影像进行数字化转换处理。缩微影像转换技术的应用，包括对缩微胶片进行扫描，把缩微模拟影像转换成数字影像，进行存储、还原和检索输出等。

1. 缩微胶片扫描的优缺点。与纸质档案扫描相比，缩微胶片扫描的主要优点是：扫描速度快，节约时间和成本；没有尺寸和形状的限制，可以同时对各种幅面的纸质档案进行扫描；缩微胶片可以继续留存，作为数字档案备份的一种形式；可以进行批量处理，操作简便易行；便于对图像做调节亮度、对比度、拉直和裁剪等优化处理；易于对输出的图像信息进行检索、阅读、打印和传递。缩微胶片扫描的主要缺点是：所得的图像已经是第二或第三次转化，失真明显，图像虽然可以强化，但有时效果不明显；一些胶片的状况较差，出现了划痕、装订线阴影等，影响扫描影像质量；扫描仪的分辨率不足以捕捉原件所有有价值的信息。

2. 缩微胶片扫描设备的选择。缩微胶片扫描仪相对于纸质档案扫描仪，扫描效率要高得多。目前，缩微影像转换成数字影像的技术日趋成熟。选购缩微胶片数字扫描系统，既要考虑产品的技术领先，又要考虑适用以及性价比。选购时应考虑胶片类型，如缩微平片、封套片、开窗卡片、16毫米胶卷、35毫米胶卷等；放大倍率的范围；扫描速度，即每单位分辨率，如 4.5 秒 /400dpi；光学分辨率和输出分辨率，如 300~800dpi 等。市场上的缩微胶片扫描系统主要有英国的"优胜"，日本的"佳能""美能达"等公司出产的缩微胶片扫描仪。根据一些档案馆的经验，美能达的 MS30000 型和佳能的 MS500 型缩微胶片扫描仪，不仅能够把缩微模拟影像转换成数字影像，还能作为缩微数字影像的还原设备使用。

（六）纸质档案数字化的软件配置

纸质档案数字化除了必要的硬件设施外，还需要运行硬件设施所需的档案数字化工作软件。该软件有两大类：系统软件和应用软件。系统软件包括操作系统、数据库管理系统等平台，如 Windows，SQLserver 等。应用软件是在上述软硬件平台的基础上实现数字化流程的文档扫描、图像处理和数据存储等功能的软件。这些软件可以从市场上购置，或从网络上免费下载或随硬件设备配送获得，如购置扫描仪时获得 ACDSee，Photoshop 或专用的图像浏览处理软件，购置刻录机时获得 EasyCDCreator 等刻录软件。对于大批量纸质档案的数字化处理而言，仅仅靠上述分散的、专用的工具软件是不够的，必须采取系统集成方式将整个数字化流程集合为一个统一的制作、加工系统，开发出专用的"档案数字化加工管理系统"，实现对包括档案整理、目录建库、档案扫描、图像处理、图像存储、数据质检、数据挂接、数据验收、数据备份、成果管理等档案数字化加工全过程的流水作业和安全质量控制。

二、录音档案的数字化

1857 年，法国发明家斯科特发明了的声波振记器，这是最早的原始录音机，是留声机的鼻祖；1877 年，爱迪生制造出人类史上第一部留声机；1898 年，丹麦工程师普尔森发明了磁性录音；1963 年，荷兰生产出音频盒式磁带机；到 20 世纪 80 年代盒式磁带录音迅速普及，这一技术被迅速应用于声音记录，许多单位用之录制领导讲话、会议座谈、文艺演出、要人采访等，形成许多重要的录音档案。现存的模拟录音档案一般已有 30 年以上的历史，其内容十分珍贵。然而随着时间的流逝，使用次数的增加，加上不适宜的环境条件影响，其声音很容易衰减或消失，甚至由于没有播放设备，无法还原。利用多媒体数字技术，把模拟录音带转录成数字音频档案，有利于录音档案的及时抢救、长期保存、编研制作和共享利用。随着数码音像技术的普及，模拟录音档案的数字化也被提到重要议事日程上来。录音档案数字化比较容易实现，主要硬件有放音设备、存储设备和计算机等，录音档案数字化软件较多，可根据个人习惯和熟悉程度加以选择。

（一）录音档案数字化的硬件

1. 传统放音设备。根据模拟数字化录音档案的规格型号配置相应的放音设备，如开盘式放音机、钢丝带放音机、盒带录音机、电唱机等。放音设备必须能将声音源以电平信号的方式,通过音频输出插孔输出,若原设备不具有音频输出插孔,应进行改装。

2. 模数转换设备。模数转换设备是录音档案数字化的核心部件,品质好的模数转换设备有低失真、低时延、高信噪比的特点。模数转换设备主要是声卡。声卡是多媒体技术中最基本的组成部分,是实现模拟信号和数字信号相互转化的一种硬件,其基本功能是将来自磁带光盘、话筒等的原始声音信号加以转换。它的工作原理是将获取的模拟信号通过模数转换器,将声波振幅信号采样转换成一串数字信号,存储到计算机中。重放时,这些数字信号被输送到数模转换器,以同样的采样速度还原为模拟信号。声卡的技术指标主要有:一是采样频率,采样频率越高,声音越保真。目前,声卡的采样频率一般应达到44.1kHz 或48kHz。二是样本大小,当前声卡以 16 位为主。8 位声卡对语音的处理也能满足需要,但播放音乐效果不是很好;16 位声卡可以达到 CD 音响水平。

3. 内部声音混合调节器。内部声音混合调节器的主要功能是把不同输入源中输入的声音信号进行混合和音量调节,通常要求该混合器是可编程或可控制的。

4. 监听、拾音设备。如监听音箱、监听耳机、话筒等。

（二）录音档案数字化的软件

数字化转换软件主要为音频制作软件,如 Creative Wave Sudio、Gold Wave、Music-Match、JukeBox 等,一般反映使用 Creative Wave Studio 较好;此外,Gold Wave 也是一种功能强大、占用空间少、免费共享的绿色软件,并且可以在互联网上免费下载。刻录软件也较多,如 EASY-CD 等。

第二节　电子文件归档与电子档案移交

《电子档案管理基本术语》（DA/T58-2014）中定义电子文件（electronicdocument,electronic record）是国家机构、社会组织或个人在履行其法定职责或处理事务过程中,通过计算机等电子设备形成、办理、传输和存储的数字格式的各种信息记录。电子文件由内容、结构和背景组成。作为一种新兴的文件形态,又直接形成于信息化系统,电子文件不仅是组织和处理机构日常工作的工具,而且可以作为信息化环境下机构工作的历史记录和活动凭据,也是国家的宝贵文化财富和社会的重要信息资源。因此,对电子文件进行及时归档、移交并使之得到长期保存势在必行,应当成为档案信息化建设的重要内容。

作为人类步入信息社会后在档案领域出现的新事物,"电子档案"概念的确立只是近几年的事情。在国际档案理事会电子文件管理委员会 1997 年出版的《电子文件管理指南》中,把作为"档案"而可由档案部门接收和保存的电子文件称为"具有档案性质的电子文件"。2002 年,国家标准《电子文件归档与管理规范》（GB/T 18894-2002）将电子档案称为"归档电子文件",是"指具有参考和利用价值并作为档案保存的电子文件"。2012 年,国家档案局印发的《电子档案移交与接收办法》中明确了电子档案的概念，将其定义为："是指机关、团体、企事业单位和其他组织在处理公务过程中形成的对国家和社会具有保存价值并归档保存的电子文件。"

　　档案学理论认为档案是由各种文件材料转化而来的，文件是档案的前身，档案是文件转化的结果。这种观点已为大众所接受，成为一种具有普遍意义的理论。在这一理论下，文件和档案是两种在功能、时间和空间上相对独立，但又有密切联系的社会事物。为此，在电子文件与电子档案的关系上，仍应遵循这一原则，从社会档案价值意识承担、档案学专业的责任承诺和文件价值形态的转变出发，承认文件运动的规律性，同时也认为那些具有长期或永久保存价值的，经过归档而实行档案化管理的电子文件为"电子档案"。实际上，电子档案就是"归档电子文件"，依然是由电子文件转化而来的。

一、电子文件的特性

　　顾名思义，电子文件就是"电子"加"文件"。"文件"是电子文件的功能属性，是共性；"电子"是电子文件的技术属性，是特性。了解电子文件的特性对于管好电子文件非常重要。

（一）信息的非人工识读性

　　信息的非人工识读性表现在两个方面：一是电子文件使用了人们不可直接识读的记录符号——数字式代码，即将输入计算机的任何种类的信息都转换成二进制代码。对于这种经过复杂编码的二进制代码，人工无法直接破译它的含义，只有通过计算机特定的程序解码，使之还原为输入前的状态，才能被人识读。所以，电子文件在给人类带来极大方便的同时，也使其内部实现机制变得越来越复杂。

　　二是电子文件存储在载体上，人们无法直接通过载体阅读，必须通过计算机等设备显现，才能识读。

（二）系统的依赖性

　　电子文件对系统的依赖性包含两个方面：一是电子文件的形成、流转、归档等全部管理活动都必须借助于计算机系统才能实现。离开计算机系统，人就无法识读和管理电子文件。二是生成文件的软硬件系统一旦更新换代，会造成电子文件的失真、失效，无法还原。

（三）信息与特定记录载体之间的可分离性

　　电子文件中的信息不再具有固定的物理位置，也不再对特定记录载体"从一而终"，可以根据需要随时改变其存储空间，也可以改变其在硬盘上的存址，或在不同存储介质之间转换。信息与载体之间的可分离性使电子文件不再具有物理意义上的"实体"状态，成为人们所形象指称的"非实体文件"或"虚拟文件"。

（四）信息的可变性

造成电子文件信息可变性的情况很多。首先，计算机系统中信息的相对独立性使得对信息的增删更改十分容易，而且修改之后看不出任何改动的痕迹；其次，电子文件在形成、归档、管理和利用过程中会形成大量的动态文档，而动态文档中的数据不断地被更新或补充，以反映最新情况；最后，存储载体和信息技术的不稳定性，新的信息编码方案、存储格式、系统软件不断出现，对电子文件的稳定性产生了巨大的冲击，新的系统要求将电子文件转换成某种标准格式或新的文件格式，往往会造成电子文件信息的损失、变异。

（五）信息存储的高密度性

电子文件的存储密度大大高于以往各种人工可直接识读的信息存储介质。一张 4.75 英寸 CD 光盘（650~750MB）约可存储 3 亿个至 4 亿个汉字或 A4 幅面的文稿图像数千页，DVD 光盘单面单层容量可达 4.7GB，单面单层蓝光盘的存储容量可达 25GB，而各种类型的存储卡则存储密度更高，计算机存储载体的海量化正呈加速度发展态势。

（六）多种媒体信息的集成性

电子文件可以将文字、图形、图像、影像、声音等各种信息形式加以有机组合，形成"多媒体文件"。这种文件将文字、图像、声音等表现媒体融为一体，图文声像并茂地展示，能够更加真实地再现记录的场景，从而强化档案对社会活动的过程记忆和生动再现功能。

（七）信息的可操作性

电子文件中的信息可以随时根据人们的需要，便捷、灵活地加以编辑、复制、删除，或进行多媒体合成，或按照特定的需要排列组合，或进行压缩和解压，或进行格式和数据结构的转换，或通过各种传播媒体传递给远程用户，显著提升了人对信息资源的管控能力和利用能力。

以上每一个电子文件的特点既是它的优点，也都是缺点。管理电子文件的基本思路是：扬长避短、趋利避害，用新的管理理念、管理方法和管理技术，将其优势放大再放大，将其劣势缩小再缩小。

二、电子文件归档的含义和特点

电子文件归档是将应归档的电子文件经过整理，确定其档案属性后，从计算机存储器或其网络存储器上拷贝、刻录到可脱机保存的存储载体上向档案部门移交，或通过网络将电子文件转移存储到由档案部门控制的计算机系统中，以便长期保存的工作过程。归档是文件生命周期中的一个重要环节，是文件和档案的分界线，标志着电子文件管理责任由文件形成部门向档案部门的正式转移。电子文件归档是我国归档制度中的一个重要方面，它除了要遵守传统文件归档的要求外，还要考虑电子文件的特点。

（一）归档时间前置

纸质文件一般在文件处理完毕之后的第二年完成归档。电子文件因其信息和载体的可分离性，随时面临着被篡改、破坏的风险，因此在归档过程中必须贯彻前端控制和全程管理的原则。电子文件办结后就要及时归档。在设计电子文件管理系统时，就要考虑到归档要素和电子文件的真实性、完整性、有效性和安全性保障措施。

（二）归档形式多元互补

电子文件的归档形式分为在线归档和离线归档。电子文件的归档按照鉴定标识进行，各单位可以通过计算机网络进行在线归档，也可以将电子文件存储在脱机载体上进行离线归档。网络条件不符合国家和本市有关保密法律法规规定的单位，其涉密电子文件不能在线归档，只能离线归档。

（三）归档范围扩大

电子文件的特殊性决定了电子文件归档的范围有所扩大。纸质文件的内容、结构、背景信息是固化在纸张上的，而电子文件的三要素有可能是分离的，要保证电子文件的真实性和完整性，必须及时获取电子文件的结构和背景信息，因此，电子文件的背景和结构信息必须被纳入归档范围，形成电子文件的支持和辅助性文件，计算机、操作系统和应用软件的说明性文件也必须列入归档范围。此外，归档电子文件不仅局限于文字类文件，还应当包括图像、声音、视频及超媒体文件。

（四）归档实体移交与权责移交的分离

在线归档的出现使电子文件实体移交与权责移交出现了分离。传统文件管理中，文件的管理权是随着文件的归档由文书部门转移到档案部门的，是实体保管者与信息管理者的统一。而电子文件的实体与其信息的管理权责却是可以分离的。电子文件的在线归档，档案部门并不一定不拥有电子文件实体，但仍可以实现对电子文件的掌控，从侧面反映了电子环境中档案管理的工作重点由实体管理向信息管理的转移。

（五）电子文件归档份数较多

离线归档的电子文件，至少一式三套：一套封存保管（一般称为 A 套）；一套提供利用（一般称为 B 套）；必要时，复制第三套，异地保存（一般称为 C 套）。

电子文件在长期保存过程中可能会受到不可抗因素的影响导致信息变异或失真，出现读取错误，而多套同时出错的概率较低，所以多套保存可以大大提高电子文件的安全性和可靠性。

三、电子文件归档的范围

《电子文件归档与管理规范》规定："电子文件的归档范围参照国家关于纸质文件材

料归档的有关规定执行,并应包括相应的背景信息和元数据。"其中"国家关于纸质文件材料归档的有关规定",当前主要是指国家档案局 2006 年发布的 8 号令《机关文件材料归档范围和文书档案保管期限规定》,国家档案局 2012 年发布的 10 号令《企业文件材料归档范围和档案保管期限规定》和其他有关科技文件、专门文件归档范围的规定,以及本地档案行政管理部门的有关规定。具体来说,电子文件的归档范围主要有:

1. 在本机构行使职能活动业务管理及行政管理活动过程中形成的,有纸质文件对应的电子文件,参照国家有关归档范围和保管期限规定归档。对于需要保存草稿及过程稿的电子文件,需要按照版本管理的要求添加版本号,并和正本一并归档。

2. 在行使和拓展本机关职能活动过程中,利用信息系统产生的无纸化新型电子文件,如网站、电子邮件、微博、微信等电子文件,也要列入归档范围。

3. 各种数据文件,如数据库、图形库和方法库等。由于数据库是动态的,对于这种数据文件应定期拷贝,作为一个数据集归档。

4. 为保证电子文件的长期可读性,其支持软件,包括操作系统、应用软件及相关代码库、参数设置等也需要归档。

5. 有助于确保电子文件真实、完整、有效、安全的有关元数据、说明性材料也要归档。

6. 对于必须实行"双套制"保存的电子档案,应归档相同内容的纸质文件,并在有关目录中建立电子文件和纸质文件之间的关联关系。

四、数据存储系统

档案信息化数据存储是指数据以某种格式记录在计算机内部或外部存储介质上,其存储系统分别使用不同的存储介质和存储技术。

(一)数据存储介质

从古至今,介质存储一直是保存档案的主流方式,不同介质承载的档案本质属性并无差别,都是人类认识世界和改造世界的历史记录,是社会的重要信息资源。人类曾以石器、竹器、纸张、磁带、缩微胶片等作为载体记录档案的内容,而在网络信息时代,由于档案的形成在很大程度上依赖于计算机及其应用系统环境,档案信息以数字形式展现给人类。为了保存这些数字形式的文件和档案,人类发明了软盘、磁盘、光盘等存储数字信息的新型载体,使用这些载体,人们能够方便地存储、迁移、展示和传播档案信息,开展深入的编研开发工作,为社会提供档案利用的多样化服务。与传统档案载体相比较,数字形式的档案载体为公众提供了灵活、方便利用档案的机会,而对于习惯了保管传统载体档案的档案工作者来说,面临的新挑战是如何将这些新型载体档案进行永久保存和广泛利用。

关于数字资源永久保存问题的研究,国内外已经有很多单位付出了努力,有的致力于提高数字信息载体的寿命,有的则在扩大载体的存储容量、降低存储成本上下功夫。

然而,正是由于数字信息载体的更新换代太快、太频繁,尽管一代代产品的兼容性越来越好,但由于档案这一固定内容的"原始性不能被修改"的属性决定了档案具有快速发展和频繁更新的特殊性,肩负保管社会历史记录重任的档案工作者,不仅要考虑档案信息利用的深度和广度,还需要重视档案的完整保存和真实有效。

因此,很多专家提出了 21 世纪"双套制"工作策略并被很多单位所采纳,即将有保存价值的电子文件归档时,同时做一套纸质备份或制作缩微胶片,延长档案的保存寿命,将存储在数字信息载体上的档案主要用于提供利用服务和载体备份。"双套制"是过渡时期档案管理的一种可操作解决方案,在一定程度上减轻了档案工作者保存档案的压力,但增加了管理过程的成本。在实际工作过程中,很多单位采用纸质、缩微、数字信息载体各制作一套备份,这样,制作成本、管理成本呈现持续上升的趋势。但是随着档案信息量的增大,这种方式很难持续较长的时间。另外,并不是所有的数字档案都能够制作纸质或缩微的备份,只能以数字载体形式进行存储,这就需要加强管理,制订长期保存数字档案数据的管理规范和规章制度。在选择较长寿命存储载体的前提下,定期进行检查,根据需要做数据迁移,并在数据迁移的过程中确保档案的真实、完整和有效。

目前,数据存储介质主要有磁存储介质、光存储介质和电存储介质三种。

1.磁存储介质。磁存储技术是将声音、图像和数据等转变成数字电信号,通过磁化磁介质来保存信息。磁存储介质主要有硬磁盘、磁带、磁盘阵列、磁带库等。

(1)硬磁盘:它是由若干盘片重叠在一起放入密封盒内组成的,盘片的结构类似软盘,盘片一般用合金或玻璃材料制作,磁性层则一般使用 γ -Fe2Os 磁粉、金属膜等制成。硬盘的存储量大,数据传输速度快;硬盘盘片与驱动器装在密封容器内,不易受周围环境影响,工作稳定性好、可靠性高由此常作为网络数据传输的在线存储介质。硬盘按尺寸分,有 5.25 英寸、3.5 英寸、2.5 英寸、1.8 英寸等。5.25 英寸硬盘早期用于台式机,已被淘汰;3.5 英寸台式机硬盘正广泛用于各式电脑;2.5 英寸硬盘广泛用于笔记本电脑及移动硬盘;1.8 英寸微型硬盘广泛用于超薄型笔记本电脑移动硬盘及苹果机播放器。按接口类型分,有 ST506、IDE、SCSI 接口。按转速分,有 5400 转 / 秒、7200 转 / 秒、10000 转 / 秒和 15000 转 / 秒。按存储方式分,有固态硬盘机械硬盘、混合硬盘。相对于机械硬盘,目前的固态硬盘有存取速度快、耗电量小、稳定性好等优点,也有存储量小、价格昂贵等缺点。混合硬盘起到扬长避短的作用,值得档案工作者关注。

(2)磁带:一般由聚酯薄膜带基和附着在带基上的磁性涂层,经过磁性定向、烘干压光和切割等步骤制成。磁带存储容量大,数字磁带的最大容量已经达到 TB 级,在数据备份和档案文件存储等方面一直占据着重要的地位;成本适宜、操作方便,只要通过一定的驱动器便能顺利地读取。但是,磁带是串行记录方式,存取速度较慢;工作方式为接触式,易使磁带、磁头磨损。鉴于磁带的这些特点,它适合用在按顺序存取数据、存储量大而读写次数少的电子档案备份系统中,可作为硬磁盘数据长期备份的存储介质。

(3)磁盘阵列:它是应用磁盘数据跨盘处理技术,通过组合多个硬盘,把多个读写请求分散到多个硬盘中来突破单个磁盘的极限,并使其协同工作。在使用过程中如同仅使用一个硬盘,却获取了比单个存储设备更快的速度、更好的稳定性、更大的存储能力、更高的容错能力。它可以按照用户对存储容量的需求进行阵列配置,从而达到海量存储的要求。磁盘阵列系统存储容量大、安全性高。数据存储在由多个磁盘组成的磁盘组上,通过数据的冗余存储,可在一个或多个磁盘损坏、失效时,防止数据丢失;磁盘阵列通过并发读写,能够提高数据的存取速度,把多个硬盘驱动器连接在一起协同工作,大大提高了数据的读写功能。

(4)磁带库:它是一种机柜式的将多台磁带机整合到一个封闭系统中的数据备份设备,是离线存储系统中的关键设备之一。它主要由磁带驱动器、机械臂和磁带构成,可实现磁带自动卸载和加载,在存储管理软件的控制下具有智能备份与恢复、监控统计等功能,能够满足高速度、高效率、高存储容量的要求,并具有强大的系统扩展能力。磁带库具有自动备份和恢复功能,可实现数据的连续备份,也可在驱动管理软件控制下实现智能恢复、实时监控和统计;存储量大,存储容量达到 PB 级,备份能力也很强大,是集中式数据备份的主要设备。

2. 光存储介质。从磁存储到光存储是信息记录的飞跃,光存储是利用光学原理读/写的。光存储技术是采用激光照射介质,激光与介质相互作用,导致介质的性质发生变化而将信息存储下来的。读出信息是利用定向光束在存储介质表面进行扫描,通过检测所经过点的激光反射量,读出所保存信息的一种技术。光存储介质有光盘、光带、光卡、光盘塔、光盘库等,其中以光盘应用最为广泛。光盘是继磁性介质之后产生的又一种新型的数字信息记录介质。它具有存储密度高、信息容量大、稳定性好、可移动、成本低等特性,也是电子档案的重要存储介质。光盘通常分为 CD、DVD、蓝光光盘等几种,各自特点如下:

(1)CD:CD 光盘采用红外激光器读取数据,存储容量较大,存储成本相对较低;在日常使用中易发生磨损,造成数据被错误读取和解析;在受力不均匀时易发生变形,造成数据无法读取。CD 采用单层储存形式,容量一般为 700M。由于光盘技术的迅速发展,目前该类光盘已经趋于淘汰。

(2)DVD:DVD 与 CD 的外观极为相似,直径都是 120mm,一般单层容量约为 5G。DVD 分为预录制和可录制光盘两种。预录制光盘的数据只能由厂商用专用设备录制。可录制光盘又分为一次写入型和可擦写型两种。一次写入型光盘可用光盘刻录仪一次性刻录数据,但不能擦除。档案部门可利用这种光盘的特点,保存档案信息,防止归档电子文件被改写和篡改。可擦写型光盘录入的数据可擦除和重写,反复使用。

(3)蓝光光盘(BD):目前主流的单层 BD 容量为 25G,可烧录长达 4 小时的高清视频;双层 BD 容量为 50G;多层 BD 容量有 100G 以上。随着蓝光刻录机和盘片价格越来越低,BD 很有可能是继 CD、DVD 之后的档案数据又一主要存储介质。光盘共享技术的发展为大容量存储数字信息提供了可能,光盘塔和光盘库也成为存储电子档案的主要设备。

3.电存储介质。电存储介质是继磁存储和光存储之后利用半导体技术做成的一种新型存储介质，它通过电子电路以二进制方式实现信息的储存。电存储介质主要有闪存盘和数据存储卡。

（1）闪存盘：是一种容量大、体积小、不需要驱动器、安全可靠的新型移动存储设备。闪存盘可用于存储任何格式的数据文件，在电脑间方便地交换数据。闪存盘采用闪存芯片存储介质和通用串行总线接口，具有存储容量大、轻巧精致、便于携带、使用方便、读写速度快、安全可靠等特征，有些还具有加密等功能，是重要的移动存储设备。但是，闪存盘的保存寿命较短，故不能作为长期存储电子档案的介质，但可以作为电子文件归档、复制、传递和利用的过渡性介质。

（2）存储卡：是一种卡片形状的计算机存储介质，其存储原理与闪存盘基本相同。它具有体积小巧、携带方便、使用简单、存储量大、兼容性好等优点，如今已经广泛应用于手机、数码相机、数码摄像机、笔记本电脑、MP3、MP4、电视机等电子数码产品，备受摄影、电脑爱好者的青睐。存储卡种类繁多，当前流行的存储卡有以下几种：一是 SD 存储卡。该卡如一张邮票大小，最高容量达 128G，目前应用面最广。SD 卡具有安全加密功能，内置 128bit 加密位，在加密状态下读卡，卡自动进入锁定状态，以保护卡内容不能被非授权读写。此外，该卡还可加写保护锁，能防止数据被有意或无意地修改。二是 TF 存储卡。它是一种小型的 SD 卡，约为 SD 卡面积的 1/4。TF 卡广泛应用于手机、MP3、MP4 等电子产品，也可插入 SD 卡卡套中当 SD 卡使用。TF 卡传输速度被定义为 Class2、4、6、8、10 等级别，其传输速度分别为 2、4、6、8、10MB/s。三是记忆棒。它由 Sony 公司推出，因此仅限用于 Sony 公司的数码产品。该存储卡运行速度快，高速记忆棒可达 50MB/s，但价格比较贵。由于存储卡尺寸太小，容易被丢失，加上型号规格繁多，且发展变化很大，因此，它不宜存储长期保存的电子档案。然而，由于其存储密度高，携带方便，可用于电子文件的归档、移交、传递和查询。档案部门使用存储卡须注意三个问题：一是最好使用 SD 卡，其原因是 SD 卡通用性强，一般笔记本电脑、数码相机、摄像机、电视机都配置 SD 卡的读卡槽。另外，SD 卡便于加密，还能写保护，能防止数据丢失或被篡改。二是应当选购读写速度较快的存储卡，为了保障各种电子文件，特别是多媒体文件的播放流畅，存储卡的读写速度宜选高一些，一般拟大于 6MB/s。三是建议档案部门可购置通用读卡器。其有若干个不同规格的卡槽，可同时插入多种常用的存储卡，用户可通过 USB 接口使不同的数码产品都能像读写优盘一样读写各种存储卡，而不必准备各种类型的连接线和数据接口。

（二）数据存储技术

数据存储技术随着科技的发展也在不断地发展和变化。目前，数据存储技术主要有直接存储、网络存储、云存储三种。

1.直接存储技术。直接存储技术是目前存储数据的主要技术方法。直接存储技术是利用计算机等存储设备，将档案信息保存在性能稳定的载体上。存储载体主要包括只读光盘、一次写光盘、磁带、硬磁盘、可擦写光盘、光盘塔和磁带库等。其特点是：投资低、读取速度慢；资料可供同时读取的人数少；检索光盘时，内部机械手臂容易出故障，光盘容易磨损划伤等。

2. 网络存储技术。在数字化高速发展的背景下，网络已经渗透到社会各个领域的日常运营管理中。具有海量存储性能的网络存储产品及其组织与管理数字信息的软件系统的问世，为数字档案的存储提供了可能。各级机构建立的互联网、专网和内网则为档案的网络化收集、整理、归档、存储、传播、利用提供了基础平台，这就需要借助于网络在线存储技术以获得更可靠的存储，提供更快速的访问。

（1）存储设备与主机的连接方式：主机与网络存储系统之间的连接方式有多种，主要有在线存储（on-line）、近线存储（near-line）和离线存储（off-line）。磁盘阵列与服务器之间的直接连接就是采用在线存储方式，存取速度快，成本高，适合高速数据存取的应用场合；光盘库与主机之间采用近线存储方式，存取速度中等，成本合理，适合于对在线访问速度要求不高的档案馆、图书馆等；磁带库、脱机存储设备是采用离线存储方式，平均存取速度较低，成本也较低，适合大规模后备备份或者用以保密数据的保管和访问等。

（2）存储设备与网络连接的接口标准：存储设备与网络连接的标准也有多种方式，主要有 SCSI 连接、光纤连接、3GIO.InfiniBand 等。SCSI 连接和光纤连接是档案馆中通常使用的连接方式。

（3）网络存储解决方案：网络存储领域最典型的代表有直接附加存储（direct attached storage，DAS）、网络附加存储（network at-tached storage，NAS）、存储区域网（storage area network，SAN）以及内容寻址存储（content adressing storage，CAS）。事实上，DAS、NAS、SAN 和 CAS 是集数据存储硬件设备和数据管理软件系统为一体的存储解决方案。区别于介质存储的脱机方式，网络存储的主要作用是提供数字信息的在线访问，而数据管理则是解决网络上数据的组织、存取与访问方式，目的是管理数据并提供访问机制。通常采用关系型数据库管理系统，文件数据管理系统和内容存储管理系统等。

直接附加存储（DAS）技术，直接附加存储通过电缆直接与服务器相连接，存储设备作为服务器的附加硬件，不带操作系统，直接接收所连服务器的 I/O 请求，完全依托服务器，通过服务器上的网卡向用户提供数据。它是典型的分散式存储模式。

DAS：是一种传统存储方式，是在本地将存储设备（磁盘、磁带、磁盘阵列、带库等）通过 SCSI 接口的电缆一对一地直接连接到服务器或者客户端的扩展接口上。它自己没有独立的操作系统，而是依赖于其宿主设备——服务器或客户端的操作系统来完成对数据的存储与管理。服务器和存储设备之间的连接通道是独立的、专用的。存储设备只能由与其直接相连的服务器通过一个智能的控制器来访问。该方法主要是为克服主机上驱动器槽的缺陷而发展的。当服务器需要更多的存储量时，只要增加连接一个存储器就行了。该方法同时还允许一台服务器成为另外一台的镜像。这个功能是通过将服务器直接连到另一台服务器的界面上来实现的。DAS 的优点是数据存储速度快,所有数据能够时刻在线,为用户提供快速的访问响应。不足之处在于大量占用服务器资源,当用户数增加或者服务器上的应用程序运行繁忙时,服务器就成了数据存储与访问的瓶颈,当网络上存储设备和服务器被添加进来时,DAS 环境将导致服务器和存储孤岛的数量剧增,产生巨大的管理负担,并致使资源利用率低下。由于受服务器扩展能力的限制,不可能进行无限度的扩容,容量会受到一定的限制,因此它比较适合于数字化信息量较小的档案馆使用。

网络附加存储(NAS)技术,网络附加存储是一种连接在网络上的存储设备。通常使用 RJ45 口,通过以太网向用户提供服务。采用集中式数据存储模式,将存储设备与服务器彻底分离。NAS 是一种基于文件级别的存储结构,存储设备直接连接到局域网上,具备文档存储功能的装置,一个附加的层被用来对共享的存储文件进行寻址,系统通常使用 NFS (网络文件系统)或者 CIFS (通用互联文件系统),这两者都是基于 IP 的应用。它将存储设备从服务器上脱离出来,完全独立于网络中的主服务器,而连接到现有的网络上,通过网络共享的方式给各客户机提供网络数据资源服务,客户机完全可以不经过服务器直接访问存储设备上的数据。NAS 服务器一般由存储硬件(如硬盘驱动器阵列)、操作系统以及其上的文件系统等几部分组成。

NAS 的优点在于几台不同的服务器可以共享一个独立的存储设备。与 DAS 不同,不仅实现了异构操作环境下的数据共享,而且即插即用,可以在线扩容且具有良好的扩展性,而且每台服务器不再需要自己的存储设备,使得存储能力得到更加充分有效的利用,降低了存储设备的成本。服务器可以使用不同的操作系统平台,只要它们都能支持 IP 协议即可。

NAS 的典型组成是使用 TCP/IP 协议的以太网文件服务器,数据以文件作为操作对象。存储的介质可以是磁盘、磁盘阵列、光盘、磁带。

存储区域网(SAN)技术,存储区域网络是一种将存储设备、连接设备和接口集成在一个高速网络中的技术。SAN 从诞生之日起便以系统复杂和价格昂贵闻名业界,但其性能的强大也是毋庸置疑的,足以满足大型档案馆海量数据存储共享的需要。SAN 是一种通过光纤集线器、光纤路由器、光纤交换机等连接设备将磁盘阵列、磁带等存储设备与相关服务器连接起来的高速专用子网。SAN 的交换式架使任何一个存储单元都通过多个交换机连接到各个服务器上,这样就为访问存储单元的路由提供了冗余度,为通信提供了更多的路由,消除了某台交换机损坏而导致的单点失败。SAN 构成的子网专用于存储,不占用服务器运算处理的网络带宽。SAN 通常由 RAID 阵列、带库、光盘库和光纤交换机组成。SAN 和服务器的数据通信通过命令而不是 TCP/IP,是以数据块的形式提供对共享数据的访问,这样服务器可以访问数据中的任何一部分,而文件级的访问只能访问一个文件,一个文件通常包含若干个数据块。SAN 提供了很高的可靠性和很强的连续处理业务的能力,适合于处理速度较快的数据环境。

SAN 是一个由存储设备和系统部件构成的网络。所有的通信都在一个与应用网络隔离的单独网络上完成,可以被用来集中和共享存储资源。SAN 不但提供了对数据设备的高性能连接,提高了数据备份的速度,还增加了对存储系统的冗余连接,提供了对高可用群集系统的支持。简单地说,SAN 是关联存储设备和服务器的网络。它和以太网有类似的架构。以太网由服务器、以太网卡、以太网集线器 / 交换机及工作站组成。SAN 由服务器、HBA 卡、集线器 / 交换机和存储设备组成。一个 SAN 系统由接口(如 SCSI、光纤通道 ESCON 等)、连接设备(如交换设备、网关路由器、集线器等)和通信控制协议(如 IP 和 SCSI 等)三个基本组件及附加的存储设备和独立的 SAN 服务器组成。其特点在于:①它提供一个专用的、高可靠性的基于光通道的存储网络,SAN 允许独立地增加它们的存储容量。② SAN 提供了一种与现有 LAN 连接的简易方法,允许任何服务器连接到任何存储阵列,这样不管数据置放在哪里,服务器都可以直接存取所需的数据。也使得管理及集中控制更加简化,特别是对于全部存储设备都集群在一起的时候。③通过同一物理通道支持广泛使用的 SCSL 和 IP 协议。SAN 不受现今主流的、基于 SCSI 存储结构的布局限制。④运行备份操作就无须考虑它们对网络总体性能的影响。⑤光纤接口提供了 10 千米的连接长度,这使得实现物理上分离的、不在机房的存储变得非常容易;⑥ SAN 初始构建成本比较高,因此适合于有海量数据且具有良好经济实力的省市级档案馆使用。内容寻址存储(CAS)技术,DAS 和 NAS 是基于文件访问的,SAN 是基于块(block)寻址的,比较适用于 TB 级数量的交易型或整合型的网络应用环境,而 CAS 则是采用内容寻址的方式来进行数据存储的,主要是针对非结构化、固定内容、静态数据(如文档、电子邮件、影像、Video/Audio 流媒体、CAD 图纸及各种数据交易历史记录等)等内容对象的存储而设计的,由于一个内容数据其大小是没有任何上限的,因此,CAS 使用一个内容地址来存放和读取此内容对象。CAS 设备中组织和存储的数据方式对外部应用系统是不可见的,对于用户它是一个存储数据的"黑盒子",用户也不用关心它是如何摆放数据的,只需要通过 CAS 提供的专有应用编程接口(ap-plication programming interface, API)来实现对 CAS 设备上的存取或访问。目前很多提供内容存储解决方案的厂商大都开发了专门访问 CAS 设备的应用程序,使得用户在存取和访问 CAS 设备中的内容时与通常的文件操作方式相一致。

与 CAS 设备配套的管理软件提供了许多功能来确保数据的完整性、有效性和安全性。如为每个文件设置保存期,可预防人为的或故意的修改和删除;保证同样内容的文件不会重复保存,只要进行修改,便成为新的文件,因此可以保证文件的真实性;采用单点无故障的结构以防止技术变化带来的影响。所有这些特点都与档案这一"固定内容"的数据管理要求相吻合,因此非常适合于永久保存的、使用频率不很高的数字化档案信息的存储。档案馆在构建存储解决方案时,可以考虑将 SAN 和 CAS 存储技术联合使用,采用分级存储解决方案,将访问频率和访问速度要求较高的数字化档案信息存储在 SAN 构建的网络中,而将做长期保存和访问频率较低的档案信息存储在 CAS 的存储设备中,这样不仅能够满足用户对档案的利用需求，也能够满足档案馆对长期保存数字化档案信息的安全保存要求，降低管理的复杂度。网络存储技术解决方案是将数据存储与数据管理技术紧密结合起来，提供存储和管理的一体化解决方案。所以，存储管理软件与存储器硬件设备在网络存储管理方案中占有同等重要的地位。网络存储未来的重点已经不仅仅是硬件技术本身的问题，而是如何高效地对存储资源进行管理。存储管理应该包括三个基本范畴，设备管理、用户管理和数据管理。

另外，需要指出的是，在选择网络存储的硬件设备时，数据通信接口标准是非常重要的因素。目前主要有两种技术标准，即光纤通道技术和 IP 存储技术。光纤通道技术是由存储网络工业协会推出的存储管理接口规范，是一次革命性的进步。其主要目标是使不同的存储设备供应商提供的系统之间能够互相兼容。SMI-S 的部分基础是建立在分布式任务管理通用信息模型上的，它是一个面向对象的信息模型，定义了系统构件的物理和逻辑结构。CIM 则是基于 Web 的企业管理的一部分，它包括一个基于 XML 的加密规范和一个通过 HTTP 访问模式化对象的方法。SMI-S 的主要目标是提供一个基于标准的管理接口，使存储设备上的数据可以被视为逻辑组件，如逻辑单元、存储池等。在理论上，SMI-S 可以给网络管理员提供一个在不同供应商提供的设备中发现设备的标准接口，而且，通过这个接口可以收集设备的配置、状态信息以及上述逻辑单元的信息。

光纤通道技术对那些要求可靠、高性能的高端 SAN 用户是一个技术风险较低的选择。但它的高成本、有限的互操作性、相对还不太成熟的标准，决定了它并不是对所有的用户都很合适的技术产品。IP 存储技术的最新进展是 iSCSI 技术，它使 SCSI 指令封装于 TCP/IP 协议中传输。iSCSI 既有光纤通道技术的部分优点，又继承了以太网和 IP 技术的优点。另外，iSCSI 也克服了光纤通道技术的距离限制。理论上，用户可以以一个相对较低的投资实现 WAN 上的远程复制。最初的应用是具有 iSCSI 光纤通道技术的桥接路由或网关，未来将发展为端到端的 IP 连接。iSCSI 兼容的设备要比光纤通道设备便宜得多，因而有更广泛的市场。由于 iSCSI 是进程敏感型的，软件驱动和标准的以太网卡也许无法有效地支持它。因此，需要开发 TCP/IP 卸载引擎或者 iSCSI 主机总线适配器技术。其他 IP 存储技术包括 IP 网络上的光纤通道技术，它可通过 IP 通道将两个光纤通道帧汇集成单一帧。

IFCP 是网关到网关的访问方法，它将光纤通道帧封装到 IP 包中，在 IP 地址和光纤通道设备间建立映射，以实现光纤通道存储设备之间的传输。ISNS 是 IFCP 和 iSCSI 系统中用于设备发现的协议，这几个协议目前都是 IETF 的标准草案。FCIP 和 IFCP 的主要驱动都是在 SAN 上的扩展，它使用户能够实现长距离的远程复制 IFCP 和 FCIP 可以很好地应用在一起。

3. 云存储。云存储是指通过集群应用、网络技术或分布式文件系统等功能，将网络中大量不同类型的存储设备通过应用软件集合起来协同工作，共同对外提供数据存储和业务访问功能的一个系统。云存储有以下三种：一是公有云存储。这是为大规模、多用户而设计的云存储平台。其所有组件都建立在共享基础设施上，通过虚拟化数据访问管理等技术对公共存储设备进行逻辑分区，按需分配。优点是有助于用户减轻存储的成本和管理的负担。缺点是放在公有云上的信息容易被入侵、窃取和破坏。二是私有云存储。也称为内部云存储，是针对特定用户设计的云存储，它运行在数据中心的专用存储设备上，可以满足安全性能的需求。其缺点是可扩展性相对较差。因此，私有云存储更适合于具有高标准安全性需求与性能需求的数据中心建设。三是混合云存储。混合云存储是为了弥补公有云和私有云存储的缺陷，兼备两者的优点而设计的云存储架构。它既包含能接入公共网，提供广泛的应用和服务的公有云存储，又包括建立在内部网，面向某专业业务应用，采取严格安全管理措施的私有云存储。目标是在公有云上存储开放的，需要面向社会，广泛共享的档案信息；在私有云上存储需要保密或供内部业务使用的档案信息。由此，最大限度地实现档案管理系统的共建和共用，数据库资源的互联和共享；实现档案信息资源跨系统、跨平台、跨地域的网络化应用，消除信息孤岛；节约系统建设、运行、维护和管理的成本；降低信息安全的风险，实现档案信息资源的大集成和大整合，最大限度地提高档案信息化的综合效益。

（三）字符编码、图像存储格式与数据压缩技术

在开展档案信息化系统建设的过程中，必须考虑采用哪种编码标准，数字化档案信息以哪种格式的文件进行保存，这样便于确保系统一的标准规范性和兼容性，这是档案系统建设人员应了解的基本知识。

1.字符编码。字符编码是用二进制的数字来对应字符集中的字符，字符必须编码后才能被计算机处理。英文字符使用7位的ASCI编码。各个国家和地区在ASCII码的基础上设计了各种不同的汉字编码集。这些编码使用双字节来表示汉字字符。GB18030-2005《信息技术中文编码字符集》是我国自主研制的以汉字为主并包含多种我国少数民族文字（如藏文、蒙古文、傣文、彝文、朝鲜文、维吾尔文等）的超大型中文编码字符集强制性标准，其中收入汉字70000余个。Unicode码是一种国际标准编码，采用二个字节编码。由国际组织设计，可以容纳全世界所有语言文字的编码方案。目前，在网络Windows系统和很多大型软件中都得到广泛应用。

2.图像存储格式。一幅图像可以看成由许许多多的点组成。图像中的单个点称为像素，每个像素都有一个值，称为像素值，它表示特定颜色的强度。一个像素值用R、G、B三个分量表示。

（1）图像的基本属性：图像分辨率、像素深度、真彩色和伪彩色是描述图像的基本属性的。图像分辨率是指组成一幅图像的像素密度的度量方法。对同样大小的一幅图，像素数目越多，分辨率越高，图像越逼真。

像素深度是指存储每个像素所用的位数。像素深度决定彩色图像的每个像素可能有的颜色数，或者确定灰度图像的每个像素可能有的灰度级别。表示一个像素所使用的

二进制位数越多,表达的颜色数目就越多,而深度就越深。

真彩色是指在组成一幅图像的每个像素值中,有 R、G、B 三个基色分量,每个基色分量直接决定显示设备的基色强度,这样产生的彩色称为真彩色。伪彩色图像是指每个像素的颜色不是由每个基色分量的数值直接决定,而是把像素值当作彩色查找表的表项入口地址,去查找一个图像显示时使用的 R、G、B 强度值,用查找出的 R、G、B 强度值产生的颜色称为伪彩色。

在计算机中,表达图像和计算机生成的图形图像有两种常见的办法:一种叫作矢量图形法,另一种叫作点位图法。矢量图是由一系列计算机指令来表示一幅图,如画点、画线、画圆等,这种方法实际上是用数学方法来描述一幅图。点位图是把一幅彩色图分成许许多多的像素,每个像素用若干个二进制位来指定该像素的颜色亮度和属性。一幅图由许多描述每个像素的数据组成,这些数据通常称为图像数据,把这些数据作为一个文件来存储则该文件称为图像文件。点位图通常由扫描仪、摄像机等设备获得。

(2)静态图像文件格式:BMP、GIF、TIFF、JPEC 和 PNG 是当前常用的静态图像文件的存储格式。BMP 文件:BMP 是 Windows 中采用的标准图像文件格式,有压缩和不压缩两种形式。它以独立于设备的方法描述位图,可用非压缩格式存储图像数据,解码速度快,支持多种图像的存储。GIF 文件:GIF 是在各种平台的各种图形处理软件上均能够处理的、经过压缩的一种图像文件格式。它是可在 Macintosh、Amiga、Atati、IBM 机器间进行移植的一种标准位图格式。在颜色深度和图像大小上,GIF 类似于 PCX;在结构上,GIF 类似于 TIFF。TIFF 文件:TIFF 是由 Aldus 为 Macintosh 机开发的一种图形文件格式,最早流行于 Macintosh,现在 Windows 上主流的图像应用程序都支持该格式。目前,它是 Macintosh 和 PC 机上使用最广泛的位图格式,在这两种硬件平台上移植 TIFF 图形图像十分便捷,大多数扫描仪也都可以输出 TIFF 格式的图像文件。其特点是:存储的图像质量高,但占用的存储空间也非常大,其大小是相应 GIF 图像的三倍,JPEG 图像的十倍;细微层次的信息较多,有利于原稿阶调与色彩的复制。

JPEG 文件:JPEG 是 24 位的图像文件格式,也是一种高效率的压缩格式,文件格式是 JPEG 标准的产物,该标准由 IS0 与 CCITT(国际电报电话咨询委员会)共同制定,是面向连续色调静止图像的一种压缩标准。通过损失极少的分辨率,可以将图像所需存储量减少至原大小的 10%。PNG 文件:PNG 是一种能存储 32 位信息的位图文件格式,其图像质量远胜过 GIF,使用无损压缩方式来减少文件的大小。PNG 图像可以是灰阶的(16位)或彩色的(48 位),也可以是 8 位的索引色。PNG 图像使用的是高速交替显示方案,显示速度很快,只需要下载 1/64 的图像信息就可以显示出低分辨率的预览图像。

(3)动态图像文件存储格式:AVI、WMV、RM、MPEC 是当前常用的动态图像文件的存储格式。AVI 格式:AVI 即音频视频交叉存取格式。在 AVI 文件中,运动图像和伴音数据是以交替的方式存储,并独立于硬件设备。构成一个 AVI 文件的主要参数包括视像参数、伴音参数和压缩参数等。WMV 格式:WMV 是微软推出的一种采用独立编码方式并且可以直接在网上实时观看视频节目的文件压缩格式。主要优点包括：本地或网络回放、可扩充的媒体类型、部件下载、可伸缩的媒体类型、流的优先级化、多语言支持、环境独立性、丰富的流间关系以及扩展性等。

RM 格式：Real Networks 公司所制定的音频视频压缩规范称为 Real Media，用户可以使用 Real Player 或 Real One Player 对符合 Re-alMedia 技术规范的网络音频 / 视频资源进行实况转播，并且 RealMedia 可以根据不同的网络传输速率制定出不同的压缩比率，从而实现在低速率的网络上进行影像数据实时传送和播放。MPEG 格式：MPEG 是数字音频压缩技术。VCD、SVCD、DVD 中的文件就采用这种格式。MPEG 文件格式是运动图像压缩算法的国际标准采用了有损压缩方法减少运动图像中的冗余信息。MPEG 的压缩方法依据是相邻两幅画面绝大多数是相同的，把后续图像中和前面图像有冗余的部分去除，从而达到压缩的目的。目前 MPEG 格式主要的压缩标准有 MPEG-3、MPEG-4、MPEG-7、MPEG-21。

（4）音频数据格式：音频数据文件格式主要有 WAV、MP3 等格式，WAV 是 Microsoft Windows 本身提供的音频格式。WAV 文件格式支持各种采样频率和样本精度的声音数据，并支持声音数据的压缩。WAV 文件由许多不同类型的文件构造块组成，其中最主要的两个文件构造块是 format chunk（格式块）和 sound data chunk（声音数据块）。

MP3 格式是一个让音乐界产生巨大震动的声音格式。MP3 的全称是 moving picture experts croup audio layer I，它所使用的技术是在 VCD（MPEG-1）的音频压缩技术上发展出的第三代，而不是 MPEG-3。MP3 是一种音频压缩的国际技术标准。MP3 格式可以使音乐质量做很小牺牲的情况下将文件大小缩小很多。

3. 数据压缩技术。在进行档案信息化时，涉及各种类型的数字化档案信息，有文本、图形、图像、声音、影像及其他多媒体信息等，不同的文件采用不同的格式进行存储。另外，由于数字化档案信息的数据量较大，对系统的存储能力和网络传输能力造成很大的压力，通常采用压缩技术来缓解这些矛盾。通过使用各种压缩技术把文件和数据的存储容量减小，以压缩形式存储和传输，在利用时再解压缩，这样既节约了存储空间，又提高了网络的数据传输效率。数据压缩方法种类繁多，通常可分为无损压缩和有损压缩两种类型。

无损压缩利用数据的统计冗余进行压缩，可完全恢复原始数据而不引入任何失真，但压缩率受到数据统计冗余度的理论限制，一般为 2：1~5：1。这类方法广泛用于文本数据、程序和特殊应用场合的图像数据（如指纹图像、医学图像等）的压缩。由于压缩比的限制，仅使用无损压缩方法不可能解决图像和数字视频的存储和传输问题。有损压缩方法利用了人类视觉对图像中的某些频率成分不敏感的特性，允许压缩过程中损失一定的信息。虽然不能完全恢复原始数据，但是所损失的部分对理解原始图像的影响较小，却换来了大得多的压缩比。有损压缩广泛应用于语音、图像和视频数据的压缩。

JPEC 是静止图像压缩标准，是一个适用于彩色和单色多灰度或连续色调静止数字图像的压缩标准。

MPEG 是运动图像压缩编码，MPEG-4 对视频图像的压缩比很高，在保持较高的图像视觉效果的前提下、压缩比可以达到 60~100 倍。MPEG 压缩算法复杂、计算量大，它的实现一般要专门的硬件支持。

五、数据备份系统

数据备份是指为防止数据丢失或损坏，将计算机系统中的数据复制到后备存储器中的过程。备份按其范围分，包括系统备份和数据备份。系统备份是指对整个计算机系统，包括系统软件、应用软件、数据库管理系统、数据资源、系统管理参数等进行备份。系统备份的目的是防止因软硬件故障、计算机病毒或人为误操作等原因造成计算机系统不能正常启动或运行。数据备份是指仅仅对系统中存储的数据进行备份。显而易见，系统备份应当包括数据备份，系统备份的范围要比数据备份的范围大得多。由于档案数据量浩大，递增迅速，保真要求高，安全管理要求严，因此，加强档案信息安全的主要措施是加强档案数据备份。以下主要介绍数据备份的内容和要求。

（一）数据备份的策略

数据备份的策略主要有全备份、增量备份和差异备份三种。

1. 全备份。对整个系统进行完全备份。这种备份的优点：当发生数据丢失时，系统恢复比较简单。不足之处：每天都对整个系统进行完全备份，备份时间长，造成备份的数据大量重复，占用大量的备份存储空间，增加管理的成本。

2. 增量备份。仅备份上一次备份后增改过的数据。这种备份策略的优点是节省了备份存储空间，缩短了备份时间。它的缺点在于，当灾难发生时，数据的恢复比较烦琐。另外，这种备份的可靠性也很差。在这种备份方式下，各盘磁带间的关系就像链子一样，一环套一环，其中任何一盘磁带出了问题都会导致整条链子脱节。

3. 差异备份。是指在上一次全备份到进行差异备份的这段时间内，对那些增加或者修改文件的备份。这种备份方式无需每天都对系统做完全备份，因此备份所需时间短，并节省备份存储的空间；它的灾难恢复也很方便。在实际应用中，备份策略通常是以上三种方法的结合，如每周一至周六进行一次增量备份，每周日进行差异备份，每月底和每年底进行一次全备份。

（二）数据备份技术

数据备份技术分为热备份和冷备份两种。

1. 热备份。热备份是动态、实时的备份。其优点是：备份时间短，备份时数据库仍可使用；可对几乎所有数据库实体做恢复；恢复快，可达到秒级恢复，且在大多数情况下可以在数据库工作时恢复。缺点是：不能出错，否则后果严重；若热备份不成功，所得结果不可用于时间点的恢复，所以操作时要特别仔细。

2.冷备份。冷备份是静态、定时的备份。其优点是：容易操作；容易恢复到某个时间点上；能与归档作业相结合，做数据库"最佳状态"的恢复；维护简单，高度安全。缺点是：单独使用时，只能提供到"某一时间点上"的恢复；在实施备份的全过程中，数据库是关闭状态，不能做其他工作。若磁盘空间有限，只能拷贝到磁带等其他外部存储设备上，备份速度会很慢。

（三）数据备份的载体

档案备份的介质有硬盘、磁带、光盘、纸、缩微胶片等，其选择要注意以下几个方面：一是电子档案一般以硬盘、磁带、光盘介质备份。为防止电子档案被修改，可利用一次写光盘只读的特点，将其作为电子档案长期存储载体。二是具有永久保存价值或者其他重要价值，且未形成纸质或缩微胶片备份件的电子档案，应当同时形成一套纸质或缩微胶片备份件，即进行数转模处理，以确保该类档案的长期有效性。三是档案备份应当同时采取本地备份和异地备份的方法。本地备份是指将备份内容存储于实施备份单位同一建筑或建筑群内。异地备份分为同城异地备份和远程异地备份。同城异地备份是将备份内容存储于本市与实施备份单位不同地域的场所；远程异地备份是将备份内容存储于外地适当的场所。远程异地备份的场所应当选择在与本地区相距 300 千米以上，不属同一江河流域、不属同一电网、不属同一地震带的地区。

（四）备份管理

网络、计算机、信息系统的深入应用和普及，各档案馆的网络系统内的服务器和网络存储设备担负着关键的应用，存储着重要的信息和数据，为领导及业务部门提供综合信息查询服务，为业务部门提供数据处理、辅助业务处理和数据存取与访问等功能，为网络环境下档案利用者提供快速高效的信息查询、检索和利用等的各项服务。因此，建立可靠的备份系统，保护关键应用及档案数据的安全是信息化应用中的重要任务，在网络、系统发生人为或自然灾难的情况下，保证档案数据不丢失，系统能够得到快速恢复，尽量将损失降到最低，所以，备份也是保障数字档案安全存储的一个重要方法。一个完整的网络备份方案应包括备份硬件、备份软件、备份数据和备份计划四大部分。

备份硬件通常采用硬盘介质存储、光学介质和磁介质存储技术。与磁带或磁带机存储技术和光学介质备份相比，硬盘存储所需的费用是比较昂贵的。磁盘存储技术能够提供容错解决方案，但也很难抵御用户的错误和病毒；光学介质备份提供了比较经济的备份存储解决方案，但它们所用的访问时间比较长且容量相对较小，当备份大容量数据时，所需光盘数量大，管理成本增高；磁带具有容量大且可灵活配置、速度相对适中、介质保存长久、成本较低、数据安全性高、可实现无人操作的自动备份等优点，但检索起来不太方便。备份软件主要分为两大类：一是各个操作系统厂商在软件内附带的，如 NetWare 操作系统的"Backup"功能，NT 操作系统的"NT-Backu"等。一是各个专业厂商提供的全面的专业备份软件,如 HP Open View, Omniback Ⅱ 和 CA 公司的 AreserveIT 等。选择备份软件时,不仅要注重使用方便,自动化程序高,还要有好的扩展性和灵活性。同时,跨平台的网络数据备份软件能满足用户在数据保护、系统恢复和病毒防护方面的支持。一个专业的备份软件配合高性能的备份设备,能够使损坏的系统迅速起死回生。

备份计划是备份工作中的管理功能,是备份策略的具体描述。规定每天的备份以什么方式进行,使用什么介质,对什么数据,在什么时间进行以及系统备份工作的实施细则等。备份方式主要有全备份、增量备份和差异备份。全备份所需时间最长,但恢复时间最短,操作最方便,当系统中数据量不大时,采用全备份最可靠。增量备份和差异备份所需的备份介质和备份时间都会少一些,但是恢复起来要比全备份麻烦一些。用户根据自身业务对备份窗口和灾难恢复的要求,应该进行不同的选择,以得到更好的效果。

备份数据是备份工作的内涵所在,按照备份计划将网络系统中有用的数据、程序、文件等备份到预先选择的存储介质中,以保证数据意外丢失时能尽快恢复,将用户的损失降到最低。

这里,需要重点指出的是灾难备份与灾难恢复是档案信息化中应采用的重要措施,这是由档案的不可再生性及其原始特殊性所决定的。灾难备份与灾难恢复措施在备份工作中占有相当重要的地位,它关系到系统、软件与数据在经历灾难后能否快速、准确地恢复。灾难主要包括地震、火灾、水灾等自然灾难以及战争、恐怖袭击、网络攻击、设备系统故障和人为破坏等无法预料的突发事件。尤其在网络病毒传播速度非常快的背景下,如果没有一定的应急响应能力突发事件将给社会带来灾难性的后果。加强灾难备份,建立应急响应措施,就可以做到减少灾难所带来的社会成本和压力。

在信息化环境下,灾难备份是应对突发事件保护信息的相应的防范。尽管灾难备份建设是一项比较复杂、周密细致的系统工程,涉及灾难备份中心选点、灾难备份中心建设、机房建设、基础设施建设等内容,同时还涉及灾难备份系统建设、专业运营队伍建设、灾难备份中心运营管理体制建设和灾难备份中心运营管理等工作。不仅需要投入大量人力、物力和财力,还需要考虑灾难备份系统的实施所面临的技术难度以及经验不足所带来的风险,而且需要考虑长期运营管理方面的资金投入。但作为21世纪的档案工作者,在开展档案信息化建设之初,就必须引起足够的重视。

第三节　档案数据库建设

《全国档案信息化实施纲要》明确指出:档案信息化建设的指导思想,是以档案信息资源建设为核心,档案信息资源建设的最重要体现,便是档案信息数据库。它既集中了档案信息的精华,又是社会利用档案信息的最主要源泉,理应成为档案信息化建设中的主要任务。

1. 档案信息数据库的性能指标

（1）收录数据的准确性：数据库中收录的数据是否准确可靠，关系到档案检索系统的检索效率。数据的任何差错，如字符的不一致、格式的不统一、拼写的错误等，都会对计算机检索产生影响，尤其在数据型数据库中，数据的不准确往往会造成严重的后果，可能降低信息系统在用户心中的可信度，会使用户对信息的准确性产生怀疑。

（2）数据记录的完整性：数据记录的完整性是评价数据库质量的首要指标。数据库覆盖面的大小，收录数据的完备程度，关系到它是否能全面满足用户的检索需求，这是取信于用户的基本前提。

（3）信息内容的丰富性：信息内容的丰富程度是揭示信息特征的重要指标。例如，对一份档案著录项目的翔实程度、有无摘要、外文、标引深度的大小。数据库的内容越充实就越有助于用户判断档案的价值及其切题程度，从而帮助用户准确、快速地找到所需的信息。

（4）数据库的及时性：数据库的及时性主要指一份档案从形成到纳入数据库之间的时差。如果用户先看到原始档案，然后再从数据库中检索到所需的信息，就会认为数据库提供的数据不及时，数据库的及时性对于现实效益较强的科技档案尤其重要，数据库的时差越短，其价值就越大。

（5）数据库的成本效益：建立数据库需要花费大量的人力物力，因此经济成本是衡量与选择数据库类型的重要指标，应尽可能用最低的成本获得最大的效益。计算数据库成本的指标包括每个字段、每条记录的平均费用，每次检索每次命中记录的平均费用等。

2. 档案信息数据库的组成和功能

数据库、数据库管理系统和数据库系统这几个概念常常混淆，其实它们是三个不同的概念。通常人们所说的数据库，是指数据库系统。一个数据库系统是一个实际可行的，按照数据库方式存储、维护和向应用程序提供数据或信息支持的系统。它是存储介质、处理对象和管理系统的集合体，通常有数据库、硬件、数据库管理系统和数据库管理几部分组成。对于档案库来说，还应包括档案信息数据。数据库就是存储信息的仓库。这些数据被存储到计算机中，使人们能快速方便地对数据库进行查询、修改，并按一定的格式输出，从而达到管理和使用这些数据库的目的。硬件机制存储数据库和运行数据库管理系统的硬件资源，包括物理存储数据库的系统和其他外部设备等。数据库管理系统是负责数据库的存取、维护和管理的软件系统。数据库系统各类用户对数据库的各种操作请求，都是由 DBMS 来完成的，它是数据库系统的核心软件。

数据库系统克服了以前数据管理方式的缺点，试图提供一种完美的更高层次的数据管理方式。它的指导思想是对所用的数据实行统一、集中、独立的管理，是数据存储独立与数据存储的程序，实现数据共享。数据库系统的管理方式具有数据共享、数据结构化、数据独立性、统一数据控制功能等特点。

3. 档案信息数据库的构成

档案信息数据库中的各类档案数据，不仅包含馆藏档案的各类信息，包括纸质文献、照片和音频、视频资料,还包括政府的公开信息,从而使档案管理资源库通过计算机通信网络连接成为大规模的知识群库。离开了这些数字化信息的资源库,档案馆信息化建设就成了无源之水,无本之木。档案数据库存在的档案信息种类繁多,既有案卷级目录信息和文件级目录信息,又有全文信息数据,有专题目录数据和视频目录数据等。不同类型的档案数据库的应用,往往和不同类型的应用软件相配套使用。目前档案信息数据库的建设主要包括以下几个方面:

(1)档案全文信息数据库建设:档案全文信息数据库是最实用也是最受社会不同层次利用者欢迎的数据,因为这些全文信息通过网络环境,有可能使各方面的利用者不受空间的限制方便利用。建立全文信息数据库的关键是档案文献数字化的前处理工作。

(2)档案文件级目录建设:档案文件级目录一般包括重要文件级目录和案卷文件级目录。档案文件级目录建设至少具有两项优点:一是有利于用户对有关档案文献做更深度的检索和查阅,使查找更具有专指性。二是有利于与档案全文信息数字化开展相匹配。由于文件级目录建设耗时耗力,一般以馆藏重点全宗档案为对象。

(3)档案案卷级目录建设:案卷级目录是档案资源建设最基础的数据。在档案信息化的建设中,档案案卷级目录应涵盖档案馆全部馆藏,必须达到馆藏要求,其内容包括馆藏各个时期和各种载体档案的目录。

(4)照片档案目录建设:照片档案目录是最受重视的专题档案目录之一。它有三个特点:一是著录项目多,与普通纸质文件相比,照片档案的著录项目更为齐全,因而其揭示的信息特征更多。二是照片目录与数字化或图片文件数据相关联使用。照片档案目录建设的关键是每条目录数据著录项目的完备性。三是分类标准独特,与普通纸质档案比,照片档案的分类更切合档案馆藏的实际,使用者更易接受。

(5)专题档案目录建设:专题档案目录是目前最热门的电子档案检索工具之一,是以真正提供利用为目的、方便利用者的检索工具。他积聚了馆藏中有关档案专题的所有案卷级目录和文件级目录,这些目录包括全宗的目录集合体。专题的内涵包括档案内容、档案文本或档案载体等。专题档案目录建设的关键是对有关专题的选择和确定,需兼顾馆藏特色和社会利用需求。

数据库是以一定的组织方式存储在一起的相关数据的集合。其特点是数据结构化、高独立性和少冗余。档案数据库建设是档案信息化建设的核心和基础,是摆在档案工作者面前重要而紧迫的任务,需要按照科学规范的要求进行严格管理。

一、档案数据库建设的意义

(一)是档案信息化水平的重要标志

我国档案信息化自20世纪80年代起步以来,积极致力于档案目录数据库建设,建立了档案目录中心,显著提高了档案管理的效率和质量,方便了档案的查找利用和资源共享,成为档案信息化建设最早、最直接获得的成果,也不断增强了档案工作者对档案信息化的认识和信心。实践证明,档案数据库建设的规模和质量不但是档案信息化的核心任务,而且是衡量档案信息化水平的重要标志。

(二)是档案信息资源建设的基础

归档文件材料属于一次档案文献,它虽然具有原始性,但是属于无序的、分散的、非结构化的档案信息,难以形成资源优势,不便于集中统一管理和广泛共享利用。档案目录数据库建设的实质是通过对档案内容和形式特征的分析、选择及记录,采用数据库管理技术,将档案著录信息输入计算机系统,形成二次档案文献,即结构化的档案信息,此举可有效提高档案信息的丰裕度、凝聚度、集成度、融合度、共享度、适用度和价值密度,降低其失真、失全、失效和失密的风险,从而形成档案资源体系,提升档案信息化的综合实力。没有高质量的数据库,再好的软硬件系统只能是"空壳"。

二、档案目录数据库建设

档案目录数据库中的记录又称为"档案机读目录"或"档案电子目录",是存储在计算机内,使用某种数据库管理系统组织管理档案目录的数据集合。

(一)档案目录数据库的结构设计

根据著录对象的层次不同,档案目录数据库可分为案卷级目录数据库和文件级目录数据库两类。为实现计算机检索,必须将反映档案内容特征和形式特征的案卷级著录信息和文件级著录信息输入计算机数据库,由计算机系统通过专门的数据库管理系统和档案管理软件对其进行采集、加工整理和检索。数据库管理系统是存储、管理档案目录信息的最佳工具,它按照一定的数据模型,将相互联系的结构化信息以特定的方式组织存储起来,构成数据集合。

(二)档案文件的著录标引和著录信息录入

档案文件的著录标引和著录信息录入,是档案目录数据库建立的重要工作和档案信息化的关键环节,意义十分重大,需要给予高度重视。从形式上看"著录"和"录入"是两项工作,而在档案信息系统的操作中往往结合起来,交叉进行,即一面著录标引,一面录入数据。

第六章　档案管理信息系统建设

第一节　档案管理信息系统的研制

一、档案管理信息系统的基本概念

档案管理信息系统是指各机关、团体、企事业单位和各级各类档案馆用于对档案信息和档案实体进行辅助管理的各种类型的计算机应用软件系统。

档案管理信息系统建设是按照档案事业发展的规划、标准和档案工作的实际需求，应用计算机基础设施，开发和使用档案管理应用软件系统的过程。

档案管理软件的开发和使用，要符合"规范、先进、实用"的质量要求，既要满足当前工作的需要，又要兼顾将来技术发展的趋势。

档案管理信息系统的应用价值来自应用系统的各项功能。其功能是指计算机应用软件系统辅助档案工作的某种能力，实质上是档案工作职能在计算机平台上的延伸。由于档案工作职能包括对档案的宏观管理和微观管理两方面内容，因此，档案管理信息系统也相应分为两大类：一类是档案宏观管理信息系统，用于辅助档案工作者对整个档案工作的管理，又称档案行政管理系统，包括统筹规划，组织协调，统一制度，监督、指导和检查等档案工作的组织建设和事业管理。这类系统的建设主体主要是各级档案行政管理部门。另一类是档案微观管理信息系统，又称为档案管理业务系统，用于辅助具体的档案管理业务工作，包括档案的收集、整理、鉴定、保管、统计和利用等。这类系统的建设主体主要是各级各类档案馆（室）。鉴于机关档案室兼有上述两项职能，档案室信息系统应当兼有档案行政工作和档案管理业务功能。

然而，实际上多数档案部门并没有建立相互独立的档案行政工作和档案管理业务信息系统，而是在档案管理业务系统中嵌入一部分档案宏观管理功能。因此，本章所介绍的档案管理信息系统，主要是指档案管理业务系统。

二、档案管理信息系统的开发

档案管理信息系统的开发是在档案信息化规划和规范的指导下，按照特定的档案管理需求，应用先进、实用的计算机软硬件和网络技术，研制档案信息管理应用系统的过程，其主要任务是研制档案管理应用软件。

（一）档案管理应用软件的基本要求

根据国家档案局 2001 年发布的《档案管理软件功能要求暂行规定》，档案管理应用软件要符合以下基本要求：

1. 档案管理软件的开发研制与功能设计必须符合国家有关档案工作和计算机信息系统管理的法律法规和业务技术标准。

2. 档案管理软件的研制、安装和使用，必须具有严格的安全保密机制。

3. 档案管理软件应具有良好的实用性、兼容性及可扩展性，并做到界面友好，用语规范，操作简单，使用方便。

4. 档案管理软件应具备较强的数据独立性，确保在软、硬件环境发生变化时数据完整、安全迁移及有效利用。

5. 各种不同类型的档案数据，其文件格式均应尽量采用通用的文件格式。

6. 档案管理软件应配有完备的安装与使用技术资料，主要包括：用户手册、系统管理员手册、数据实体关联图等。

（二）档案管理应用软件的基本功能结构

功能设置是实现档案管理系统价值的关键。档案管理应用软件种类很多，如电子文件归档管理系统、数字档案室系统、数字档案馆系统等。依据档案工作的基本职能，任何档案管理应用软件都应具备以下基本功能。这些功能既包括档案实体管理，又包括档案信息管理；既包括管理档案目录信息，又包括管理档案全文（内容）信息，并基本上覆盖档案各项管理业务。

《档案管理软件功能要求暂行规定》规定："档案管理软件应具备数据管理、整理编目、检索查询、安全保密系统维护等基本功能，并能辅助实体管理及根据用户特殊需求增扩其他相应功能。"

三、档案管理信息系统开发的方法

档案管理信息系统的开发需要应用软件工程的原理和方法。软件工程是指导计算机软件开发和维护的工程学科，是采用工程的概念、原理、技术和方法来开发与维护软件的方法。该方法将任何软件产品从形成概念开始，经过开发、使用和不断增补修订，直到最后被淘汰的整个过程看作一个生命周期。该生命周期可以划分为若干相互区别又相互联系的四个阶段，即系统分析、系统设计、系统实现和系统运行维护。每个阶段都有相对独立、具体的任务，都要形成规范的文档，每个阶段的工作都要以上阶段工作的成果作为依据，又为下阶段的工作创造条件。每个阶段的工作结束后都要从技术和管理两方面进行严格的审查，若发现前阶段有错，则需要返回前面的阶段进行整改，由此形成软件开发的规范化、高效化工作流程。

（一）系统分析

该阶段的任务是确定系统总目标，即解决系统应当"做什么"的问题。系统分析是系统开发的起点，决定系统设计的方向，此项工作由项目开发小组中的系统分析员实施。系统分析员是系统开发的高级人才，应当擅长档案管理业务和计算机技术，具有将两者有机结合、宏观策划、微观布局的能力。系统分析的主要任务是：

1. 开展调研

由项目发起者或建设方开展初步的内部需求调研和外部市场调研，内部调研的对象主要是有关档案工作的领导、业务骨干和用户，调研他们对档案工作和档案信息的需求。外部调研主要是了解信息技术发展的现状和趋势，及档案信息化的经验和规律。通过调研，提出系统设计的目标、任务、规模、实施路线，并分析项目风险、预测实施效果、安排工作进度、提出费用估算（包括财力、人力、设备等），最后形成《开题报告》或《计划任务书》，报决策者审批。

2. 组织开发小组

依据项目目标组织研制小组，确定该小组的负责人和成员，其成员一般应当包括专职档案专业人员、计算机专业人员、档案用户代表等。如果该项目采用外包设计的话，开发小组中还应当包括外包服务商有关领导和技术人员。

3. 可行性研究

（1）可行性研究的组织。需由有关领导、专家、业务骨干参加，对系统进行分析、评估、论证、成本效益分析。

（2）研究内容。一是必要性分析，确定系统开发是否必要，是否紧迫。分析系统应用的宏观效益、微观效益，社会效益、经济效益，直接效益、间接效益，短期效益、长期效益。二是可行性分析，包括经济可行性，即系统开发的资金投入、产出比；技术可行性，分析可利用的技术条件，包括硬件、软件、本单位、社会上可利用技术资源等；管理可行性，包括管理环境、管理标准化、规范化程度、已有档案数据资源等；操作可行性，分析操作中可能遇到的问题，是否具有解决能力。

（3）编制《可行性报告》。内容包括系统目标、可行性分析、工作进程、可利用资源、所需费用、结论意见等。

4. 开展用户需求分析

系统分析后编制《用户需求说明书》，作为系统分析的结果和系统设计、验收的依据。《用户需求说明书》要从以下方面准确、具体地阐明用户对系统的需求：

一是信息需求。系统需要处理的档案数据的门类、实体（如目录、表格、台账等）。二是功能需求。系统需要做哪些处理，如归档、编目、保管、统计、查询等。三是性能需求。系统需要达到哪些安全、保密、速度、效率、便捷、规范等性能要求。四是环境需求。系统实施需要哪些实施条件，如法规、制度、方法、技术、人才、资金等。五是近期和远期需求。

区分需求的轻重缓急,提出分步实施的方案。

（二）系统设计

该阶段的任务是对《用户需求说明书》中的各项内容提出具体设计方案,即解决系统应当"如何做"的问题。系统设计分概要设计和详细设计,其任务由系统分析员牵头的设计团队来承担。

1. 概要设计

（1）采用结构化设计方法。将整个系统按照层次和功能的逻辑关系,自上而下逐步细化为功能单一、相对独立的计算机程序模块,以便于系统的编程、调用、调试、扩充、测试和维护。

（2）绘制功能模块图。绘制功能模块的层次结构,并以文字具体描述各模块的功能。功能模块图是描述软件功能层次结构的工具,用方框和连线表示软件功能模块之间的层次或网状关系,以及模块之间的调用关系。

2. 详细设计

详细设计是对概要设计的进一步细化,包括数据库结构设计、计算机输入输出设计、用户界面设计、用户代码设计、用户权限设计以及业务流程设计等。

最后以模块为单位,编制《系统详细设计规格说明书》,详细说明各子系统和模块的输入设计、输出设计、界面设计、数据库设计、代码设计、程序设计语言等。

为了说明这些细节,应采用数据流程图的描述方法。用户操作界面友好是系统性能的重要指标,要求做到操作方法简便,操作提示准确,用户一看就懂、一学就会。

（三）系统实现

该阶段的任务是将设计结果转换成具体的系统。主要指软件的编制和测试,硬件设备的购置与安装、软件的实现、人员配备和培训等。

1. 编写程序

为了设计应用系统,首先要购置或配置计算机软硬件及网络系统,安装数据库系统和软件编制工具,然后用工具软件写出正确的程序模块,即应用软件,这步工作也称为编码。程序模块设计要做到结构良好、清晰易读、容易维护。编程工作一般由计算机专业人员来完成。编程要尽量选用第四、第五代语言和自动化程序设计工具,以降低程序开发成本,提高程序质量,缩短开发周期。

2. 软件测试

程序设计后须进行必要的测试。测试是为了发现程序中的错误并进行改正,以保证程序的正确性和可靠性。测试分为:

（1）模块测试,即逐个模块的测试,改正程序的局部错误;

（2）联合测试,即按功能结构设计的要求,测试功能调试模块之间的接口;

（3）验收测试，即按《系统详细设计规格说明书》进行整体联合测试，对系统进行正确性、可靠性、稳定性、响应时间、输入输出界面等综合测试，测试后形成《测试报告》。

3. 鉴定验收

（1）鉴定验收的内容

主要从系统运行的结果来考察系统是否达到预期的设计目标。具体要对以下内容做出评价：一是是否全面达到预定的系统目标；二是是否符合系统的各种效益指标；三是系统开发文档材料是否完整齐全；四是系统存在哪些问题，需要采取什么改进或补救措施。

（2）鉴定验收的条件

鉴定验收前系统需试运行半年以上，然后请系统的用户对系统的功能、性能、稳定性和实用性做出评价，并写出《用户使用报告》。

（3）技术测试

一是组织技术测试小组。鉴定前的测试不同于以往测试的是，需由上级档案行政管理部门委托或组织技术测试小组。

二是编写测试大纲。测试组根据系统设计目标和有关介绍，编写测试大纲。测试内容包括软硬件环境、存储数据量、功能的完整适用性、查询响应时间、输出速度等技术指标、系统设计的技术特点和水平等。

三是进行现场测试。在真实的应用环境下，运用真实的数据，对系统进行测试，测试结果应记入测试大纲。

四是审查软件开发文档。开发文档包括开题报告(或计划任务书)、可行性研究报告、用户需求说明书、功能模块结构图、详细设计规格说明书、研制报告、技术报告、测试报告、用户使用报告、使用说明书等。

五是撰写《测试报告》。测试专家根据测试大纲反映的测试结果，撰写《测试报告》，作为专家鉴定的依据。

（4）组织鉴定会议

成立鉴定委员会，鉴定委员会主要由用户代表、计算机专家、档案管理专家以及测试小组组长等共同组成。鉴定会议议程主要有：一是与会各方做《系统研制报告》《系统技术报告》《用户使用报告》《测试报告》；二是进行现场操作演示，并接受鉴定委员会的提问和质询；三是鉴定委员会讨论，拟写《鉴定意见》，并向全体与会者宣读并通过《鉴定意见》。

（四）系统运行、维护与评价

1. 系统运行

档案管理信息系统建设要改变重系统开发、轻系统运行和维护工作的片面认识。因为系统运行是实现档案信息化实用价值的关键环节，是测试系统质量的实战环境，是培养用户档案信息意识和实际操作技能的最佳平台。

新系统的运行取代原有的手工管理或旧的应用系统,会给操作流程和操作人员工作职责带来新的变化,也会遇到许多新的问题。为此,操作人员需要通过精心组织实施,化解问题,确保系统正常运行。运行组织工作包括:

(1)制定档案管理信息系统操作制度,明确档案管理信息系统运行的分管领导、主管部门,明确系统操作人员的职责和操作要求。

(2)数据库建设。对以前没有建立过档案管理信息系统的单位,需要对现有传统档案进行目录数据录入或纸质档案数字化工作;对以前建立过档案管理系统的单位,则需要将原有的档案数据迁移到新的数据库中。

(3)用户操作培训,提高用户操作技能。

(4)对系统运行中出现的问题,及时做好记录,以便为系统维护提供第一手材料。

2. 系统维护

系统维护是对运行中的系统进行不断的修正和改进,以适合用户实际需要的工作。系统维护包括:

(1)改正性维护,即为改正程序设计中的错误而进行的维护。

(2)适应性维护,即为适应程序运行环境的变化而进行的维护。

(3)护展性维护,即为满足用户在使用中提出的意见和更高的要求而对系统进行的改进或功能、性能上的扩展。

维护是一个时间较长的阶段,且可能反复多次。维护工作流程是:用户或设计人员提出维护要求→维护人员进行维护分析,制订维护计划→领导或有关主管部门审查维护计划(大的维护可能还要请专家论证)→维护人员实施维护→检查验收维护项目等。

3. 系统评价

系统评价是为了了解系统当前的功能、性能的适用性、可靠性,为系统验收和下一步改进提供依据。评价的指标主要包括:

(1)从档案工作角度评价管理指标,即系统对档案工作业务需求的满足程度,对档案工作现在和将来的影响程度,如在提高工作效率、业务能力、服务质量、科学化和规范化管理水平等方面取得的效果。

(2)从计算机系统角度评价经济性和技术性。经济性即投入、产出分析,包括取得的经济效益、社会效益,直接效益、间接效益等;技术性即操作界面、响应速度、系统的可靠性、处理的灵活性等方面的技术性能。

四、档案信息化的实施途径与过程

档案信息化是一个系统的工程,信息技术的应用和网络平台的搭建是手段,数字档案资源的积累和管理是核心,档案信息的开发和利用是目的。档案信息化建设的重要内容就是建立一个标准的功能强大的、安全稳定的、可拓展的档案管理信息系统,在档案工作中广泛应用。

实施与应用档案管理信息系统有三个要素：方法要科学、手段要先进、实施要得当。只有当领导和档案工作者都充分理解和认识档案信息化和档案管理信息系统的必要性、重要性和有效性，且期待通过信息化来获得更大的效益时，档案管理信息系统的实施与应用才能实现。

（一）实施的原则

在档案信息系统实施的过程中，应在遵循信息化建设总体原则的基础上，采取有效的技术型原则以推动系统实施的成功。下面介绍的几项原则都是非常有效的基本原则。

1. 务实导向、重视实效。系统的实施以安全、稳定、实用、方便、易操作为主要目标，过分追求大而全、先进的软件产品，是一种不务实的做法。这主要是由于需求不一样，行业有差别，同时信息技术、软件产品的更新换代非常快，市场上会不断有新产品出现。

2. 软硬件资源共同建设。系统的实施过程不仅需要重视硬件平台的建设、设备的购买，更要注重在人力资源和软件系统方面的投资。IT人才、档案工作者是信息化建设的核心力量。软件系统的技术含量，现代化的管理理念更是应该重视，只有硬件设施平台是无法开展信息化管理工作的，软件系统是硬件系统发挥作用的心脏，因此软件系统的开发及其升级的投资应十分重视。

3. 从实际出发，重视需求。信息系统的实施需要从当前的业务需要出发，提前做好需求分析，并在一定阶段的实施过程中，锁定相对需求来开展实施工作。边研发、边实施、边改变需求的做法只能得到事倍功半的效果。而对于变化较大、新增加的需求，需要放在下一阶段进行。

4. 重视维护，升级换代。随着信息系统的不断应用，档案管理信息系统也在迅速地发展，而其中的难度也在逐渐增加，软件系统的安全、客户化定制等工作量比较大，也比较复杂，非专业人员很难做到专业维护；另外，随着应用的不断深入，这就需要加强软件系统的拓展。因此在购买软件系统的同时，需要购买相应的实施、维护服务，以开展有效工作，支持系统拓展和业务的发展。

（二）实施的方法

档案信息化建设有两种不同的策略和实施方法，即以组织战略为导向的战略推动型和以实际业务需要为导向的需求驱动型。

1. 战略推动型。战略推动型的实施方法采取的是从整体到局部的实施路线，强调首先在观念、目标和方向的认识达成共识的基础上，逐步将工作分阶段实施，分阶段完成。采用战略驱动型的方法实施的前提是，整体的目标和规划不仅要从全局出发，而且更需要符合档案管理机构的实际需求，既要注重发展的前瞻性，又要注重当前的实用性；一般来说对实施战略管理的人员要求较高，既要有行业发展的规划能力，又要有信息化体系的架构能力,需要懂管理、懂业务、懂技术的专业档案管理的复合型人才。

2.需要驱动型。需要驱动型采取的是从局部到整体的实施路线。这种实施方法强调以当前业务需求为主,首先在观念、目标、方向和认识等方面达成共识的基础上,逐步将工作分阶段实现,分步骤完成。采取战略驱动实施方法成功的前提是战略规划的制定,其不仅要从全局的高度出发,更需要符合档案管理过程的实际需要;既要有前瞻性、发展性,又要注重当前的使用性;要求制定战略的人员既要有行业发展的能力,又要有信息化驾驭的能力。需要懂业务、懂管理、懂技术,在档案管理和信息化的建设中有丰富经验的复合型人才。

真正意义上的"战略驱动"实施方法并不是不允许在实施过程中坚持"永恒不变"的策略,而是根据实际需要和业务变动的需求进行机制的调整和完善,因战略与规划制定落实的过程往往需要很长的时间,而信息技术在发展,档案业务也在改进,管理模式在变革。因此在实施的过程中必须根据需求的变化而有所变革。目前我国档案信息化建设正在走向标准化和规范化,"战略推动""需求驱动""总体规划""分步实施"成为主流实施策略。各档案管理机构应紧密结合全国档案信息化的发展战略,将档案信息化纳入本单位档案信息化的全局,制定适合本单位业务发展要求的信息化规划和信息系统的实施方案,并在实施和应用的过程中,将以"务实"为导向的自我调整的策略贯穿于信息化建设的始终。

（三）档案信息化的实施途径

1.整体引进模式。这种模式是选择具有丰富经验、信誉度比较好的开发商,由其提供或统一购置档案管理商品化的软件及其软硬件设备,由专业化的实施队伍负责项目的完整实施。好的软件一般是具有丰富经验的管理专家和高级专业计算机技术人员共同开发的,软件本身蕴含许多先进的管理思想和手段,针对档案室提供各种功能的模块,这些软件模块为档案流程的优化与重组提供了可借鉴的参考模型,能够在较高的层次上提升档案管理水平,而且软件已经拥有相当大的用户,经过实际的考验一般都比较成熟与稳定,质量有保证;售后的维护比较有保证,又有利于档案信息系统的更新。但商品软件追求通用化,其功能无论在方位上或是在深度上常常使档案管理部门的需求得到部分满足,但系统的实用性不强,更难以形成特色。在具体的实施过程中,单纯依靠软件的提供商可能出现用户过分按照软件提供的立项模式行事,而忽视档案管理的具体实际,或软件提供商过分依从用户的所谓特色,造成软件的先进性通用性消失。另外这种模式由于没有源程序代码,给系统的后期维护和二次开发造成了一定的困难。

2.自主开发的模式。采取自主研发模式的单位一般是本单位的技术力量较强,具备较强的软件开发实力。这种研发模式一般是单位自己根据档案业务管理的需求进行定制开发,并随着业务的不断开展,对系统不断进行完善和改进。此模式适合业务比较特殊和有特殊需要的档案部门。这种研发模式的优点是能够充分考虑本单位的业务工作需要，针对性强，系统实施相对比较容易，可以考虑到本单位使用细节问题，其风险较小，可以培养自己的研发队伍，对于今后的系统维护和更新都能及时到位。缺点是由于大多数档案管理队伍的人员结构不合理，往往是业务人员多、技术人员少，尤其是高技术的系统开发人员更少，而技术人员不仅要开发系统，还要跟踪现代信息技术的发展，进行系统的维护，考虑系统的安全备份等问题，并且自主研发的工作量较大，开发的周期较长，相对成本比较高，并且自主开发人员不是专门的研发公司人员，在系统的开发过程中，与社会上的先进软件相比还是具有一定的局限性。

3. 对外承包的开发模式。采取这种研发模式的单位一般是资金比较雄厚的单位。采取的方法是购买社会上开发好的现成软件或者选择一家软件公司，按档案业务实际需求定制开发，也就是说把档案信息系统的开发工作对外承包出去。这种模式对于档案部门的工作人员要求不高，在数据的备份和系统的维护方面主要是聘用专业的技术人员来做，或是委托给专业的公司。这种方案适用于业务比较简单的档案馆，它的优点是充分利用了外部 IT 公司的力量，开发的时间较短，降低了开发的成本；缺点是如果不注重培养自己的研发队伍，而研发单位的人员不熟悉档案业务，开发系统的实用性较差，而档案机构人员对信息技术的认识不充分，很难提出比较好的建议，难以对开发单位的需求和设计资料进行准确的评价，往往是到使用的过程中才有较为准确的需求，给实施完成后的正常运行带来了困难，同时也浪费了资金的投入。为了解决好开发与使用之间的矛盾，档案部门在选择开发机构时应选择开展档案信息化解决方案的专业开发商，注重考查该公司的咨询和售后开发能力，要求他们不仅有咨询能力还有一定的培训能力，促进档案管理人员尽快理解和掌握系统的管理思想和应用模式，还需要提供长久的系统更新能力和良好的售后服务能力。

4. 外包与自主开发相结合的模式。这种模式也称为混合型模式，即信息化的项目在档案机构立项，委托第三方公司在其商品化软件的基础上，针对本单位的档案业务现状和业务发展需要进行客户化的定制和开发。采用此类模式的档案部门一般来说是基础条件较好，相对来说资金比较充足，这种模式也是目前档案管理采用较多的一种方式。这种模式的优势在于由开发商解决技术难点，对开发过程进行科学的安排和严格的控制，这样既解决了档案机构开发队伍经验少、技术力量薄弱的问题，又为档案部门培养了懂业务、懂技术、懂管理的复合型人才。同时档案管理机构还可以拥有信息系统的知识产权，更重要的是软件的开发切合用户的实际要求，系统未来的运行和维护也有保障。目前规模较大的一些综合档案管理机构大多采用此种模式，使用的事实证明这种混合性的实施模式还是目前比较理想的运行模式。

实施过程是在国家信息化政策的总体规划下，按照信息化建设的整体要求，来确定档案信息化建设的战略目标、总体规划，在人员、技术、资金、环境等各类资源已经具备的情况下，来开展档案信息化建设与档案信息管理系统的应用。

（四）信息化实施的过程

1.正确理解国家信息化战略与档案信息化之间的关系。首先要正确地理解国家信息化战略与档案信息化建设的关系：国家档案信息化战略为档案信息化目标、远景以及职能的拓展、业务流程的转变的完整融合，它描述了档案信息化的目标与方向、信息体系结构、技术路线、操作方法、信息化过程的内部操作标准软件系统的评估方法和考核的指标体系等众多"软性"的规划和策略。其次要正确理解档案信息化规划与信息系统规划之间的关系：信息化工作实际上是信息化战略的执行过程，它所研究的内容与信息化的战略有非常大的相关性，在战略体系下的具体软硬件系统设计过程，是在信息化战略的指导下，分解总体目标，针对不同的业务内容、工作流程提出功能模式，做出系统建设的成本预算，制订系统的实施计划，确定系统的组织、管理选型方案、评估标准和过程控制方法。

总之，系统实施是信息化建设的重要内容，是完成系统建设并投入使用的关键业务过程。其成功实施标志着将信息化战略与规划决策的正确性，也标志着信息化进入实质性的运行阶段。

2.从思想上充分认识档案信息化建设的艰巨性和复杂性。档案信息化建设是一项历时较长、涉及面广、内容复杂的系统工程，而档案管理信息系统的实施与应用，是以档案业务为核心，以计算机技术、网络技术、信息技术为手段，以现代管理为指导，以提高档案的利用率和利用价值为宗旨而开展的一项划时代的业务革命，其最终目的是提高档案的信息化管理水平，挖掘档案的社会价值，提高全民族的文化素养，推动社会进步，改变经济增长模式，适应信息社会发展的需要。AMIS 的实施与应用是涵盖计算机工程学、项目管理学、档案管理学、信息技术等多学科知识在内的系统化应用工程，在应用和实施的过程中严格遵循软件项目管理的先进理念，并将多学科知识融会贯通到档案管理信息系统实施与应用的每一个环节。这就要求参与档案管理的所有人员，特别是信息化项目的主要责任人必须从思想上认识到信息化建设的艰巨性和复杂性，在思想上、认识上和行动上做好迎接挑战的准备。

（1）要从思想上充分认识到信息化是一项具有划时代意义的新型工作：其最终目的是提高档案的现代化管理水平，挖掘档案的价值，提高全民族的素养，推动社会进步和改变经济增长的模式，适应信息社会发展的需要。充分认识到档案信息化在带来巨大的社会经济效益的同时，也给各级领导和基层的工作人员带来工作上的方便性和灵活性使每个从事档案工作的人员都真正成为信息化的受益者，从而达到统一思想、统一认识的目的，确保档案信息化工作的顺利开展。

（2）加强档案管理业务的学习：信息系统的应用是实现档案信息化的基本手段，其一切活动的开展必须服从档案业务的全过程和未来信息发展的需要，信息系统的应用要求档案工作者必须是懂业务、懂技术的复合型人才。如果说信息专业技术人员将软件系统设计完成后,仍然对档案业务及其知识一无所知,对档案管理流程含糊不清,那么他所设计的系统一定无法使用。因此档案技术人员在开展信息系统基础工作的同时,必须加强对档案管理业务的学习,在了解、熟悉、分析和发展档案业务和档案学基础知识的基础上,综合运用档案学、信息技术、计算机技术、网络技术等知识,加强对档案管理的理论、原则、策略、方法等内容的进一步探讨与研究。

（3）加强网络信息技术的培训:在信息化的背景下,档案管理人员必须加强网络技术知识的学习,来提高自身的管理水平。档案信息化是一个系统的复杂工程,其过程包括可行性的论证、系统的规划、详细的设计、编码、实施、应用和持续性的维护等多个阶段,每个阶段都涉及多方面的技术知识的渗透、融合与综合利用。同时整个信息化的建设过程也是一个不断完善和逐步发展的过程,所有参与人员无论是管理人员、操作人员、系统设计、系统开发和应用实施人员都必须了解和清楚各个环节的紧密关系和各个业务功能模块的来龙去脉,重点掌握自己业务范围内和所操作的系统功能模块的基础知识,只有这样才能使整个系统顺利运行并不断得到应用和完善。

（4）加强档案信息资源的建设工作:档案信息化建设涉及的内容非常广泛,而且这些内容会随着社会时代的不断进步发展而得到不断的丰富,档案信息化建设面临的任务很艰巨,困难也很多,因此我们要有重点地突破,把信息资源的建设当作核心工作来抓,实现重点带面的良好局面。在信息已成为重要的社会资源的背景下,档案信息作为一种原生信息,正发挥着越来越重要的作用,把国家的档案资源建设好是档案工作的中心任务。这项工作主要包括三方面的内容:一是要加快现有档案馆藏文件级目录数据库和全文数据库的建设,以满足快速检索利用的需要。要加快现有档案目录的整理、著录和建库工作、局部实现档案级目录级检。二是有条件的档案部门,要积极推进那些重要的、容易受损的、利用频率高的档案数字化进程,加强重要档案的保护,提高档案的利用率。三是对新产生的电子文档,要采取科学的管理方法和利用现代技术手段,收集好、管理好。随着信息技术和电子政务的不断发展,电子文件将是未来数字档案信息新的主要来源。管理好、利用好电子文件将是档案工作在信息化时代一项至关重要的任务和面临的重要课题。各级档案部门要积极介入本地区本部门电子文件的产生过程,加强对电子文件的积累鉴定、著录、归档等环节的监督、指导,保证归档电子文件的真实性、完整性、有效性。要研究探索电子档案的接收、保管利用的技术方法,为电子档案的接管做好准备工作。

（5）不断地提高档案信息化的服务水平:档案管理工作是一项服务性的工作,它的根本任务是为国家建设和社会的发展提供可靠的信息服务,在信息资源共享成为社会发展趋势的背景下,档案信息资源因其独特的价值而日益受到社会的关注,档案信息资源的社会共享已成为国家档案事业适应社会信息化发展潮流所亟待研究的重大课题之一。随着社会经济的不断发展,社会信息意识不断增强,为信息资源的社会共享提供了良好的发展空间。新时期档案工作应做到:经济建设发展到哪里,档案工作就延伸到哪里;政治建设发展到什么阶段,档案工作就服务到什么阶段;文化建设发展到什么水平,档案工作就服务到什么水平；国家的建设对档案工作提出什么要求，档案工作就提供什么服务。为了更好地实现档案信息化建设的目的，我们应根据社会信息化的客观趋势，在不断优化传统的档案服务方式的基础上，与时俱进地促进档案工作的创新。要实现档案服务方式的创新就必须更新服务理念，整合档案资源，兼顾需要与可能创新档案服务模式，实现档案服务工作质的飞跃，使档案信息资源的社会化共享逐渐由理想变为现实。

（6）安全保障体系的建设：档案作为人类历史的记忆和现实工作的支撑，其信息的安全性至关重要。因此在管理信息系统实施与应用的过程中，应保证档案信息不流失到非保管单位和个人，应确保档案信息安全并可读取，应确保档案信息分权限管理和分权限查询、浏览及检索利用。这不仅仅需要对档案管理信息系统提出安全保障要求，更重要的是实施单位的安全管理措施和加强，安全管理方法要得当。

安全保障体系的建设是档案信息化建设的重要内容之一，各级档案部门在开发利用档案信息资源和网络系统建设工作中，必须提高信息安全意识，防止失密、泄密以及档案丢失现象的发生。保证信息的安全首先要加强安全保密技术的应用，依靠先进的技术手段，在档案网络技术建设中，必须充分应用信息安全保密技术，解决好档案信息传输与存储安全保密问题。其次是要建立完善的保密制度，各级档案部门在信息化建设的过程中必须制定针对性强、操作性能好的信息安全保密规定，确保档案信息的安全。

最后是要建立严格的管理制度，各级档案管理部门要加强档案著录标引、数字化转换、档案网络信息公布等过程中的安全管理，实行安全责任制。非公开的档案信息一律不准在网上提供，已公开的档案目录或全文查询服务，要认真采取安全防护措施，实行严格的授权管理体系，确保档案信息和系统的安全。我们要把档案安全问题提到议事日程上来，任何时候都不能有丝毫懈怠，越是在信息化程度日益提高的情况下，越要全面兼顾档案的实体安全和信息安全。要严格执行档案安全保管的责任制度，杜绝一切事故隐患；严把档案利用审查关，不该提供利用的档案坚决不能提供利用；要严格执行"三网"隔离制度，采取可靠的防范技术和措施，确保档案部门的网络信息安全，对于面向公众的网上信息进行严格的审查，确保上网信息的安全性。

3. 加强资源建设

（1）人才资源建设：档案信息化管理系统改变了传统的手工操作方法，因此对档案管理人员的整体要求比传统的管理要高，因为它的应用要涉及许多方面的知识，需要有变革的管理思路。这首先就要求档案管理机构转变管理理念，档案管理信息系统本身就蕴含着现代管理思想，比如归档流程的自动化、信息著录标准化以及信息著录的一致性、系统集成等现代管理理念。它的成功应用是在对其进行深刻理解的基础上才能见到明显效果，这不仅要求决策者而且要求业务人员能够接受和理解。其次是认识上的转变。档案管理者在充分认识到网络化应用带来方便的同时也带来了一些新的问题，认识到提高档案管理信息系统是提高业务服务效率与质量的手段，认识到资源共享的重要性，认识到需要不断地学习新的知识，认识到有了档案管理系统做助手，档案业务人员才能将工作的重心转移到钻研业务、深层次管理开发利用上。总之,要建立一支既熟悉档案业务又懂信息技术的人才队伍,不断提高档案部门人员的素质。一方面应通过实施各种培训,提供各种学习条件使档案管理工作人员能够很快熟悉掌握信息技术的理念、方法和思路;另一方面应大胆引进信息技术、网络技术等方面的人才,信息技术融入档案业务管理中,真正做到业务技术双精通,做到各尽其用。

(2)信息资源建设:网络环境的核心资源是档案的数据和信息,它们是网络环境的基础资源,离开了这些基本资源,网络信息化就成了无水之源。在实际运行的过程中,不是所有的档案部门都能重视这些基本资源的建设,有些单位在规划实施甚至已经购买了设备和软件后,还未将档案的目录进行整理,系统就被淘汰了,更不用说电子文件的管理了。因此各单位在建设网络环境之前,必须将基础数据录入档案专用服务器中,建立分类数据库,为以后应用网络管理系统打下良好的基础。

在数据信息录入的过程中必须遵循标准化、规范化的原则,这也是国家对档案信息化建设的基本要求,并不是所有的信息化单位都能够做到,在一些使用单机版的单位其档案数据在遵循标准和规范方面离国家规定的档案管理目标还有很大的差距。因此在进行网络化管理信息系统时,必须提前做好录入数据的规范性工作。

数据的整合也是网络化之前必须做的工作之一。数据的整合就是按照标准、规范以及网络化资源共享的要求,将同类和相关数据进行整合,将数据字段整理出来,进行合理的分类。也就是将原来一个个独立存在的数据进行分类整合,并抽取其中规范的数据字段以方便统计,这项工作也是档案信息资源建设的基础工作。

(3)安全资源建设:一个安全、稳定、可靠的信息系统,是顺利开展工作的可靠保证。网络版的档案管理信息系统必定需要支持网络化应用的数据库管理系统,目前有的解决方案只将档案目录信息存储在关系性数据库中,而将电子文件全文存储在文件服务器中,这样又多了一层数据管理。这些数据一旦出问题,系统也就失去了存在的意义,因此只有制定相应的档案管理信息系统的安全保障措施,才能保证档案信息的安全和信息系统的安全,才能保证信息化战略的顺利实施。

(4)设备资源建设:网络是信息化的基础设施,拥有一套可靠、稳定、安全的网络设备是档案信息化的基本保证。由于使用单位的情况各不相同,因此在建立本单位的网络体系时应根据实际需求状况和本单位的发展需要,构建适合自己的网络运行环境,这样既能保证目前的正常使用,又能为将来的网络扩展创造条件。一般来说网络布线端口设计、设备摆放等网络基础设施建设,在设计建楼时已经考虑到并予以实施,但在使用的过程中也会随着需求的不断变化而逐步调整。对于网络设备的购买,最主要的是结合本单位的实际需要来购买,在购买的过程中一定要严把质量关,确保购买的设备是先进的合格的产品,绝不能为了贪图便宜以次充好,结果造成工作过程中故障频繁,那样就得不偿失了。最后是警钟长鸣的安全问题。一般来说网关防火墙、入侵检测等安全产品是网络安全保证的基本需要,如果将本单位的计算机接入 Internet 而没有采取任何的保障措施,那是非常危险的做法,也是违背安全保证工作条例的。

(五)信息化实施的策略

1. 提高认识,需求驱动策略。管理信息系统是实现现代档案管理的一个重要工具和手段,它能给档案管理工作带来多少效益,一方面取决于所选择的管理信息系统是否适合本单位的实际情况并具有先进性;另一方面取决于档案管理人员采取什么样的理念来应用它。更重要的是应充分认识到网络、计算机及档案管理信息系统本身并不是万能的,它需要人们在充分认识的基础上,按照需求驱动原则结合实际工作为它的功能进行准确定位,然后才能更正确地使用它,才能真正发挥计算机的先进作用。

2. 总体规划,分步实施的策略。档案管理信息系统是档案管理信息化的基础,它的应用与实施都必须围绕信息化建设的总体战略规划来进行,因此必须遵守整体规划、分步实施的原则,在实施的过程中,要有选择地挑选基础工作做得比较好的部门来进行重点建设,并将其成功的经验加以推广。

首先必须强调分步实施一定要从总体规划出发。信息化规划的目的是为信息化实施提供指南,那么规划与实施之间应是规划先行,实施紧跟其后。在选用应用软件时,就应该从整体的需要出发,避免脱离目标而陷入实际的困境;应该从业务变革出发而不是从技术变革出发,以有利于充分利用组织的现有资源来满足关键需求。不坚持这两项原则就很难实现信息资源的综合利用,也无法适应社会利用档案变化的多端需求。另外,总体规划必须科学、务实,对分步实施才能有指导和依据作用。因此,信息化整体规划只有在设计上提供一个高度集成的、统一的、满足信息化管理整体需要的弹性应用框架,才能使分步实施有的放矢。其次是要讲究实施的策略。总体来说,长远规划、重点突破、快速推广是一种有效的策略。应该选择那些需求迫切、能较快实现业务流程整合和现阶段信息化应用较好的领域加以突破。在阶段实施的步骤上,由于数据库建设是一项艰苦的长期工作,不能马上见效,所以可以先抓网站的形象建设,以引起领导重视,增加投入。最后是要注意分步实施的系统之间的衔接问题。时间上的分阶段实施要注意前后系统的衔接问题;空间上的分阶段实施则要注意不同单位和部门之间开发系统的标准化问题。

3. 转变观念、与时俱进的策略。社会信息化建设的不断发展,人们对信息化建设的认识也在不断地深入,人们只有转变陈旧的管理理念,不断地加强自身的综合素养才能跟上时代的发展步伐,这就要求档案管理部门的领导能正确认识信息化建设的社会效益,同时多给档案管理人员提供学习机会,让更多的人认识到档案信息化的重要性,确保在实施和应用档案信息化系统时做到:领导对档案信息化建设和管理信息系统的应用有足够的理解和指导能力,业务部门的领导能够制定规划并组织实施,档案工作人员能够配合。

4. 抓住机遇、勇于探索的策略。档案信息化建设的顺利开展必须在基本条件具备的情况下才能进行，因此抓住合适的机会开展信息化建设和网络化应用是非常重要的。特别是对于那些正处于采用什么样的方案、选择什么样的软件系统入门的初级用户更加重要。网络化应用首先是需求驱动的，并且是在档案业务管理比较规范、人员素质较高、业务流程清晰、标准规范严格、基础数据准备充分、网络及设备资源基本具备的情况下才能开展起来。因此无论是正在开展信息化建设还是正准备开展信息化建设的档案部门，只有抓住时机积极开展，才能取得良好的效果。看一个单位开展信息化建设的时机是否成熟，主要看它周围的环境因素是否成熟，即人、财、物等方面是否具备，而具体需要什么样的条件取决于系统实施的内容、范围、应用规模及当前业务的规范程度等。特别是建立网络化的信息系统，涉及的人员比较多、系统的功能相对比较复杂、需要购买和配置数据库的服务器以及文件服务器等，实施的过程也比较复杂，这需要根据实际情况来确定资金人员和设备、网络资源是否具备条件，同时还要考虑本单位当前业务需要和未来的发展需要，因此制定总体规划是十分必要的，这样可以确定近期和远期的发展目标、系统功能、工作计划、实施的范围、工作的内容、搭建软硬件的环境及管理人员的培训费用，进行风险分析，来确定开展工作的策略和方法。

5. 安全的保障体系、实行专业化服务的策略。在社会信息化背景下，档案信息化建设势在必行，但采用什么样的措施才能保障档案信息在为社会提供利用服务的同时，保证信息的安全性呢？这里的安全性是指信息不被篡改，不流失。从讲"互联的程度"到与"互联网隔离"等信息安全策略应根据档案的密级、保管方式、加工处理及其存储方式等采取恰当的措施。为了保证安全采取"一刀切的孤岛式管理"的极端的、片面的安全管理策略是不可取的。特别是在数字化和网络化推广应用后，档案信息管理和维护工作量比较大，数字化加工的工作量更大，一些单位采取自己加工的方式，结果耗费了大量的人力、物力和财力，而且工期拖得很长，最终是得不偿失。此外，是系统的维护问题，包括网络、硬件、操作系统及应用系统都需要专业技术人员进行统一的管理和及时的维护才能保障资源的安全性。针对这种情况市场上出现了专业的数字化加工、信息化应用服务的新技术公司，对于一些有条件的、信息化工作量大的单位，在指定严密的安全措施和签订保密协议的基础上，委托第三方开展专业化技术服务是当前行之有效的解决办法。

6. 领导主抓的策略。档案信息化的实施与档案管理信息系统的应用几乎涉及本单位所有的工作人员，其中最难的是人的协调，而信息技术部门与业务档案部门之间能够解决的是业务上的沟通，系统上的理解和业务上的操作，但担任不同的职位，承担不同任务的人员从不同角度对信息化的认识和系统应用是很难达到完全一致的。因此工作上的不足、思想上的抵触、认识上的缺陷、观念上的差异等将会造成工作无法进行下去，而这些问题特别是人、资金及重要资源等问题，只有拥有权力的"一把手"管理层，真正"融入"档案信息化的建设中，才能有效地解决。许多成功的案例也证明了这一点，只有坚持"一把手"工程，坚持管理层的参与控制，才能将人力资源落实到位，才能将协调的难度降低，将 IT 资源达到最佳配置，信息技术才能真正发挥作用，应用系统才能得到深层的应用和广泛的普及。

五、档案信息系统实施的步骤

（一）与信息系统实施有关的基本要素

1.项目组织。项目组织与团队建设是项目启动工作的重要内容，也是决定整个项目能否成功的关键因素，每一个项目的实施，都涉及多方面的组织或个人的参与。为了确保项目的进度，把好项目的质量关，控制项目的资金投入，监理方通常被聘请来全面监督项目的执行，因此项目的实施至少会涉及建设方、用户方和监理三方的利益。

（1）建设方：承担信息系统建设的集成商或软件系统的开发商，其职责是提供商品化产品，为客户提供信息化解决方案，根据需要进行客户化定制实施、操作等工作以及实施软件系统并开展必要的咨询和培训等工作。

（2）用户方：客户是项目承担的主要对象，是档案信息系统实施与使用的最终机构。其主要的职责是，根据自己的需要设立项目，并选择供应商、开发商及软硬件产品。客户是项目的出资方，也是项目成果的使用商，是最终的项目受益者。

（3）监理方：客户出资聘请的项目实施顾问和项目建设质量监督方，对客户负责。其主要的职责是监督和控制整个系统的进度、成本、质量等风险的综合要素，维护用户的权益，降低系统建设的成本和风险，提高系统实施的成功率。总之，项目的成功开发，需要协调这些利益相关者之间的关系，选择平衡点，最大限度地调动所有参与者的积极性，减少项目实施过程中的阻力和影响。

2.项目团队。项目的开发需要人才，这就需要建立一个强有力的工作团队，并有组织地展开建设。项目团队涉及的面很广，几乎包括所有的项目相关者，在项目实施的每个阶段也将组织相关的团体。在项目启动前成立项目委员会来分析项目的可行性，而在项目的执行过程中，项目经理就起着举足轻重的作用。当前，在我国开展的档案信息化建设基本形成了两套体系：一套是开展信息化建设和运行维护的信息管理组织体系；另一套是当前已经存在的行政及业务管理组织体系。其主要原因是业务管理和信息化应用没有真正融为一体，在业务管理和信息化的应用上存在观念和认识上的差异。立项的管理模式是二者合二为一，这就要求档案管理的领导是既懂档案业务又懂信息化业务的现代管理的复合型人才，要求信息化管理机构中的每一个员工都要把档案业务和信息化管理结合起来开展工作。

3.项目资源。资源包括的内容很广，它包括自然资源、内部资源、外部资源、有形资源和无形资源。这里所强调的资源不仅包括支持项目开发的人力资源、资金资源、技术资源、环境资源，也包括档案信息化建设过程中将不断产生的T资源，如网络服务器等硬件设备，操作系统、应用系统等软件资源，同时还包括档案信息资源。因此要求我们不但要管好用好能看得见的设备资源，也要学会管好用好软件资源。项目开发的不同阶段，资源的需求在不断地变化,有些资源用完要及时追加,任何资源积压、滞留或短缺都会给项目带来损失,各类资源的合理、高效使用对项目管理尤为重要。

4.项目的进展。项目的进展情况需要根据项目的目标要求来进行制订,然后才能落实实施。这些计划的制订对供应商、开发商以及档案管理人员的工作进度都有明确的要求。事实上,在档案信息化建设的过程中,由于档案机构内部人员的不配合、工作繁忙需求变化等影响项目进度的情况比较常见,因此项目在实施的过程中,要求每一个参与此项工作的人员都要明确的职责、进度要求,只有这样才能保证项目的顺利进行。

5.项目的质量。质量在信息系统的管理中起着举足轻重的作用,它的好坏直接关系着档案管理机构的根本利益,同时也影响着供应商和开发商的声誉,应该说参与项目的每一个成员都希望获得高质量的实施效果,这也是客户的最终满意度。在信息化的过程中,要想保证产品的质量,就必须严把质量关,严格过程的质量监控,落实阶段目标,只有保证了每个阶段的质量,才有可能保证最终的项目质量。另外,由于参与项目的多方机构和人员对信息化项目的认知程度很难达到完全的统一,质量的标准也不完全一样,即使用户在当前满意,也可能在短时间内满意度就会改变。因此,加强开发商与用户的沟通、交流、达成共识仍然是保证项目质量的有效方法。

（二）系统规划

系统规划是项目工作的前瞻性、全局性和关键性的第一步,档案信息化建设的高层行政管理人员和高层信息管理人员是系统规划的主要成员,其主要任务是确定系统实施的目标、系统的体系结构、系统实施方案和实施过程的资源计划,因此参与系统规划的人员对档案业务、现代化管理和信息技术的掌握程度以及他们的创新精神和务实态度是有效开展系统规划的基础。

系统规划阶段所做的主要工作有：工作团队的组织、系统实施的进程计划、信息系统部署方案的确定以及资金的分配使用方案,还包括人力资源、行政管理、技术支持的协同以及对项目实施过程的风险估计。

（三）系统的开发

系统开发是信息系统建设工作的核心,这一阶段的工作是由承担信息化建设的软件供应商来完成的,档案馆工作者的主要任务是提出目标阶段的需求,档案馆的技术支持人员则在业务工作者和开发人员之间起到了沟通桥梁的作用,并解决系统开发过程中的问题。

需要分析市场的需要是项目开发的最终目的。因此项目开发的基本任务是要了解市场需要什么样的软件系统;该软件系统具有什么样的功能,这些功能的优缺点是什么等;尽管项目在启动时已经确立了系统的目标,但这个目标相对来说是宏观的、大概的,一些具体的细节内容并不明确,因此明确需要将会对目标系统提出完整、准确、具体的要求。

需要分析阶段主要涉及三类人员，即档案业务的管理人员、管理信息系统的研发人员、系统的实施人员，这一阶段的主要任务是加强沟通和交流。这一阶段对档案管理人员的要求是能够准确地描述当前及未来业务的发展需要，系统分析并能够准确地理解、认识业务的需求，必要时可以借助自身的工作经验对客户进行启发和诱导，让他们说出自身更深层次的业务需要，来指导今后的开发工作。需求阶段的工作内容主要包括以下几个方面。

1. 组织结构的调研与分析。了解用户单位当前的机构设置与管理模式，充分分析其利用的合理性、完整性及运作的有效性，用以确定信息系统的体系结构，包括系统的运行结构、功能框架结构和系统的总体部署方案。

2. 对实际需要的调研分析。以用户的需要为出发点，充分考虑用户对软件的实际需要，编写可满足用户需求的规格说明书以及用户手册，表述对目标系统外部行为的完整描述，需求验证的标准，用户对系统的性能、质量、可维护性等方面的要求以及用户界面描述和目标系统的使用方法等。

3. 信息化现状的调研分析。在充分调研的基础上，了解归档单位与档案馆目前的硬件和软件运行环境、当前应用系统的使用情况、当前的数据格式和数据规范性、数据处理的方式等，分析需求开发的继承接口系统的内容和功能数据迁移和数据导入导出的需求，确定进行二次开发或进行系统实施过程中的具体工作和任务以及软硬件系统的需求。

4. 对需要的检验过程。系统分析人员需要在档案管理人员和系统软件的实现人员的配合下对自己生成的需求规格进行检验，保证软件需求的全面性、准确性、可行性，获得档案管理人员的认同，并对需求规格和用户手册的理解达成共识，达成对目标系统理解的一致性，发现问题及时解决。

我们所做的需求信息的获取、需求的分析以及编写需求规格、需求说明等工作是相互渗透、增量并行和连续反复的，其工作的过程主要包括以下几个方面：首先是系统分析员和档案业务管理员开展的面对面交流，记录用户提供的信息，即开展信息的获取活动。其次是系统分析人员对获得的信息进行分析归类，并对客户的需求同可能的软件需求相联系，也就是开展需求分析活动。再次是系统分析人员对档案业务需求信息进行结构化的分解，编写成文档和示意图，形成需求规格的说明书。最后是组织档案管理业务的代表评审文档并纠正其错误，完成需求的验证工作。以上几个过程是由浅入深、循环往复并渗透到客户业务系统的各个环节，贯穿于客户业务系统的各个环节，并贯穿于需求分析的整个工作过程，直到双方对目标系统的功能、流程、接口数据操作等多方面达成共识后，需求分析阶段的任务就结束了。并不是说业务需求就不能再发生任何的变动，这只是需求的"相对锁定"。

（四）系统的设计

系统的设计是基于对需求分析的工作成果，对于系统做深层次的功能分析实现流程设计，分析总结出行之有效的系统实施方案，使整个项目在逻辑上和物理上得到良好的实现，从而实现对最终目标系统的准确架构。

1. 系统的设计。软件系统设计的首要任务是体系结构的设计，在此设计的基础上逐步完成详细的设计工作，把设计的风险降低到最低限度。虽然一个良好的软件结构不一定能产生令人满意的软件，但一个非常差的软件结构设计，一定会导致软件项目的失败。因此，我们应高度重视软件的设计工作。

2. 软件的编码。编码就是软件系统实例化的具体过程。在完成系统分析和设计工作之后主要任务就是信息系统运行结构、模块结构和数据组成已基本确定，下面的工作就是把系统设计的结果翻译成某种程序设计的语言编写的程序及信息系统代码编写的具体工作。这一阶段的任务是将需求分析和系统设计的结果与内容转换为用户需要的实际应用过程。

3. 系统的自测试。软件的测试是系统开发过程中非常重要的环节，是系统实施阶段的一项重要工作，开发人员进行系统自测试的目的是进尽可能地发现和修改系统设计和系统编码中的错误，开发人员自测试阶段发现的问题越多，交付的目标系统的质量就越高，后期纠错型的维护工作就越少。

在实施和应用档案管理信息系统时，软件开发的执行人因项目的开展方式不同而有所区别，如果自主研发的是本单位内部技术人员在开展系统设计、软件的编码和测试工作；如果采用购买商品化的软件实施方案，则一般的供应商已经根据档案业务的共性和标准流程开发出管理信息系统的原形产品。本阶段的主要工作是用户在熟悉和使用商家产品，更多的是按照自己的需求对系统进行功能性能等方面的测试，最终确定商家的产品是否满足目标系统的要求；如果采用自主开发和商品化应用相结合的方式，也同样执行以上三个环节的内容，并对商家提供的产品原型进行改造，来适应本单位业务管理的需要。

（五）系统的实施

系统实施的主要任务就是软件系统的客户化定制过程，这一时期的主要任务是建立能满足需要的软件系统。其工作的内容主要包括客户化的定制、系统的测试、系统的试运行等内容，另外还包括数据的导入与客户的培训等工作。系统实施阶段主要包括以下几方面的任务：

1. 对软件系统的针对性定制。主要包括四项内容：一是框架定义，即根据用户的业务需求建立系统总体框架结构，比如按照档案的门类进行系统分类，或者按照信息分类方式或者按照用户自己的管理方式进行分类定制。二是数据库结构定义，即按照每一个档案门类确定字段的属性操作方式等。三是业务流程的定义，即按照用户对档案业务流程定义系统的功能。四是用户模型定义,即按照实施单位用户操作系统的功能和数据权限建立用户模型并授予其操作权限。

2. 数据的整合。在系统的使用过程中,数据的迁移、载入等工作是需要软件的供应商来帮助完成,而用户单位的主要工作是定制数据的管理规则、严把实施过程关,并建立严格的档案保密措施,保证档案信息的安全。这一内容是实施过程中工作量较大的部分,是最容易被忽略的部分,同时也是最容易出现问题的部分。档案管理部门应充分认识到这一点,并在实际工作中引起足够的重视。如果原有的数据不能安装到系统中,新系统的实施工作就等于失败。

3. 系统的检测试用。当客户定制了新的软件系统,并把原有的数据迁移、装载完成后,一个新的应用系统就算建立起来了。这一工作在完成的过程中,首先由供应商或软件开发人员对系统的原形进行全面的测试,测试的过程中一定要按照软件的要求严格测试,由建立单位严格把关,并从专家的角度提出测试意见和改进意见;最后由用户单位的档案管理人员根据最初双方形成的分析报告中规定的系统功能进行测试,如果测试没有问题则进入试运行阶段。

对于用户来说,试用和测试新软件的过程非常重要,它不但是检验软件系统的过程,同时也是对一个系统的学习、理解和接受先进管理理念的过程,要求所有的用户积极地参与并提出合理的建议,以便软件开发商对软件中不合理的部分及时改进,通过不断的升级更新,试运行一段时间后确定一个用户系统运行的版本,达到最终满足用户需要的目的。

（六）系统的应用和培训

1. 对管理人员的培训。根据档案管理系统对各类管理人员的要求,结合用户对计算机操作系统、网络知识、数据库知识的掌握程度,根据信息系统的管理人员的工作内容进行分期培训,以适应新系统对档案用户的要求。

2. 系统的操作培训。结合 AMIS 的用户操作手册,对用户进行针对性的培训,确保每个用户都能够在自己的权限范围内完成正常的系统与业务操作。在对业务人员的培训完成后要进行上岗前的考试,其目的是督促其掌握培训内容。在系统各级操作人员对应掌握的内容都掌握后,用备份的数据库文件替换用户培训时使用的数据库文件,使系统投入试运行。

3. 系统信息的归档。一是整理此次系统实施的架构模型,特别是基础数据表工作流程,形成本单位独有的系统运行模式,并将本单位的数据库结构进行拷贝,进行归档,以备未来使用。二是建立客户信息档案,将其基本信息实施情况、使用系统版本情况等进行归档,同时将数据库结构一同刻录成光盘进行归档,为以后系统的升级维护奠定基础。

4. 系统的实施切换。当用户得到一个可以真正接受的系统后,就可以实施系统的正式切换,也就是说可以正式利用新系统开展工作,为了保证数据的准确性以及防止数据的流失，在应用新系统开始工作时不急于将原有的系统毁掉，应在使用新系统后继续保留一段时间，在确保没有丢失数据后再彻底停止对原有数据的使用。系统切换的构成中，一定要将系统试运行阶段的部分数据及时装载到新系统中。

（七）系统的检测和验收

档案信息系统项目的验收标志着该系统已经得到用户的认可，同时也标志着实施工作将要结束。在这一阶段项目实施单位的工作内容：在此项目实施的过程中一些特殊性的信息资料，如增加了新的档案类型的数据库模板、增加了新的功能模块等，要及时进行整理，以便归档。整理可以作为项目验收依据的相关资料，比如使用说明书、变更登记、用户手册等。另一项工作是编写项目验收的文档，结合项目合同和需求说明书的内容，整理出验收的内容以及目前的运行情况及验收的标准。

这一阶段客户方的主要工作内容：成立项目机构，其主要职责是按照验收申请报告、项目的合同、系统试运行报告、需求说明书等材料，结合系统现场使用的情况和递交给用户的资料情况，检查实施工作是否达到了合同中规定的要求。另一项工作是进行项目的验收。由项目验收机构对系统实施的现场进行实地考察，检查各项实施工作。如果各项工作都已达到了合同中规定的要求，即可以验收通过；对于不符合要求的项目要提出改进和完善的建议。

（八）对实施系统的评价

档案信息系统投入使用并运行一段时间后，用户和开发商可根据双方的合作协议及共同认可的需求分析报告、系统设计方案及相关要求，对系统进行综合分析与评价。评价的内容主要从实用与适用的程度，分析较之以前手工管理方式效率是否有明显的改善，目前已解决了哪些问题，使用是否方便，是否达到了预期的效果。如果与最初设定的目标相差甚远，尽管满足了一些实用功能的要求，也不能算是有效的实施。当然在最初设定阶段目标时，也应该采取比较现实灵活的态度，采取由小及大的方法，不断扩大成果的应用范围。一般情况下衡量管理信息系统是否成功主要有以下五种情况：

1. 档案信息系统实施完全成功，即指项目的各项指标都已经完全实现或超过了预期设定的目标。

2. 档案信息系统的实施是成功的，即项目的大部分目标已经实现，基本上达到了预期的要求。

3. 档案信息系统的实施只有部分成功，即项目实施实现了原定的部分指标，没有达到预期的目的。

4. 档案信息系统的实施是不成功的，即项目实现的目标非常有限，根本没有达到预期的目标。

5. 档案信息系统的实施是失败的，即项目的目标没有实现，必须终止项目。

总之,对档案信息系统的评价结论是档案工作者应该十分重视的工作之一,应当从评价信息中获得档案管理信息系统实施过程中的经验和教训,以提高今后系统建设的成功率,从而提升档案管理信息系统的时效性。

第二节　数字档案室建设

各级、各类机关的档案室工作是国家档案事业的重要组成部分,是提高机构工作效率和质量的必要条件,也是档案馆工作的前提和基础。因此,数字档案室建设是档案信息化的重要内容,是连接机关办公自动化和数字档案馆,建设、集成机关档案信息资源,确保机关档案资源共享利用的关键环节。它对于维护机关电子档案的真实、完整、有效和安全,提升档案室工作效率和服务能力,促进数字档案馆建设乃至档案信息化的全面、持续、有效发展具有重要意义。

一、数字档案室概述

（一）数字档案室的概念及内涵

《数字档案室建设指南》定义:数字档案室是指机关在履行职能过程中,运用现代信息技术对电子档案和传统载体档案数字副本等数字档案信息进行采集、整理、存储、管理,并通过不同类型网络提供共享利用和有限公共档案信息服务的档案信息集成管理平台。

该概念包括以下内涵:

1.建设和应用的主体是政府、企事业单位和各类社会组织的档案室,目的是更好地履行档案管理职能。

2.技术条件是全面应用现代信息技术,包括数字技术和网络技术。其中网络系统应包括各种类型的网络平台。

3.管理对象主要是电子档案(归档电子文件)和数字化档案(传统载体档案数字副本)的信息。

4.管理的功能包括档案管理的各项业务。主要是满足机构内部职能活动的需要,同时实行有限的公共档案信息服务。其"有限性"是由机构所有档案的价值特征和档案工作的职能所决定的,它有别于数字档案馆。

5.建设要求是建立档案信息"集成"管理平台。为此需要强调统一规划、统一建设、统一实施、统一管理,做到数据集成、功能集成、流程集成,协调和处理好档案部门与文书部门、档案工作与业务工作、档案室与档案馆之间的关系,在文件生命周期中发挥好承上启下的信息枢纽港作用。

（二）数字档案室建设原则

1.资源强档原则

数字档案资源建设要做到"三管齐下"：一是将来源于机构信息系统的电子档案收起来；二是将室藏传统档案的数字化工作做起来；三是将档案数据库建起来。数字档案资源是数字档案室的立足之本和利用之源，也是国家档案资源建设的入口和源头。只有从源头上将数字档案资源做大做强，才能做到"上游有水下游满"。所谓"做大"，就是严格按照归档范围，使档案资源做到应收尽收，门类齐全，内容完整；所谓"做强"，就是要确保数字档案资源的真实、完整、有效和安全，做到配置合理、格式规范、管理有序、特色鲜明。因此，实行机构重要数字信息的资源化管理应当成为数字档案室建设的永恒目标和基本条件。

2.标准先行原则

数字档案室建设应统筹协调文件管理与档案管理、业务工作与档案工作、档案室与档案馆之间的关系，确保数字档案室系统与前端办公自动化系统、后端数字档案馆系统的衔接。为此，应当严格遵循既有的标准和规范，以便在系统设计、建设、运行中能够步调一致、统一规范，真正形成文档一体、馆室一体的档案管理体系。

3.整体推进原则

数字档案室基础设施、信息资源、制度规范、人才队伍建设，需要依靠管理体系和行政手段整体推进，特别要将数字档案室建设与机关电子政务、企业电子商务和社会信息化建设密切结合起来，确保这项工作全面、协调、可持续发展。

4.确保安全原则

数字档案室建设应建立健全与机关整体信息安全管理相匹配的档案信息安全管理制度，按照信息安全等级保护和分级保护要求采取安全保障技术方法，配备必要的软硬件设施，完善灾难恢复应急机制，确保数字档案室建设和运行的安全。

5.系统集成原则

数字档案室分布点多面广，分头建设必然造成资源浪费和信息孤岛的问题。为此，应在国家统一规划、科学管理指导下，研制实用的数字档案室集成系统，采用先进的架构体系（如云平台、B/S架构等）推广应用，使数字档案室系统具备统一规范的功能设置、数据结构、业务流程、性能指标，并做到与数字档案馆资源的无缝对接。

二、数字档案室的建设任务

数字档案室建设任务包括基础设施建设、应用系统建设、数字档案资源建设、保障体系建设，需要机关、企事业单位的档案部门、信息化部门、业务部门和保密部门共同参与实施。

（一）基础设施建设

依托本单位信息化基础设施，建设相对独立、稳定可靠、兼容性强，能够满足数字档案室运行需求的网络、硬件、软件、安全保障等基础设施。

1. 网络基础设施

一般应将数字档案室网络管理中心设于机关、企事业单位的中心机房。机房应具备防雷、防静电、防磁、防火、防水、防盗、稳压、恒温、恒湿等基本管理条件，有条件的单位应建设符合《电子信息系统机房设计规范》（GB 50174-2008）要求的 B 级机房。中心机房、网络综合布线的配置，应为数字档案室配备足够数量的网络信息点，网络性能应能适应图像、音频、视频等各类数据的传输、利用要求。

数字档案室网络平台应当与单位办公网、业务网统一规划、统一建设，实现跨系统、跨平台的信息交换和利用的分级、分层授权。

数字档案室网络平台与本地区、本部门政务网、业务网互联的，应采取相应措施，确保档案数据安全。

数字档案室网络平台处理涉密信息时，应依据国家和本市有关涉密信息系统分级管理规定确定等级，明确安全域，按照《涉及国家秘密的信息系统分级保护技术要求》（BMB17-2006）进行建设，并应与单位非涉密办公网和业务网实现物理隔离，禁止接入互联网。

2. 系统硬件

（1）服务器。服务器性能和数量的配置，应能满足数字档案室应用系统以及数据库、中间件、全文检索、备份、防病毒等基础软件的部署和安全高效运行的需求，并适当冗余、可扩展。

（2）存储设备。应为数字档案室配备先进、高效和稳定的磁盘阵列作为数字档案资源在线存储设备。根据本单位制定的数字档案资源保存策略，确定近线或离线备份系统的配置，近线备份应选择磁带库或虚拟带库及相应的备份软件，离线备份可选择光盘、移动硬盘等脱机存储介质以及相应的备份、检测设备。

3. 基础软件

应结合数字档案室应用系统开发或运行需要，为数字档案室配备必要的正版基础软件，包括主流的数据库管理系统（一般采用关系型数据库）网络操作系统、中间件、全文检索、文件格式转换与迁移、图像处理及多媒体编辑等软件。数字化软件包括扫描软件和图像处理软件、光学字符识别（OCR）软件等。

4. 安全保障系统

应结合实际，参照信息系统安全等级保护的有关要求，从多层面为数字档案室应用系统建立安全保障体系。应用系统设计、实施完善的用户权限配置和管理功能，为数字档案资源的安全存储、管理提供保障。配备正版杀毒软件，如有必要，应有选择地配备防火墙、用户认证、数字签名、移动存储介质管理等软件、业务审计软件等安全管理工具。涉密数字档案室应用系统必须按照国家有关涉密信息系统分级保护的规定执行。

数字档案室应配备专用的电子档案柜,规范存放电子档案;设置门控系统、监控报警系统,配备磁带备份系统、光盘刻录系统、断电保护 UPS 系统等外围辅助设备,健全环境安全和介质安全等功能,确保网络设备、设施、介质和信息的物理安全。数字档案室应健全系统备份、容灾恢复等功能,配备防火墙、入侵检测等相应技术设备,建立操作日志,通过身份认证、访问控制、信息加密、信息完整性校验、入侵检测等技术手段和管理方法确保档案数据得到有效保护。

5. 终端及辅助设备

为数字档案室应用系统配备专用终端计算机、扫描仪、数码照相机、打印机等终端设备,以及刻录机、移动存储介质等辅助设备。终端配置应充分考虑档案工作的特点和档案室实际需要,如配置宽幅、零边距、高速、底片扫描仪,光盘标签打印机等。

（二）应用系统建设

应用系统建设应能集成管理各门类数字档案资源,具备收集、元数据捕获、登记、分类、编目、著录、存储、数字签名、检索、利用、鉴定、统计、处置、格式转换、命名、移交、审计、备份、灾难恢复、用户管理、权限管理等基本功能,为电子档案的真实、完整、可用和安全提供首要保障,并达到灵活扩展、简单易用的基本要求。

1. 档案门类管理,包括电子档案和实体档案的门类、分类方案、元数据方案的调整及扩展管理。

2. 接收采集,包括文书、音像、科技和专业类电子文件及元数据的接收采集。

3. 分类编目,包括分类组织、归档存储、编目著录等。

4. 检索利用,包括档案检索、利用、编研等。

5. 鉴定统计,包括鉴定处理、统计报告等。

6. 系统管理,包括审计跟踪、用户与权限管理、数据维护、参数设置等。

7. 技术文档管理,收集保存应用软件研制、测评、运行、维护等过程形成的文档。

以上具体功能需求可参见《电子文件管理系统通用功能要求》（GB/T29194-2012）。

（三）资源体系建设

按照国家档案局发布的《数字档案馆建设指南》（档办〔2010〕116号）,数字档案室资源建设应当满足以下质量要求。

1. 文书类电子档案质量要求

文书类电子文件（档案）的收集、整理、鉴定等,应符合国家档案局令第8号、《归档文件整理规则》（DAT 22-2015）等要求。此外,由办公自动化等业务系统形成并归档保存的电子公文,其质量还需满足以下要求:

（1）完整性要求。关于同一事由的往来电子公文齐全、完整,电子公文的正本、定稿、公文处理单、集中记录修改过程的彩色留痕稿以及确有必要保存的重要修改稿等齐全、完整,红头、电子印章齐全、完整,文件标题、文号、主送机关、正文、发文机关署名和成文日期等要素齐全、完整。

（2）版面格式要求。电子公文正本的公文格式应符合《党政机关公文处理工作条例》第3章的要求,正本的页面尺寸及版面要求、公文格式各要素编排规则、公文的特定格式、式样应分别符合《党政机关公文格式》（GB/T 9704-2012）第5章、第7章、第10章、第11章的要求。

（3）文件格式要求。电子公文的正本、定稿、公文处理单应以 OFD、PDF、PDF/A 等版式文档格式归档保存,版式文档格式应符合《版式电子文件长期保存格式需求》（DA/T 47-2009）,并支持向同级国家综合档案馆采用的长期保存格式转换;集中记录修改过程的彩色留痕稿以及确有必要保存的重要修改稿可以以 WPS、RTF、DOC 等同级国家综合档案馆认可的格式归档保存。

（4）元数据捕获要求。应参照《文书类电子文件元数据方案》（DA/T 46-2009）设置、捕获电子公文元数据,至少应包括:聚合层次、来源、立档单位名称、电子文件号、档号、年度、保管期限、内容描述、题名、日期、密级、形式特征、存储位置、脱机载体编号、权限管理、机构人员名称、业务状态、业务行为、行为时间、实体标识符20项。

（5）封装要求。若条件成熟,根据同级国家综合档案馆要求,可以对文书类电子档案与其元数据进行封装。封装可参照《基于 XML 的电子文件封装规范》（DA/T 48-2009）执行。

2. 音像类电子档案质量要求

（1）基本要求。音像类电子文件的归档范围应参考《照片档案管理规范》（GB/T 11821-2002）第4章或同级档案行政管理部门的具体要求执行。收集、归档的音像类电子文件应经过挑选和系统整理,应能系统、客观地记录本单位的重要职能活动,以及历次活动的主要内容、主要人物、主要场景等。按照客观事实编辑形成的录音、录像类电子文件可收集、归档。

（2）品质要求。音像类电子档案应主题鲜明、影像和语音清晰、人物形象端正。照片类电子档案应以 TIFF、JPEG 格式保存,其可交换图像文件（EXIF）信息保存完整,像素数不低于300万;重要或珍贵的录音类电子档案以 WAV 格式保存,其他的以 MP3 格式保存,音频采样率不低于44.1kHz;录像类电子档案以 MPG、MP4 格式保存,比特率不低于8Mbps。

（3）照片类电子档案基本元数据集。应参照《照片类电子档案元数据方案》（DA/T 54-2014）设置、捕获照片类电子档案元数据,至少应包括:聚合层次、档号、年度、题名、摄影者、摄影时间、人物、地点、业务活动描述、保管期限、密级、计算机文件名、格式信息、计算机文件大小、垂直分辨率、水平分辨率、图像宽度、图像高度、色彩空间、捕获设备、固化信息,以及描述电子档案管理过程的机构人员、管理活动元数据。

（4）录音类电子档案基本元数据集。应参照相关元数据标准设置、捕获录音类电子档案元数据,至少应包括:聚合层次、档号、年度、题名、录音者、录音时间、人物、地点、业务活动描述、保管期限、密级、计算机文件名、格式信息、计算机文件大小、时间长度、音频编码标准、音频比特率、音频采样率、音频采样精度、声道数、捕获设备、固化信息,以及描述电子档案管理过程的机构人员、管理活动元数据。

（5）录像类电子档案基本元数据集。应参照相关元数据标准设置、捕获录像类电子档案元数据,至少应包括:聚合层次、档号、年度、题名、摄像者、编辑者、摄像时间、人物、地点、业务活动描述、保管期限、密级、计算机文件名、格式信息、计算机文件大小、时间长度、视频编码标准、色彩空间、帧大小、帧速率、视频比特率、音频编码标准、音频比特率、音频采样率、音频采样精度、声道数、捕获设备、固化信息,以及描述电子档案管理过程的机构人员、管理活动元数据。

（6）著录要求。为确保音像类电子档案的真实性、完整性和可用性,电子文件形成部门、档案部门应按照国家、行业或地方相关标准规范,围绕音像类电子档案记录的中心内容,对题名、人物、地点、主题、业务活动描述等元数据进行全面著录。

3. 科技和专业类电子档案质量要求

（1）科技类电子文件归档的基本要求。科技类电子文件的收集、整理、鉴定、编目等应参照《科学技术档案案卷构成的一般要求》（GB/T 11822-2008）、《国家重大建设项目文件归档要求与档案整理规范》（DA/T 28-2002）等标准规范执行。图形类电子文件应以DWG等通用格式收集、归档,其他电子文件归档保存格式可参照文书、音像类电子文件执行。

（2）专业类电子文件归档基本要求。在履行本单位主要职能过程中产生的专业类电子文件都应收集、归档,包括但不限于国家档案局颁布的第一批、第二批国家专业档案基本目录所列内容。各种专业类电子文件的整理、鉴定、编目参照相应的管理办法执行。仅以数据库形式存在的专业类电子文件,如人口、环境、农业等各种普查数据,可以 XML 等跨平台通用格式收集、归档,或直接以原数据库数据文件归档,同时归档一套完整的数据库设计文档。以电子文档形式存在的专业类电子文件,可参考文书类电子档案的各项管理要求执行。

（3）元数据的设置与捕获。应参照《档案著录规则》（DA/T 18-1999）《文书类电子文件元数据方案》（DA/T 46-2009）等有关标准,设置、捕获科技、专业类电子档案元数据,至少应包括:聚合层次、档号、年度、题名、责任者、成文时间、文号、密级、稿本、保管期限、计算机文件名、格式信息、计算机文件大小,以及描述电子档案管理过程的机构人员、管理活动元数据。

4. 纸质档案数字副本质量要求

本部分仅对批量加工的文书、科技、专业等类纸质档案数字副本提出要求,电子环境中业务流程上的纸质文件数字化可参照执行。纸质档案数字化的各项技术要求按照《纸质档案数字化技术规范》（DA/T 31-2005）以及同级国家综合档案馆的相关要求执行。为保证数字副本的真实性、完整性、可用性和安全性，参照《缩微摄影技术缩微品的法律认可性》（GB/Z 20650-2006）、《信息与文献——档案数字化实施指南》[ISO/TR 13028：2010（E）] 等标准规范的相关规定，纸质档案数字化还应符合以下要求：

（1）数字化对象确认要求。应按完整性、规范性要求确定需数字化的纸质档案。原则上，年度内、每个案卷内或保管期限内、关于同一事由的往来文件以及每份文件的组件应完整数字化。涉密纸质档案数字化应符合相应的规范要求。推荐实行数字化对象审批制，拟数字化的档案原件应经过本单位相关负责人的审查签批。

（2）元数据捕获要求。在数字化过程中，纸质档案数字化系统应以件为单位自动捕获数字化元数据，至少应包括：数字化授权信息、数字化日期与时间、水平分辨率、垂直分辨率、色彩空间、格式信息、计算机文件大小、数字化软硬件设备等。应将数字化元数据与目录数据组合形成纸质档案数字副本的元数据库，并导入数字档案室应用系统提供检索服务。

（3）数字化质量控制要求。应制定并在数字化过程中实行各种相应有效的质量控制措施，对纸质档案的安全、数字副本的完整性和规范性、图像质量、元数据库的准确性等实施全程监控。

（4）数字化工作文档管理要求。在数字化项目实施过程中形成的重要数字化工作文档应归档保存，应与纸质档案数字副本的保存期限相同。应归档的数字化工作文档包括数字化对象审批书、招投标文件、数字化成果验收报告、数字化流程单等。

5. 数字档案资源的备份

应着眼本单位电子信息系统整体备份需求制定数字档案资源备份策略，需明确备份对象、近线和离线备份策略及管理规范，配备必要的恒温、恒湿、防磁柜等设施设备。

（1）备份对象。数字档案资源备份对象应包括：各门类电子档案、各门类传统载体档案数字副本、元数据库、目录数据库、各类数字资料、数字档案室应用系统配置文件与日志文件等。

（2）近线备份。应结合虚拟带库等备份系统运行机制和便于管理等情况，明确数字档案资源备份策略，包括容错级别、增量备份或全量备份、备份周期、核验和检测机制、磁带更新等。

（3）离线备份。应根据数字档案资源形成与大小特征等，确定各门类数字档案资源的离线备份介质与管理规范。应确定离线备份介质编号规则，推荐编号由数字档案资源门类代码、离线备份介质类别代码、备份年度、介质流水号等若干项构成。应按照规范的存储结构备份数字档案资源，推荐离线备份介质根目录下建立数据文件夹、目录文件夹、授权文件夹、其他文件夹及说明文件，数据文件夹存储各门类电子档案或传统载体档案数字副本，目录文件夹存储元数据、目录数据及数字档案室应用系统配置文件和日志文件等,授权文件夹存储数字化、备份、介质转换等的审批文件,说明文件用于描述离线备份介质制作有关的各方面情况。应定期检测、更新离线备份介质,并记录检测情况、介质转换情况等。

除上述备份要求外,重要档案还应通过纸质或缩微胶片等方式进行异质备份。重要档案的范围按照国家或地方的相关规范执行。

(四)保障体系建设

数字档案室的建设、运行和维护需要建立以下保障体系:

1. 组织保障体系

应以"单位分管领导组织、档案职能部门实施、信息技术部门协同业务部门配合"为原则,落实数字档案室建设工作的组织、协调和管理。建立专家咨询、示范测评、监督考核等机制,确保数字档案室建设工作有序开展。

2. 制度保障体系

在建设数字档案室的同时,必须重视本单位相关档案制度规范的制订、修订等工作,建立健全本单位的数字档案室管理制度,具体包括岗位职责、电子文件归档与管理办法、档案数字化技术标准、档案安全保密制度、电子档案开放控制办法、档案数据网上查询利用制度、档案数据管理维护制度、电子档案鉴定销毁制度、人才配备与经费保障制度、数字档案资源备份管理制度、数字档案室应用系统运维和安全管理制度、机关档案管理部门和电子文件形成部门、信息技术部门职责分工及奖惩制度等。

3. 人才保障体系

应为数字档案室配备满足工作需要的专职管理人员。配备人员应具备信息技术相关专业的学历,应具有较好的管理才能和计算机应用技能。应在制度上为专职档案管理人员的发展和进步提供保障。

4. 经费保障体系

应为数字档案室建设予以经费保障。要将各门类电子文件归档和电子档案管理、纸质档案数字化、数字档案资源备份管理以及数字档案室应用系统的运维和升级改造费用纳入本单位预算,给予长期的经费支持。

三、建立归档制度的必要性

归档是办理完毕的文件经系统整理归档案室保存的过程。在我国"归档"已成为国家明文规定的一项制度。1956 年,《国务院关于加强国家档案工作的决定》指出:"各级机关的档案材料(包括机关的收发文电、内部文书、会议记录、电话记录、技术文件、出版物原稿、印模、照片、影片、录音等),应该由机关档案业务机构——档案室——集中管理,不得由承办单位或个人分散保存。""全面推行文书处理部门立卷,以建立统一的归档制度。"1983 年中共中央办公厅、国务院办公厅印发的《机关档案工作条例》再次指出:

"机关应建立、健全文件材料的归档制度。"《中华人民共和国档案法》第10条规定："对国家规定的应当立卷归档的材料，必须按照规定，定期向本单位档案机构或者档案工作人员移交，进行集中管理，任何个人不得据为己有。"使我国的归档制度用法律形式固定下来，在全国范围内切实贯彻执行。文书立卷归档是文书部门的任务，它是文书工作的终结，又是档案工作的起点。实践证明：没有归档制度，或者归档制度不健全，就没有完整的档案，也就没有健全的档案工作。因为档案是由各种文件材料转化而来的，而文件材料转化为档案一般又是通过"归档"来实现的。所以，建立和健全归档制度是非常重要的，它不仅能够确保档案室有连续不断的档案来源，为开展各项业务工作提供条件，而且也是为国家积累档案财富的重要保证。档案室要做好档案收集工作，首先应该以主要力量搞好机关内文件材料的归档。

四、归档制度的内容

归档范围。凡是本单位工作活动中办理完毕的具有保存价值的各种文件材料，均应归档。在归档时应该抓住重点，并不是有文必档，以防文件过于庞杂。同时也不要遗漏重要文件，以保证归档的文件能够全面地反映本机关的职能活动和基本情况，便于今后各项工作的利用。

一般情况下，下列文件材料应该立卷归档。

具有保存价值的机关正式收文、发文和收电、发电。除公文的证件外，还应包括它的附件，如图表、登记表和名单等。机关内部产生的各种文件材料（又称内部文件）：规章制度、调查研究材料、计划、总结、照片、录音带、录像带和光盘等。包括未经收发文登记以及非正常途径形成的文件材料，会议文件和合同契约，也都属于归档范围之内。

除上述文件材料以外，重要文件、事务性文件、临时性文件、参考性文件和无用抄件等，都不应归档。

归档时间。办理完毕的文件材料，应该在第二年内向档案室归档。对于某些专门文件，或驻地分散在外的个别业务单位的文件，为了便于日常工作，归档时间可以根据实际情况适当延长。在基层单位，由于内部机构简单，工作人员少，办公处所集中，文件材料往往集中统一处理，文书和档案工作由一人兼管，不必规定专门的归档时间，只要把办理完毕的文件材料整理保存起来就算归档。

归档要求。凡属于归档范围内的文件，应该符合下列要求：归档的文件材料，应根据规定分类立卷，立成的案卷能正确地反映机关活动的基本面貌，便于保管和利用；归档案卷，卷内文件应按一定次序排列好，编号、填写卷内目录，并要填好封面，注明保管期限；归档案卷要排列整齐有序、编号并编制案卷目录。

五、档案室在形成文件与组织归档工作中的作用

档案室的基本任务之一，就是对本机关文书部门或业务部门文件材料的归档工作，

进行指导与监督。因此应充分发挥档案室在形成文件与组织归档中的作用,是做好档案室收集工作的一个重要组成部分。

(一)档案室对归档工作的超前检制

为了保证归档文件的齐全完整,便于日后提供利用,档案室的工作人员不仅要通过归档工作把已经形成的文件收集齐全,而且要关心机关文件的形成与办理情况。机关在工作和生产活动中,往往有些工作已经做了,或者经历了某些重要事件和重要活动,但没有记录下来形成文件(如领导人现场办公处理的重要问题没有记载,电话请示与答复没有记录等)或者记录不全(如文件上只记有工作活动的内容而没有责任者、日期,或者文件办完没有注明办理情况等),这些都会影响完整档案的形成。档案工作人员有责任及时向有关领导人和业务部门反映和提出意见,解决文书处理工作制度、文件书写格式和书写材料等方面存在的问题,必要时,也可请业务部门采取"亡羊补牢"的措施,做补充记录、拍摄、录音或录像工作,以保证档案文件的完整性。档案室对归档工作的超前控制,可以通过监督与促进文件质量标准化、文书处理制度化,协助和督促有关部门做好立卷归档前的准备工作,以及加强对立卷工作的指导和检查等三方面工作而得以实施。

(二)文书部门或业务部门立卷归档制度

在大、中型机关,由文书部门或业务部门在工作活动中形成的具有保存价值的文件材料,进行立卷和整理,并定期向档案室归档,可以发挥文书部门或业务部门熟悉文件的形成与办理过程的优点,提高案卷质量和立卷工作的效率;容易把分散保存在个人手中的文件材料收集齐全,便于堵塞遗失文件的漏洞,有利于保守机密和维护文件材料的完整性;这些部门暂时保存本年度的文件,可以节省到档案室查找文件的时间和手续,便于日常工作的使用;同时还可以为档案室创造条件,去开展本身的日常工作,不断提高工作水平。实践证明,坚持推行由文书部门或业务部门立卷归档的制度,就能为归档工作以及档案室工作奠定良好的基础。

(三)对散失文件的补充收集

一个机关即使建立、健全了归档制度,有些文件也可能不能按规定及时归档,特别是未经收发登记的文件和机关本身形成的内部文件,往往分散在个人手中。再加上机构调整、干部变动、环境变化等各种因素,都可能使归档文件不齐全、不完整。因此,在正常的归档工作以外,档案室还需要采取某些补救措施,开展对散失文件的补充收集。收集散失文件时要把重点放在"账外文件"上。所谓"账外文件"是指未经登记的文件,如机关内部文件,机关领导人或工作人员外出开会带回的文件,机关之间签订的合同、协议等也常常不做登记。这些文件如果保留在机关业务部门或个人手中,往往不易被发现,因而有时不能按正常手续立卷归档。这项工作往往与保密检查、节假日清理文件、人员或机构变动等活动结合进行,把应该归档的文件集中收集起来,以补充归档制度之不足。

（四）基层单位档案的收集

"上面千条线,下面一根针",城市、乡村政府机关、工厂企业、商店、学校等基层单位,档案数量不多,但档案种类齐全,成分复杂,对于研究典型单位,尤其是研究微观经济发展变化情况,这部分档案有一定的参考价值。基层单位的档案,宜于集中统一管理,因为它的档案数量不多,只要建立正常的归档制度,注意平时收集、平时归卷,这项工作就可以做好。

基层单位在收集档案时,一定要抓住反映本单位主要职能活动的档案作为收集的重点,防止出现只重视上级文件,忽视本单位档案的片面做法。基层单位对于上级机关的来文,按照规定办法处理,有些需要清退,有些不必归档,只装订成册作为资料备查。某些基层单位的档案工作,往往由身兼多职的秘书、文书或会计兼做。他们平时工作较多,可以见缝插针,充分利用开会时机,及时传阅、清退和归档文件。重点收集会议记录,请示报告,计划总结,工农业生产统计报表,年终分配方案,财务会计凭证,账本,年度报表,乡(镇)、村、队史,大事记和干部花名册等。有条件的乡、村(或社、队),可以把历年来的账本、凭证、报表,集中起来统一保管,以防遗失。城、乡基层单位,如条件允许,可以建立综合性档案室,对文书档案、科技、会计档案实行统一管理,并安排专门房间作为档案库房,逐步改善档案的保管条件。

（五）对档案收集工作的宣传

为了使档案室在档案收集过程中发挥更大作用,推动归档制度的顺利实施,应该有的放矢地做好宣传教育工作,增强机关领导人和工作人员的档案意识,解除各种思想顾虑,以取得他们的支持与配合。档案是国家宝贵的历史财富,不是私人的财产,应当由档案部门集中管理专人看管,应采用较好的保管条件和科学的管理方法;同时,这也是一种良性循环:做好归档后文件的整理、保管和积极开展利用服务,使业务部门和工作人员尝到档案集中管理的甜头,反过来又会促进文件的收集工作。

第三节　数字档案馆建设

一、数字档案馆的规划与建设

随着社会信息化进程的加快,特别是电子政务、电子商务、办公自动化等在各级政府、企事业单位的逐步应用,电子文件及其电子档案(数字档案)已经大量产生,并即将向各级档案馆移交,数字档案将在未来5~10年内成为新形成档案的主体。作为文件和档案的最终归宿——档案馆,将面临管理体制、管理方法、管理技术、管理理念的全面挑战,数字档案馆的规划和建设已经非常迫切。数字档案馆已经成为21世纪档案馆的发展方向。

（一）数字档案馆的定位与内涵

数字档案馆建设是一项全新的事业，从提出数字档案馆的设想，到理论和概念的探讨，再到在部分省市档案馆试点实施，不过三四年时间；数字档案馆建设又是一个复杂的系统工程，投入多、难度大，周期长。必须准确把握数字档案馆的定位和内涵，才能少走弯路，减少浪费。

（二）数字档案馆认识沿革

数字档案馆虽然诞生的时间较短，由于其地位重要，对档案事业的发展影响巨大，因此，关注和探讨其发展方向的研究很多。对数字档案馆的认识大体经历了三个阶段。首先是受数字化图书馆建设的启发，提出建设数字化档案馆的设想；其次是借鉴国外的建设经验和研究成果，在理论上或概念上进行虚拟档案馆或网络档案馆建设的探讨；最后根据国家和社会信息化发展对档案工作的要求，进行数字档案馆试点建设。

1. 数字化档案馆提出的背景。20 世纪 90 年代中期，随着数字化技术和网络技术的迅速发展和成熟应用，国内外兴起了建设数字化图书馆的热潮。图书和档案都是信息资源的重要组成部分，在信息管理方面有许多相通之处。由此，到了 20 世纪 90 年代末期，我国档案部门受建设数字化图书馆的启发，提出了建设数字化档案馆的设想。数字化档案馆建设的主要内容是将馆藏纸质、照片、音像等载体档案数字化，为信息社会提供数字化的档案信息资源，目的是实现档案的快速检索查询、信息资源社会共享。由于受技术、经费以及需求等因素的影响和制约，档案部门大规模开展数字化工作是 2001 年以后才开始的。

2. 国外数字档案馆研究和建设成果。国外档案部门在研究和关注信息技术对档案管理的影响方面起步较早，从 20 世纪 90 年代初就开始从理论和概念上对数字档案馆进行研究和探讨，主要是对虚拟档案馆和网络档案馆等建立的可行性和作用等进行探讨，1996 年在北京召开的第十三届国际档案大会上，对虚拟档案馆和网络档案馆研究的关注已成为大会的主题之一。国外以美国、英国等国家为代表，数字档案馆建设不仅研究、起步较早，而且发展很快。在美国，20 世纪 90 年代中期，作为数字化图书馆建设项目的一个组成部分，美国国家档案与文件管理局就成立了数字档案馆特别工作组，开始数字档案馆的研究和筹建工作。到了 20 世纪 90 年代末期，随着对数字档案馆研究和认识的不断深入，特别是美国国家档案馆发现其收集的电子文件种类日益丰富，除了文本文件、数据库文件之外，还有电子邮件、地理空间数据、数字影像等结构复杂的数据数字档案的种类和管理难度日益增加，公众也迫切希望能够通过在线方式获取国家档案馆中保存的数字档案，这些促使美国国家档案与文件管理局决定自 2000 年起建立一个自动化程度很高的集成系统，在实现数字资源提供利用的同时，管理、维护各种类型的电子文件，保证其真实、完整和长期可读。2002年6月18日，美国数字档案馆新馆建筑在华盛顿破土动工，标志着美国国家数字档案馆实体开始建设，数字档案馆建设已经进入新的阶段。

3.电子政务建设对数字档案馆建设的影响和要求。近几年，随着国家实施的"政府信息化先行"战略的不断深入，电子政务已在中央政府以及部分发达地区各级政府得到逐步推行。电子政务是指政府机构运用现代网络通信与计算机技术，将政府管理和服务职能通过精简、优化、整合、重组后在互联网上实现，以打破时间、空间以及条块分割的制约，从而加强对政府业务运作的有效监管，提高政府的运作效率，并为社会公众提供高效、优质廉洁的一体化管理和服务。档案作为文件运行的最终归宿，在保证各级政府正常运转中起着承上启下的作用。电子政务的实施对档案管理产生重要影响，主要体现在两方面：一是电子政务中产生的电子文件，其归档方法、技术、手段等与纸质文件归档相比，有重大差别。二是档案局馆作为各级政府的一个职能部门，必须适应电子政务实施带来的工作方式的变化，档案工作不能游离于电子政务之外，也要按照电子政务的总体要求转变档案部门的工作作风和服务方式。建设数字档案馆是我国迅速发展的政务信息化对档案工作提出的迫切要求，数字档案馆是电子政务和办公自动化的一个必需的组成部分。

（三）数字档案馆与数字图书馆的比较

数字档案馆建设与数字图书馆建设密切相关，不仅因为最早国内外提出建设数字档案馆的概念是受数字图书馆的启发，或者是作为数字图书馆项目的一个组成部分，而且是因为档案和图书作为信息资源的主要来源，在信息时代，它们的管理方法和手段存在许多共性，在一段时间还研究探讨过档案、图书、情报一体化管理的趋势。数字档案馆在提出之初和数字图书馆建设目标比较一致，随着社会信息化发展对档案事业影响增大，数字档案馆发展的方向已经发生了质的变化，从以馆藏档案数字化为主要建设目标，到能接收归档电子文件并有效管理，保证其真实性、完整性和长期可读性。数字图书馆建设同样也在不断深入和发展，最初，对数字图书馆概念和建设目标的认识也是将现有图书资料数字化，作为一个海量的数字资源库在互联网上运行，一个国家只需建立一个庞大的数据库，数字图书馆的建设目标是整合互联网资源，变无序为有序。但是现在数字图书馆界普遍倾向于将数字图书馆建设成一个个相对独立的管理系统。数字图书馆是一个复杂的分布式海量数据管理系统，它利用当今先进的多媒体和网络技术，将分散于不同地理位置的不同载体形式的信息资源以数字化形式储存，形成有组织的数据库和知识库，对外提供高性能的检索服务，实现资源共享。

（四）数字档案馆的定位

目前关于数字档案馆的定义，认识各有千秋，还没有完全统一。从有利于数字档案馆的实际建设，有利于建设的可行性论证、投资预算、功能设计等方面考虑，数字档案馆是适应信息社会发展需要,充分运用计算机和网络等信息技术手段,能够对数字(或电子)档案实施有效控制和科学管理的档案馆。关于数字档案馆的定位可以从两个层面上来认识。

1. 数字档案馆仍然是档案馆。数字档案馆仍然是档案馆,其对馆藏档案的管理功能没有改变,同样具有收集、整理、鉴定、保管、利用、统计、编研等功能,只不过采用的技术方法、管理手段、管理对象等有了较大的变化。当前数字档案馆的规划、投入、建设,都是由地方单独完成的,与传统档案馆的建设模式并没有差别,而且这种状况在短期内是不会改变的。

2. 数字档案馆是信息时代的产物。数字档案馆的规划和建设是信息技术对档案事业发展影响和要求的必然结果。数字档案馆建设过程中要充分运用先进的计算机和网络等信息技术,配置先进的软硬件设备,研制高性能的信息管理系统;数字档案馆要解决信息技术发展和应用给档案管理带来的复杂问题,要保证归档电子文件的真实性、完整性、长期可读性。数字档案馆是电子政务、电子商务、单位办公自动化的一个必需的组成部分,是信息社会中档案管理新模式的集中体现,代表着21世纪档案馆工作的发展方向。

（五）数字档案馆的发展

数字档案馆建设是档案工作者面临的一项全新事业,随着信息技术的不断发展,投入实际运行后,经验的不断丰富和问题的不断出现,人们对数字档案馆的认识将不断丰富和深入。

1. 形式的发展。近期内数字档案馆建设将主要表现为一个个相对独立的局域网系统,地区相连乃至全国互联互通是不现实的。但随着档案开放程度的不断加大,社会公众档案意识和需求不断增强,网络安全性不断提高,数字档案馆将向网络化、公众化方向发展。

2. 技术的发展。信息技术的飞速发展对数字档案馆建设将是一把双刃剑,一方面能解决数字档案馆建设中遇到的许多技术难题,如格式转换、海量存储、智能检索等;另一方面也会使数字档案的种类更多、管理更加复杂。

3. 管理的发展。由于国内数字档案馆建设完成并真正投入运行的还比较少,对数字档案馆管理模式的认识会不断发展。如管理体制问题,数字档案馆内部机构如何设置才能保证其有效运转和档案的安全保密;数字档案馆的人才问题,数字档案馆需要高素质的技术型、管理型、复合型人才,如何培养和留住人才等。

二、数字档案馆的规划与设计

数字档案馆建设是一项庞大复杂的系统工程,建设周期长、技术难度大,必须先做科学的规划与设计,并组织相关专家学者对规划与设计方案进行充分论证,才能保证工程顺利进行,少走弯路。数字档案馆的规划主要包括预期达到的总体目标,分阶段实施的步骤、安排，建设的经费投入预算，需要配置的主要设备，管理系统的功能设计，风险评估等。

（一）与地方或部门信息化建设同步发展

数字档案馆的规划和建设必须与地方或部门信息化建设同步发展。档案工作是一项服务性很强的工作，档案信息化建设如果滞后于地方或部门的相关信息化工作，将影响整体信息化建设；同样，档案信息化建设也没有必要超前发展。数字档案馆建设是档案信息化建设中综合性强、难度大的工作，必须在地方或部门信息化发展到一定阶段，才能有建设数字档案馆的需求，才能启动这项工作，如果时机选择不恰当，档案工作将非常被动或造成极大的浪费。

（二）硬件配置

硬件配置应根据数字档案馆建设的需要先进行预算，再根据建设的进展和需要分期购置，在建设工期比较长的情况下，不能把所有的硬件设备都一次配备到位，因为计算机设备更新换代非常快，先行购置而闲置不用，将会造成极大的浪费。数字档案馆硬件主要包括终端设备（微机）、处理设备（服务器）、存储设备（磁盘阵列、大容量硬盘、光盘等）、网络设备（交换机、路由器、网卡、网线等）、数字化设备（各种扫描仪、数码摄像机等）、其他（如打印机、刻录机、视频音频信息采集编辑设备等）。

（三）网络设计

网络及其相关计算机设备是数字档案馆运行的基础，和传统档案馆的库房、装具等设施类似，在数字档案馆的总体规划设计和硬件投入中，占有相当大的分量。从便于管理和安全等方面考虑，数字档案馆的网络设计宜采取"三网一库"的形式。三网分别是档案馆局域网、地方（或部门）政务网和公众网（互联网），一库是保存档案资源的大型数据库。档案馆局域网是数字档案馆的核心网，负责数字档案馆档案的导入、存储、管理、检索、利用等。在数字档案馆建设初期，档案馆馆局域网的网络功能并不需要非常强大，重点是单机功能，能保证档案的有效管理和运行。地方（或部门）政务网是档案馆和地方政府以及各立档单位链接和联系的纽带，应具备档案的接收、利用查询、档案局馆的电子政务办公等功能，该网络的硬件设施由地方政府或有关行业主管部门负责投资和建设，而软件功能的设计和运行则由档案局馆负责，政务网是各级档案局馆通过网络行使档案管理职能的主要渠道。公众网是数字档案馆与社会公众联系和沟通的桥梁，通过档案网站等形式开展档案利用服务、宣传档案工作，也可以通过公众网捕获重要数字信息资源，作为资料丰富数字档案馆馆藏。为保证数字档案馆运行中的安全保密，三网应物理隔离。

四、接收档案的范围

按照《档案馆工作通则》和《各级国家档案馆收集档案范围的规定》的文件精神，档案馆接收的范围是：

1. 本级各机关、团体及其所属单位具有永久保存价值的档案,省辖市(州、盟)和县级档案馆同时接收长期保存的档案;

2. 属于本馆应接收的撤销机关、团体的档案;

3. 属于本馆应接收的中华人民共和国成立以前的各种档案。对于第 1 条所列"本级各机关、团体及其所属单位"中的所属单位,在具体接收时要明确规定接收到哪一级所属单位。目前一般只接收到二级单位,档案馆各方面条件具备也可以接收到所属的基层单位。比如,省、市档案馆,按规定应接收省(市)直属机关、团体、企业、事业单位的档案。

集体所有制单位和典型私营企业的个体户、专业户形成的有进馆价值的档案和著名人物档案,经协商同意,也属于档案馆的第 1 条的接收范围。

五、现行机关档案的接收

按照国家规定,现行机关档案中具有长久保管意义的部分,需要定期向档案馆移交。接收现行机关档案室移交的档案,是各级档案馆的常规任务。

(一)接收档案的要求

档案被接收进馆时,应该符合一些基本的要求,以确保进馆档案的质量。

1. 完整性

按规定向档案馆移交的档案,应该收集齐全,按全宗作为一个整体归入档案馆,不得随意分散。档案馆应该关心文书立卷和机关档案室的工作,加强指导,堵塞漏洞,尽量使应该立卷归档的文件收集齐全, 为后代积累完整的档案史料。与档案有关的资料、立档单位的组织沿革、全宗指南及有关的目录、索引等检索工具,随同档案一并接收。案卷目录编制一式份,其中一份由档案馆签收后退回移交机关。

2. 真实性

进馆的档案必须具有真实性。凡有疑点的档案, 都要尽可能地加以考证, 如果一时难以辨清,也要存疑,并予以证明。存疑或解疑工作应由文书立卷部门去做,而档案部门则负责检查与补缺的工作。

3. 地方性

馆藏档案内容除具有普遍性特点以外, 还必须具有反映本地区的特点,有独到的地方特色。国家级档案馆的馆藏内容, 有别于其他国家的鲜明的中国特色;各省(市、自治区)档案馆的馆藏内容, 有别于其他省(市、自治区)的鲜明地方色彩。要把带有地方特点的档案,作为接收的重点,防止档案内容的大量重复。

4. 坚持质量验收

在接收档案的过程中,除了履行必要的交接手续以外,还应坚持质量验收标准,把案卷中存在的问题解决在进馆之前。档案馆在接收档案前应遵照各地档案管理部门制定的《案卷质量标准和验收办法》，逐年对进馆档案进行检查验收。验收方法，案卷质量检查可以采取自检、互检、检查小组检查接收三个步骤进行。坚持案卷质量验收标准，会受到机关、单位领导和文书、档案工作人员的欢迎：容易引起领导者对档案工作的重视，增强文书、档案工作人员的责任心，提高案卷质量，促进档案工作的业务学习，减少工作中的矛盾。

（二）接收档案的时间期限

根据档案发挥作用的特点，本着既便于档案形成机关工作查考，又便于各项工作利用的原则，现行机关形成的档案应该在本机关保存一段时间，供机关日常工作查考，然后再将需要长久保存的档案移交给档案馆保管。现行机关档案在本机关保管的期限，《机关档案工作条例》及《档案馆工作通则》规定为：省级以上机关将永久保存的档案在本机关保存 20 年左右；省辖市（州、盟）和县级以下机关应将永久、长期保存的档案在本机关保存 10 年左右，之后向档案馆移交，档案馆接收现行机关保管期满的档案时，有逐年接收和分段接收两种办法。逐年接收，就是每年对现行机关保管期满的档案接收一次；分段接收，就是要隔一定时期（如三年、五年）对现行机关保管期满的档案接收一次。一般采用后一种办法。

（三）接收前的准备工作

准备工作的主要内容有两方面：一方面是切实掌握被接收档案的情况，为此，档案馆应认真调查了解移交单位档案整理的原基础，鉴定的方法和质量，档案的数量与成分，需要进馆的档案的数量等确切情况，做到心中有数。为了保证进馆档案的质量，档案馆还应派人到移交单位检查准备移交档案的完整程度和整理质量，如发现问题及时解决。另一方面，档案馆还要做好馆内的各项物质准备，安排人力、物力和时间，以确保接收工作的顺利进行。

（四）撤销机关档案的接收

新中国成立以后，由于社会主义事业发展的需要以及各类组织的改组和体制的改革、行政区划的变动等原因，撤销了一些机关、企业、事业单位。这些单位撤销以后，档案馆应及时组织力量将全部档案认真收集、整理、鉴定，并认真接收进馆或责成接管机关代管。各级档案馆接收撤销机关的档案，与接收现行机关保管期满的档案的办法与要求相同。

六、历史档案的征集

档案界习惯上所称的历史档案，是指在中华人民共和国成立前，各机关、团体、部队、企业、事业单位以及著名人物在社会活动中形成的档案。其中包括革命政权的档案、历代王朝、北洋军阀和民国时期的档案。

接收档案并归档,是丰富馆藏的重要途径之一。但是,由于各种复杂的因素,有些档案长期分散在各处,甚至在个人手中。依靠正常途径的归档、移交、接收等方式收集不到这些档案,必须广开门路,通过多条渠道进行收集,这种方式称为档案的征集。档案的征集是一项社会性的工作,它要与社会各方面产生联系。社会是档案的发源地。档案部门靠守摊支撑门面,不主动向社会调查挖掘档案却要使馆藏丰富,显然是很有限的。社会上还藏有大量珍贵的档案,要靠我们去发现、去挖掘、去征集。

（一）征集档案的急迫性

征集的主要对象是新中国成立前的档案以及新中国成立后未归档的重要档案。新中国成立前的档案,尤其是革命历史档案,从五四运动到中华人民共和国成立,在这三十年中,各级组织和人民政权、军队、群众团体和企业事业单位形成的革命历史文件、电报以及出版物原稿,有的保存在档案部门,有的分散了,还有的散失了。战争年代的艰苦斗争环境,没有安全保管文件和档案的条件,档案材料的损失是很严重的。新中国成立后的档案,各地方、各机关实行文书处理部门立卷归档制度和现行机关向档案馆移交档案的制度,这部分档案比较完整。但是有些重要档案至今尚在个人手中,随时都有损毁的可能,也存在未及时征集的问题。

征集档案具有抢救历史文化财富的性质。如前所述,散失的档案多年深日久、自然损毁严重,其中有些档案的保管条件还不得而知,有些埋在地下或放在夹壁墙中,甚至散放在潮湿地方至今无人过问。这些档案如不尽快征集起来,就有完全毁坏的可能。即使有些革命历史档案,已被有关部门保管使用,但长期把档案原件放在展览柜内,文件已经变质发脆,如不尽快用复制品替换下来,原件也有完全毁掉的危险。至于访问革命老同志,撰写回忆录,建立口述档案更是当务之急。如不抓紧访问、撰写,损失更为严重。

征集档案是国家当前与长远利用的需要。历史档案记录了我国古代、近代和现代社会丰富的历史情况,是历史研究的珍贵史料。编写地方志、地方史、专业史,也都需要利用全面、可靠的历史文献材料,征集历史档案也正是为了满足这方面的需要。革命历史档案是政府领导全国人民进行长期斗争的宝贵的历史记录,是从事历史研究、理论研究、进行革命传统教育的重要材料。编辑与出版老一辈无产阶级革命家的选集和传记,编写军战史都急需革命历史档案。为了配合各级博物馆、纪念馆开展展览活动,形象地再现祖国灿烂的历史与文化,宣传革命的丰功伟绩,进行物质文明与精神文明的教育,档案馆征集档案提供档案（复制件）供他们使用,是很重要的一个方面。

（二）档案征集的途径

采取广泛宣传和措施得当的办法,使人们认识到档案集中保管的重大意义,并主动配合搞好档案的征集工作。主要途径有以下几种。

1.向有关单位征集代管新中国成立前的档案和资料由于历史的原因和工作的需要,

新中国成立前的政权机关的档案,多为公安部门代管。随着工作重点的转移,这部分档案保存在公安部门,已影响到档案的长久保管和作用的发挥。因此,向公安部门等有关单位征集历史档案已势在必行。

2. 向兄弟档案馆征集

行政区域的变化、隶属关系的变更,再加上历史的一些复杂因素,常常使同一地区、同一单位的档案分散到几处或若干档案馆。因此,在时机和条件成熟时应该与兄弟档案馆交换档案目录、档案复制品或档案原件。

3. 向图书馆、博物馆、纪念馆征集

由于各级档案馆建立较晚(1959年以后,全国逐步建立各级各类档案馆),新中国成立初的一段时间,有些历史档案被图书馆、博物馆、纪念馆收集保存起来,这是一件值得称道的事。但是,图书馆、博物馆、纪念馆和档案馆,各有不同的工作对象、不同的工作分工。博物馆、纪念馆可以展出档案的复制件,把档案原件交档案馆保存。档案馆保管的文物,也应当交给文博部门保存和展览。

4. 向古旧书店、废品收购部门征集

古旧书店、废品收购部门、造纸厂、文物商店等单位,都有可能接收一些历史档案。档案馆可以和这些部门联系,要讲明意图,签订合同,与档案馆搞好协作,通知其收到档案文件不要转卖出去,要交售档案部门。

5. 向寺庙、古迹保管部门征集

寺庙、古建筑反映了我国悠久的历史和文化,它保存有不同时期、不同朝代、不同数量的历史档案。其中一些时间久远,十分珍贵。档案馆应该遵循宗教政策,宣传档案工作的集中统一管理原则,本着自愿、协商的精神,到寺庙、古迹单位进行征集。即使征集不到原件,也可以征集一些复制品。

6. 向个人征集

有些历史档案被某些个人收藏,应该针对各种各样征集对象的特点,开展征集工作。档案馆可以向保存档案的个人购买。只要本人完全同意且自愿,也可以献交档案馆。但档案馆应为被征集者留存复制件作为纪念。

收藏历史档案者,对档案征集工作的意义和目的可能了解较少,存有种种顾虑,对此不能操之过急,要耐心解释和等待。向个人征集的方法可以多种多样,如发信询问、电话联系、登门拜访、委托有关部门代为征集。登门拜访征集是比较可取的办法。通过当面接触,可以进一步讲清意义,介绍档案馆良好的保管条件,消除其顾虑,增强信任感。

(三)在征集档案过程中,要正确处理好几种关系

1. 个人收藏与档案馆集中保管的关系

就某些个人来看,收藏的历史档案情况是很复杂的:有组织上委托保存的,有的是从已故去的老同志那里继承下来的,有的是为了珍藏而收集来的,甚至有些人是冒着生命

危险保存下来的。这些档案能够收藏至今，是热爱祖国、热爱史料的具体表现。多数人是愿意献交的。即使少数人思想不通，档案馆也不能操之过急，经过艰苦细致的工作他们还是能够献交的。

2. 征集档案与利用档案的关系

通过上述渠道征集的档案，要一律交给各级档案馆保存，不断丰富档案馆的馆藏。征集是为档案提供利用打基础，没有征集来的档案谈不上利用，而档案的提供利用又能促进档案征集工作的开展，征集与提供利用是相辅相成的。提供利用工作做得越好，越有利于征集的开展。

3. 征集档案与留作纪念的关系

无论单位或个人，过去冒着一定的风险收藏档案，是伟大的贡献；在国家进行征集时，能够顾全大局，毅然交出，这又是新的贡献。征集档案一般采取无偿征集和有偿征集两种方式，应该根据各种征集对象的不同情况，给予感谢、奖励或必要的报酬。比如，对于捐赠者可给予一定的荣誉，赠送复制品，并在今后使用上给予方便。对于有些同志上交多年珍贵的档案，也可采用有偿购买方式，经双方协商付给原著一定的物质报酬，以资鼓励。

4. 征集原件与征集复制件的关系

一般来说，征集档案应尽可能征集原件，但在某些情况下，如果收集不到原件，也可采取征集复制件的方法，以此来丰富档案馆藏的内容。

第四节　档案网站建设

档案网站是档案部门在互联的公共信息网络上建立的站点，它以网页方式提供相关信息和相关服务，构成公共信息网络的一个节点。档案网站建设是档案部门信息化建设的一项基础性工作和档案信息服务的重要手段。

档案网站最早于 1995 年在北美开始建设，如美国国家档案馆、加拿大国家档案馆等。至 2002 年年初，与联合国教科文组织档案门户网站实现链接的档案网站达到了 4000 多个，涵盖国际组织以及国家、城建、工商、军事、宗教等各种类型的档案馆，其中包含国家档案馆网站 95 个。

我国档案网站建设始于 20 世纪 90 年代中期。1996 年，北京市档案局（馆）在北京经济信息网上建立了主页；随后，上海市档案局（馆）于 1998 年 10 月通过上海科技信息网开通了自己的网站。目前，我国档案网站建设在数量上已初具规模，全国省级、市级档案局（馆）已建成 400 多家档案网站。国家档案门户网站的建成，以及各省级平台相继与政府门户网站实现互联，为逐步构建全国档案工作信息网奠定了基础。

一、档案网站的类型

随着信息技术和利用需求的发展，档案网站的功能和类型不断丰富，目前已建成的档案网站根据其所建环境、服务对象、建设主体和技术手段的不同而分为不同类型。这里仅介绍根据不同主体建设的网站类型，主要有：档案局（馆）网站、专业部门档案馆网站、企事业单位档案网站、档案刊物网站、档案教育与咨询网站、个人档案网站等，其中前三种是主流档案网站。

（一）档案局（馆）网站

档案局（馆）网站包括国家档案局网站和地方档案局（馆）网站。国家档案局网站既是国家档案局的官方站点，也是全国档案信息网站的门户网站，始建于 2002 年 12 月。国家档案局网站上提供了全国各省、自治区、直辖市档案局（馆）网站的链接，起到了引领网站的作用。地方档案局（馆）网站是发展最快、数量最多的一类网站，这些网站依托地方档案馆的馆藏资源提供在线档案信息服务，同时在网络上实现档案行政管理和行政服务功能。因此，地方档案局（馆）网站兼具档案局政务窗口、网上档案馆和地方档案网站门户三重作用。地方档案局（馆）网站名称不一，如"上海档案信息网""北京档案信息网""天津档案网""琼兰阁"（海南省档案馆网站）等。

（二）专门档案馆网站

专门档案馆网站是基于国家专门档案馆馆藏而建立的网上专业档案利用、服务站点，如外交部档案馆网站、上海市城市建设档案馆网站、辽宁省地质资料档案馆网站、贵州省测绘资料档案馆网站等。

（三）企事业单位档案网站

企事业单位档案网站是企事业单位依托本单位档案馆（室）资源而建立的提供档案宣传、查询和利用的站点，如上海大学档案馆网站、北京师范大学档案馆网站等。

（四）档案刊物网站

档案刊物网站是档案杂志社或档案出版机构在网上建立的具有网络出版、网上发行功能的档案站点，是为档案学者和档案从业人员提供学术探讨、业务交流和专业资源共享的园地。档案刊物网站有"档案知网"（《档案学通讯》杂志社主办，现已停办）、"档案界"（《档案管理》杂志社主办）、中国档案资讯网（《中国档案报》社主办）。这些刊物网站起步晚、数量少，但形式活泼、发展较快、访问量较大，在档案学术界影响较大。此外，大多数省级档案刊物在本省的档案局（馆）网站上开辟了专门的板块或栏目。

（五）档案教育与咨询网站

档案教育、咨询网站是档案教育机构、档案学会、档案研究机构或档案行政管理部门建立的,以档案教育、培训、咨询和档案业务交流、研讨为目的的档案站点。如"档案教育网"网站(中国档案学会主办)、"档案在线"网站(《中国档案信息主流网站发展状况及其用户需求的调查与分析》课题组主办)、上海大学图书情报档案系网站等。

（六）个人档案网站

个人档案网站是由档案专家、学者、档案从业人员或在校学生创建的,以探讨学术思想、交流工作经验、传递专业信息、分享专业体验为目的的各种形式的档案站点(包括博客),如中国人民大学胡鸿杰教授的"我思故我在"、辽宁大学赵彦昌教授的"中国档案学研究"等。

二、档案网站的作用

（一）档案宣传的新途径

档案网站为档案部门宣传档案工作提供了新的方式和新的窗口。互联网是继三大媒体(报纸、广播、电视)之后飞速发展起来的第四媒体,能够克服传统的档案宣传形式的诸多局限,成为档案部门加强和深化宣传工作的新窗口、新阵地。

利用网站宣传档案工作的主要优点有：生动活泼,图文声影并茂,容易被广大利用者所接受;传递迅速,宣传面较广,不受时间及空间的限制;针对性比较强,档案网站的来访及利用者的素质一般都比较高,能够通过自助方式找到所需信息资源,取得较好的宣传效果;兼容并蓄,能与报刊、广播、电视等多种宣传途径互联互补;档案宣传与档案利用结合得比较紧密,宣传的同时也可提供档案信息资源利用,使受知者更乐于接受,这是网站宣传的独特魅力。

（二）档案信息服务的新手段

档案网站为档案馆提供了改善服务的新手段、新渠道。档案馆可以充分利用网络分布广泛性、开放性、动态性和非线性等特点,在网上公布馆藏指南和检索目录,定期或不定期地进行特色档案信息发布等,通过网站为社会各界开辟一个档案信息服务的新通道。如北京市档案馆在其网站上上传了对外开放的70余万条开放档案目录,开通以来访问人次已经超过20余万,效果非常明显。

为提高档案信息资源的利用效率,充分发挥档案信息资源的作用,除正常接待查档外,许多档案馆开展了函电代查、代抄、代复制、档案咨询等多种形式的服务活动。互联网的发展又为档案馆提供了新的服务手段。电子邮件是互联网提供的一种快速、高效、方便、价廉的信息传递方式,通过电子邮件,不仅可以传递文字信息,还可以传递声音、图像、影像等多媒体信息。档案馆通过电子邮件这种形式可以突破函电代查、代抄、代复制的局限,为利用者提供更加及时、准确、全面的信息服务。一般档案馆都在主页上公布一个可供联系的电子邮件地址,这样远在外地、海外的利用者可以将其查档要求通过电子邮件告知档案馆,档案馆再根据其要求查阅后,将查档结果以电子邮件的形式传送给用户。

三、档案网站的具体功能

不同类型的档案网站由于所依托的档案资源、运行的网络环境和服务的对象不同,功能并不相同。

(一)档案检索

这是档案网站最基本的功能。其检索内容包括政府现行文件、主动公开信息、历史档案以及其他文献资料,检索层次可以是目录信息、全文信息或编研成果,检索途径有题名、档号、关键词、分类号等,检索方式可有简单检索、高级检索等。网上档案信息检索还可采取动态检索链接机制,提供"站内检索""站外检索"或"复合式检索",实现跨库检索。对于内网网站,采用身份识别、权限控制、内容分级管理等机制;对于面向社会公众的外网网站,目前仅限于开放档案的目录查询和部分开放档案的全文查阅。

(二)档案管理

档案馆(室)将其档案管理业务的某些环节或内容延伸至档案网站,以适应管理环境的网络化,提高档案管理效率。基于外网的档案网站,除提供上述的检索业务外,一般兼有档案发布、档案征集、在线移交、档案展览、业务咨询、借阅服务等功能。而基于档案馆、室内部局域网的档案网站,通常是整个档案馆(室)业务管理系统的统一平台,网站上集成了档案管理业务的各个方面。

(三)档案行政

同样,档案行政管理部门将其行政管理职能拓展至档案网站。档案局(馆)网站主页一般设有"政务公开""政策法规""业务指导""在线审批""行政投诉"等栏目,具有政策解读、规范性文件发布、网上办公等政务功能。

(四)档案宣传

档案机构可利用网站这一信息平台,通过设置"馆室概况""馆(室)藏介绍""服务指南""工作动态""行业要闻"等栏目,全方位、多角度地宣传、介绍档案机构、档案工作和档案职业,帮助公众了解已有的档案馆(室)藏和档案信息服务,使档案网站成为网络环境中档案机构形象和档案职业形象的缩影,提升了档案机构的社会影响力,增强了社会大众的档案意识。

(五)交流互动

档案网站可通过设立"建言献策"、"用户园地"(BBS)、"统计调查"等专题栏目,开辟用户博客、微博空间,提供电子邮箱、微信公众号及其二维码,开通网上实时咨询(IM),

开通手机 APP 程序模块等功能，收集档案用户的反馈意见，征询社会各界对档案工作的建议，答复各类用户的咨询、提问，在档案机构与社会公众之间架起双向沟通的桥梁，使档案网站成为档案用户、档案管理者、档案形成者、档案专家多方交流、协助互动的信息平台。

（六）文化展示

档案网站可设立"珍藏集萃""特藏展室""专题展览""在线参观""名人档案"等栏目，利用信息网络极强的辐射力展示具有重要历史意义和美学欣赏价值的珍贵档案藏品。通过网上展览，展示人类社会发展的文明财富，弘扬民族文化，传承历史记忆，提升档案网站文化品位，体现档案机构的文化内涵及其对保护人类文明的重要意义。

（七）专业教育

档案网站通过设立"教学园地""网上课堂""知识天地"等栏目，利用组合教育资源的优势和分散式教学模式的便利，及时发布专业教育信息，上传课程教育资源，面向档案从业者和社会公众开设档案专业培训和档案文化讲座。例如，美国 NARA 网站的 Educators and Students 栏目，为在校学生和社会公众准备了形象生动的多媒体教育资源，以丰富的档案史料串联起来的学习内容，使访问者在浏览的兴趣中提高了档案意识和档案技能。中国档案学会还专门建立了"文件与档案工作者继续教育园地——档案教育网"网站。

第七章 档案数字化建设

第一节 档案数字化建设基础知识

一、档案数字化建设目的

档案数字化建设是指利用计算机技术、扫描技术、图形图像处理技术、数据库技术等把各种载体的馆藏档案转化为数字化档案信息，以数字化的形式存储，以网络化的形式互联，采用计算机系统进行管理，借助数字化技术平台实现快速检索与利用，从而实现档案信息资源共享。

数字化建设的目的是使档案馆（室）现有的档案文件资料全部实现数字化处理，建立健全档案目录数据库、现行文件全文数据库和多媒体数据库（照片、音频、视频等），通过数据接口和政务办公系统联通，用先进的数字化档案管理系统提供安全、高效的管理和利用，实现真正的资源共享。

（一）提高档案信息的利用价值和档案资源共享

1.传统档案管理"重藏轻用"，手工查询档案信息效率极其低下，档案的利用价值不大。随着档案管理信息化时代的到来，档案管理人员能够轻而易举地在信息库中查询到需要的档案信息，不再受"孤本"的限制，一份文件可以同时提供给所有需要它的人共享。

2.数字影像文件可以通过计算机局域网或者广域网进行异地传输，使异地调阅利用成为可能，扩大了档案的利用空间。

3.数字化信息以电磁信号为存储媒介，具有跨区域的超速查询，实现网络资源的共享，利用者可以随时使用自己需要的已开放的档案信息资源，大大提高了档案信息的利用价值。

（二）提高工作效率，降低档案利用成本

通过档案数字化建设，档案信息的查询利用工作实现了智能一体化，简化了传统档案查询的烦琐流程。利用者通过数字化档案管理系统随时查询利用所需要的电子文档数据信息，避免了传统档案利用方法对档案资料实体的多次辗转所造成的大量时间浪费和重复劳动现象，从而提高了工作效率，降低了档案信息利用的成本。

（三）提高保管和保护库存档案实体安全性

1.档案数字化管理可以通过使用权限控制直接在网上查阅打印，减少了对库存档案的调阅次数和复印次数，降低了库存档案的老化速度，解决了档案反复借阅利用和档案保管的矛盾，从而可以最大限度地对库存档案进行有效的保管和保护，确保档案实体安全。

2.通过异地异质备份多套档案数字化副本，确保档案信息的安全，规避各种自然灾害或战争等人为损坏对档案信息可能带来的灾难性后果。

3.恢复档案材料模糊的字迹及对污损残缺照片档案的修复。

二、档案数字化要求

（一）规范性要求

规范性是开展档案信息数字化最基本的要求，也是确保数字档案信息可用性的基本条件。所有数字化的档案信息必须按照规定的技术模式、文件格式和工作标准进行数字化，并尽可能采取通用标准。档案数字化的目的是利用网络这种新的信息传递方式来提供档案服务，因此，数字档案信息的存储与传递必须制定并采取各方认可的规范与标准，以避免因存储格式和软件平台的不同而不断转换，造成资源浪费和时间延误，降低信息存储与传输的效率。目前，我国档案界已制定了许多数字化规范，对档案信息的数字化起到了很好的规范作用。例如2005年4月，国家档案局为纸质档案的数字化发布了档案行业标准《纸质档案数字化技术规范》以及四川省档案局发布了《四川省档案资料数字化标准》（川档发〔2005〕6号）等，对照片、录音、录像和缩微影像档案的数字化规范做了相应规范。规范化还有助于选择最佳的档案数字化技术方案。

（二）安全性要求

安全是开展档案信息数字化必须考虑的重要因素。

1.确保档案原件的安全

数字化需要对档案原件进行扫描、录音或摄录，因而有可能对原件进行拆卷、加工或其他必要的处理。由于数字化档案大多数是要继续保存的，在数字化处理过程中必须最大限度地保护档案原件，尽量避免造成档案原件内部特征和外部特征的不可逆变化。否则，一旦发现处理质量不尽如人意或者处理好的数字化档案信息破坏和丢失，便没有挽回的余地。对于具有文物或史料价值的档案，遵守这一点尤为重要。为将数字化工作对档案原件的安全威胁降至最低，必须仔细设计档案数字化的工作流程，制定严格的操作规程，确保数字化工作安全有序地开展。

2.维护档案信息的保密性

我国档案行业标准《纸质档案数字化技术规范》要求，"纸质档案的数字化，必须符合国家档案开放规定以及有关规定""对所要进行数字化的对象要按照一定的原则和方法进行确认。虽然数字化的档案大多数是开放性的文件，不具有保密性，但为了保护档案原件或为备份拟移交文件而进行的数字化，则可能涉及保密档案"。档案数字化工程常常有外来人员参与或交由专门的数字化公司承担，为此对参与数字化工作的公司和人员应进行严格的安全保密教育，签订安全保密协议，限定其操作权限和保密责任。对于内容十分敏感或者有非常严格的使用范围的档案文件，应考虑由专门人员采用专门的设施进行数字化。

数字化后应将过程中存在操作终端或服务器中的相关文件彻底删除。

（三）效率性要求

档案数字化工作面广量大、耗时耗材，必须提高工作效率与效益。

1. 要采取最优化的技术方案

应在充分研究的基础上选择最优化的档案数字化方案，包括最优化的工作流程、最合理的文件格式、最有效的信息存储模式和高效经济的数字化加工系统。技术方案决定着整个数字化工程的成败和效率。数字化加工系统的效率与设备投入的多少并不成正比，高效的数字化加工系统是硬件设备、软件系统和工作流程的合理配置，一味追求高配置的硬件设备，讲究扫描仪的扫描速度而忽视软件处理效率和加工力量的配备，会因设备利用率低下而造成浪费。多数情况下，配置两台中速扫描仪要比配置一台高速扫描仪的性价比更高。

2. 要实现档案数字化工程的专业化和社会化

对传统档案的数字化是档案工作从纸质时代向数字时代转型的过渡性工作。在过渡阶段，由于传统档案存量较多，需要集中处理，数字化任务比较繁重。但存量得到解决后，随着无纸化办公的进一步发展，档案数字化任务也就基本完成了。因此，对大部分档案馆来说，数字化只是阶段性工作，至少经过一个阶段后工作量会锐减。每个档案馆都配置庞大的数字化加工系统是没有必要的，可以通过相互合作或通过外部的数字化公司来集中解决过渡时期的档案数字化任务，由此以较低的成本获得专业化服务，避免大量高配置设备的低利用率，从而提高整个社会的档案数字化劳动效率。

第二节　数字档案馆馆藏档案数字化

一、馆藏档案数字化规划与实施

（一）馆藏分析及数字化方案

1. 数字档案馆馆藏分析

馆藏档案数字化工作的对象主要是传统载体档案、资料，包括纸质档案、音像档案、照片档案等。馆藏档案数字化是建设数字档案馆的基础，对于档案信息资源开发、共享的意义重大，同时对档案的安全保护工作也具有重大意义。馆藏档案经过数字化处理后，可以节省档案存储空间，缓解库房紧张的压力。对档案原件进行封存管理，从而减少对原件的磨损等各种人为损害或自然侵害，充分保障档案的安全。

许多档案馆已经对馆藏档案数字化进行了实践，积累了一定的经验，对全国档案数字化建设起到了推动作用。总结以前我国档案数字化建设的不足和失误，往往不是信息技术支持不够，而是档案数字化利用的主题不突出，忽略档案开放鉴定与数字化档案利用的逻辑关系，对先剔除无用档案后开展数字化的思路不明确，进而出现数字化目录数据和全文数据不对应、查找和利用困难等问题。档案数字化的量虽多，但能上网利用或者说能上互联网利用的很少，数字化返工的现象比较突出，使有限的资金投入并没有体现在数字化档案的利用效益上，这一点已引起档案系统管理和技术高层领导的重视，许多实践工作者已开始进行有益的探索。

在 2012 年年底召开的全国档案局长馆长会议上，国家档案局局长杨冬权同志提出了 2020 年全国档案馆档案数字化数量比 2010 年翻两番的硬指标。2013 年 10 月在江苏太仓召开的全国数字档案馆（室）建设推进上，杨冬权同志提出用 15 年左右的时间，县以上各级国家档案馆对馆藏传统载体档案全部数字化并实现数字化利用、县直机关以上档案室传统载体档案基本数字化并实现数字化利用的目标。在档案行政主管部门的督促要求和一系列政策标准的引领和规范下，近年来，我国档案数字化工作发展迅速，档案数字化基础设施建设不断加强，档案数字化规模不断扩大，涌现出一批馆藏档案数字化工作的先进典型性档案馆，如江苏太仓市档案馆从 1999 年开始进行档案数字化工作，目前在全国率先实现了全市馆藏档案全部数字化和所有进馆单位档案室档案数字化"两个百分百"的目标。

国内东部地区和中西部地区档案馆之间、省州市级和县级档案馆之间、同一省份内的不同县级档案馆之间的馆藏档案数字化工作进展程度不一、差距很大。东部地区档案馆、省州市级档案馆和重视数字化工作的县级档案馆的馆藏档案数字化工作开展较早、进展较快，已基本实现目录级及部分馆藏档案的数字化工作。相比之下，中西部地区档案馆尤其是经济欠发达的西南地区多数县级综合档案馆的馆藏档案数字化工作进展较为缓慢。

（1）馆藏档案数字资源建设情况

目前，西南地区绝大多数县级档案还处于档案目录数据库建设阶段，文档资料本身并没有数字化，仍以纸质形式存在，其管理、查询与利用仍然主要依靠传统的人工手动的方法，工作水平较低。即使有部分档案馆针对本馆的民生档案和珍贵历史档案进行了扫描加工，其所占馆藏的比例也非常低，而且这项工作也仅仅在市级及以上档案馆中开展，绝大多数县级档案馆尚未开展或仅在筹备之中。有的县级档案馆连案卷级目录数据库都尚未开始建设，档案全文数字化更是一片空白。同时，西南地区县级综合档案馆数字化工作与发达地区的县级综合档案馆之间、本地省市级档案馆之间、省内不同县份的县级档案馆之间相比差距巨大。

同一省份内的不同县级综合档案馆相比差距巨大。就四川省而言，北川县等少数几个档案馆借 2008 年汶川地震灾后档案抢救修复之机开展了馆藏档案全文数字化工作，目前，馆藏档案数字化率基本已达到 100%；截至 2014 年底，全省 21 个市（州）级档案馆中共有 19 个开展了目录数据库的建设，占全省的 91%，已完成案卷级目录 195.23 万条、文件级目录 2966.88 万条；全省 21 个市（州）级档案馆中共有 13 个开展了全文数据库建设，占全省的 62%。

已完成以卷为单位的文书档案 308839 卷，数字化比例平均 8.1%。已完成以件为单位的文书档案 373136 件，数字化比例平均为 19.9%；在多媒体数据库建设方面，全省已数据化的照片档案为 290407 张，容量为 312.26GB。全省数字化的声像档案共 3955.64 小时，为 1859.3GB。

在数字档案资源建设的方式（即加工形式）上，目前主要有两种形式，一是外包加工，一是自行加工。从调研情况看，大部分档案馆选择了外包加工，个别档案馆选择了自行加工（如遂宁市档案馆、什邡市档案馆）。外包服务方式速度快、效率高，不需要采购加工设备，但需要加强加工质量、档案及档案信息安全的把控和监督。自行加工可保证加工质量，同时可以及时开展对破损档案的修裱修复，以及对档案及档案信息的安全监控，但需要一次性投入购置设备，培养懂技术的专业人才。

（2）政策支持及经费投入

绝大多数开展数字化工作的县级档案馆没有专项资金支持，只能用一些临时申请的资金进行建设，工作的延续性和配套性较差，甚至有的县级档案馆受经费的限制，至今无法开展数字化工作。有的县级档案馆为建新馆已使地方财政投入了大笔经费，无法依靠有限的地方财政来立刻解决数字化经费问题。

总体上，大多数市（州）党委、政府都重视数字档案馆建设工作。截至 2014 年底，全省共有 8 个市（州）把数字档案馆（室）建设工作纳入了当地的政府信息化建设规划，出台了专门的涉及数字档案馆建设的文件。全省各市（州）都把数字档案馆工作列入本局（馆）工作规划。全省各市（州）用于数字档案馆建设的费用投入累计达 10616.9 万元，其中大部分为专项经费，市（州）本级总投入 4691.6 万元，县、区级总投入 5925.3 万元。有少数市（州）数字档案馆建设经费已列入当地常年财政预算，逐年投入，例如广安、眉山等。但也存在对数字档案馆（室）建设认识不到位，工作不重视等情况，如数字档案室的建设投入，除部分系统如烟草、国土、法院等之外，其他部门普遍投入不足或没有投入。

（3）档案数字化人才队伍建设

档案数字化工作需要通过计算机输入设备、扫描设备、图形处理设备、音频视频处理设备等把档案信息内容如实完整地录入计算机系统，只有能熟练操作这些设备、使用相关系统软件的人员才能胜任。同时，档案数字化工作是在档案原件的基础上进行操作的，它要求在如实转录档案信息内容的同时又要维护档案的安全、完整,只有具备了档案专业基础知识的人员才能胜任这项工作。因此,档案数字化要求工作人员既要掌握档案管理专业基础知识又要具备较高的计算机能力。而县级档案馆工作人员中的绝大多数既非档案专业毕业,也不具备相关的计算机能力和信息处理能力,更没有机会参加档案数字化工作的相关培训,因而缺乏档案数字化工作所要求的相关技能。而且,县级档案馆人员编制一般为 6~10 人,人员编制偏少,而档案馆工作量由于馆藏量的逐年增加和普通民众档案利用需求的增长而日益增强,加上国家规定近五年各单位人员编制只减不增,因而导致县级档案馆无法设置专门的工作人员来进行档案数字化工作。现在有的档案馆把馆藏数字化工作外包给别的单位来做,但往往容易出现漏扫、不清晰、规范性不统一等问题,这是因为这些承包单位的工作人员缺乏档案专业基础知识所致。人才的缺乏成为制约县级综合档案馆实施档案数字化工程的一大瓶颈。

2. 馆藏档案数字化方案

档案信息数字化的内容主要有两个方面:一是增量档案信息的电子化;二是馆藏档案信息数字化。馆藏档案是指已经履行文件材料的物理归档手续,并经档案管理工作者整理上架待检索查阅的档案信息。

馆藏档案信息数字化是经过扫描仪、数码相机等数字化设备将档案信息由各种物理载体形式转换出来的数字信息。这类档案数字化工作量较大,要有目的、有计划地进行。通常情况下馆藏档案数字化方案包括以下几方面的内容:

(1)需求分析:调查分析馆藏情况,包括档案的类型、载体形态与状态、馆藏数量等基本情况。根据馆藏情况制定档案数字化的科学规划,确定项目需求,根据需求考察当前各种高速扫描系统的集成解决方案。

(2)前期调研:在项目开始前,首先要进行馆藏档案情况调研,对档案的数据范围、纸质情况、整理情况进行了解,然后依据预定工期,对项目所需各类人员配给、项目实施工期等做出合理安排,并提交研究报告。

(3)项目策划:项目正式开始实施前召开项目启动会,明确双方项目职责、项目目标及项目范围、加工场地准备、人员准备及岗位设置、软硬件设备准备、签订保密协议及制定保密措施、制订项目实施计划、流程控制和风险管理等内容,形成会议纪要并存档。

(4)数字化加工流程设计:主要步骤有档案实体提卷、档案整理、档案的扫描、图像处理、质量检验、批量挂接和案卷整理入库。在进行数字化时,还要注重档案数字化工作与档案数据库建设、档案信息网络开发的有机衔接;提出系统优化的技术路线,规划设计档案鉴定与数字化同步、档案数字化与网上利用同步、多种档案数据库建设同步的流程,以实现档案数字化与上网利用的低成本、高效率、高效益。

(5)质量控制及保障措施:严格制订人员和设备投入计划,确保人员设备供应,为项目进度和质量提供保障;建立多环节、多层次的质量检查体系;阶段性验收与终验相结合等质量控制措施。

（6）安全保密控制：数字化加工过程中，不允许加工人员携带任何存储介质进出加工现场。建立并严格落实安全保密制度，同时与加工人员签订保密协议，做到档案资料绝对不外泄。

（二）资金预算

馆藏档案数字化经费预算主要包括硬件购置费、软件购置费、数据加工费、标准编制费及调研培训费等，在实际经费预算中，根据不同区域、不同部门的实际情况而定。

（三）实施方式的选择

数字化加工实施方式主要包括自主加工、外包加工等。外包加工就是将档案数字化加工外包给专业公司。自主加工就是靠档案馆自身的力量来对档案进行数字化加工。面对数量庞大的档案目录输入和档案原文扫描的档案数字化工作，档案部门完全依靠自身力量完成馆藏档案的数字化工作已愈发显得力不从心。现在档案数字化加工业务外包已成为一种趋势，仅我省就有许多家这样的外包公司，也有不少档案馆选择了档案数字化加工外包。

1. 外包加工与自主加工利弊分析

（1）效率方面

档案数字化外包加工，加工速度快，可以在较短时间内完成数字化加工工作，使档案人员能有较多时间和精力投入其他档案业务工作中。但是如果监管不严，容易对档案造成损毁、泄密以及质量差错，同时容易造成档案工作人员的依赖性，使档案工作人员失去与现代信息技术亲密接触的机会，虽然档案工作人员直接参与外包的全程监督检查，但不能掌握和使用其技能，而必须依赖于外包公司，那么，不仅档案工作人员将被边缘化，反过来还将影响档案工作，影响档案事业的健康发展。

（2）资金方面

目前，档案部门经费预算虽然在逐年增加，但仍然是有限的。外包加工是靠资金做支撑后盾的，没有资金外包就难以为继。而且一旦外包，尤其是大规模的外包后，就会产生对外包的依赖性。档案数字化加工是一个长期的工作，外包就需要大量的资金来支撑。以一个县级档案馆为例，一般馆藏档案在 10 万卷左右。如果都按照文书档案计算，每卷平均 15 份文件，需要输入目录 150 万条，以每条 0.3 元计算，需资金 45 万元。按每卷平均 100 页计算，需要扫描 1000 万页，以每页 0.4 元计算，需资金 400 万元，两项合计 445 万元。这只是输入目录和扫描的加工费用，如果要做档案抢救修复、全文检索加工等，费用最少是这一费用的两倍。如果是像公证、婚姻、退伍军人等民生档案，目录的条目会更多。而这也只是现有馆藏档案数字化加工的费用。在各单位保存 20 年的需进馆档案同样有一个数字化加工的问题，同样也需要费用，这笔费用也不是小数。今后即便是普及格式电子公文了，还有大量的非电子公文文件，如会议记录等也还需要数字化加工。所以对于档案馆来说,档案数字化加工是一项长期的任务,如果是外包,资金投入是惊人的。如果是内包,将会节约大量的资金。

外包显然大大增加了档案馆的运行成本和数字档案馆的建设成本,把有限的资金大部分投入档案数字化外包上,尤其是经济条件不太好的地区的一些档案馆,很明显是得不偿失。还有的档案馆连购买计算机、扫描仪等信息化硬件设备都舍不得,却把有限的资金都投入外包上,更是偏离了档案信息化的方向,而且是不可持续发展的。

(3)质量方面

要保证外包加工质量,就必须加大对外包的监管力度。而外包公司大都是商业行为,它们追求的是速度和数量,而不是质量。外包公司档案业务能力并不一定很强,人员素质也不一定非常高。大多数外包公司员工都是专科学生,还不是档案专业的。即便是有档案专业背景的,也大都是新毕业的学生,他们对档案的熟悉仍需要一段相当长的时间。要保证档案数字化加工的质量,唯一的选择就是档案馆加大检查的力度,最好是做到百分之百的检查。然而,档案的数字化加工,不论是档案目录输入还是扫描,都有其特殊性,它们的质量依赖于原档案整理的质量,并不是照原档案目录一字不差地录入就可以保证质量,如果原来的目录就有差错,则必须查看档案原件才能校对纠正。而且由于历史的原因,手工目录中掉字、错字、省略的现象特别多。扫描档案也同样有问题,档案中也存在不少有目录没有档案文件、有档案文件没有目录、少页、错装等现象。对于这些问题,必须是有一定档案工作经验的人才能看出来,对于外包公司的加工人员来说他们基本上看不出来。因此要保证质量就必须百分之百地检查,而百分之百的检查则需要档案馆投入相当大的人力,基本上跟自己做一遍差不多。还有像民国档案、革命历史档案以及新中国成立初期的档案的数字化加工,这些档案大都是繁体字,外包公司雇的人员多是年轻人,对繁体字大都不熟悉,对档案文件的行文方式、文种等更是摸不着头脑。对这些档案进行数字化加工,不论是档案目录加工、扫描加工,还是全文数字化加工,其检查没有三遍五遍是很难达到质量要求的。档案馆人员检查的工作量可能会比自己做一遍更费功夫。档案馆要认真地严把质量关,那么一般的外包结局不是"双赢"而是"双输"。外包公司由于频繁地返工,增加了成本,基本不赚钱甚至赔钱。对于档案馆来说,投入了大量的人力检查,比自己做还费工费时,还得搭上外包加工费。很显然外包既没有降低成本,也没有节省时间,更没有提高效率和质量,也就不可能集中精力更有效地完成工作的核心业务和追求更高的任务目标。

自主加工,质量问题相对于外包要好得多,这里除了档案馆人员具有档案专业知识和工作经验外,更重要的是还有档案馆人员对档案工作的责任心。

(4)安全和保密方面

如果是自主加工,只要遵守档案馆的各项管理制度,基本不存在档案数字化加工的安全和保密问题。由于是自主加工,就杜绝了加工数据不在自己的计算机硬盘内或被U盘拷走等不安全和有可能泄密的途径,保证了档案数字化加工数据的安全性和保密性。

对于外包加工来说,档案数字化加工的安全和保密问题就成了一个非常重要的问题。要做到外包档案数字化加工的安全和保密,除了选择可靠的外包公司和签订安全保密协议外,档案馆要提供计算机、扫描仪及存储设备、加工场地,还要在加工场地安装监控设备,档案馆还要派人员实施全过程直接监管,只要有外包人员在,档案馆监管人员就不能离开工作场地。如果是使用外包公司的设备,在完成档案数字化加工任务后,档案馆还必须与保密行政管理部门检查外包公司所用设备中是否有信息留存,对于有信息留存的,必须清除信息并做安全技术处理。外包公司使用过的存储器也必须退回档案馆做处理,防止外包公司在加工过程中非法下载、留存、持有、使用任何档案信息,以确保档案信息在数字化加工过程中的安全性和保密性。而且在长达数月甚至一年的外包加工期间,任何一个小的疏漏,都有可能使档案信息不安全。

(5)人员素质方面

档案信息化的关键是档案工作人员的信息化素质提升。计算机、扫描仪、刻录机等信息化设备的操作,各类档案管理软件和一般软件的使用,应该是每一个档案馆工作人员的基本功,如果没有这些做基础,档案信息化建设就无从谈起。如果没有较高档案信息化素质的档案工作人员,即使外包输入的档案目录再多、扫描再多,没有人会用,出了问题也没有人知道。档案信息化不只是档案馆某几个技术人员的事,而是全体人员的事,提高全员档案信息化素质是每个档案馆工作的重要内容。如果长期外包,不仅会使档案馆的人员形成外包“依赖”,而且由于不接触信息化设备,不了解管理软件,还会产生对档案数字化加工的“神秘感”和“恐惧感”,这既不利于档案馆人员的档案信息化素质的提高,也不利于档案信息化建设。

自主加工过程,实际上就是一个熟悉信息化软硬件及其应用与管理的过程。

在进行档案数字化加工的过程中,由于经常操作计算机、扫描仪,使用扫描软件和档案管理软件,无形中消除了对档案数字化加工的“神秘感”和“恐惧感”。而且在档案数字化加工的过程中会出现这样或那样的问题,解决一个问题就会有一次收获、有一定的长进。这样在不知不觉中就会提高档案信息化知识水平,为适应档案信息化,为使用现代信息技术提高档案的利用率打下了坚实的基础。

(6)熟悉馆藏方面

熟悉馆藏是每个档案馆工作人员的必修课,它对于提供利用、档案鉴定、档案编研等都有着重要的意义和作用。熟悉馆藏包括两个方面:一是熟悉档案的内容、熟悉档案目录;二是熟悉档案的形式,包括行文方式、文种、语言风格等。但是,由于种种原因,这些年这门必修课在渐渐地被淡忘,这不利于档案工作的开展。档案数字化自主加工,给档案人员提供了一次熟悉馆藏的机会,使档案馆的每一个人都可以对档案亲密接触,熟悉馆藏,为今后做好其他档案工作打下良好的基础。

2.外包加工与自主加工的选择

通过对外包与自主加工利弊的分析,实际上外包加工并没有显示出绝对明显的优势。所谓外包加工更加专业、速度快、效率高等,是片面的,所谓专业,不过是打字录入比我们档案馆的人员快,操作扫描仪比档案馆的人员快而已。档案数字化加工有其特殊性,它不像加工一般文献那样简单,反而是档案馆的人员比外包人员更专业。

档案数字化工作实际上是档案信息化建设派生出来的档案馆的新职能,档案数字化是一个渐进的过程,是档案馆的一项长期性的工作任务。它不可能靠一两次外包来完成,长期外包也不可能从根本上解决问题,立足于自身能力的提高才是问题的解决之道。

许多档案馆选择外包还有另外一个原因:一方面是单位领导对档案工作重视不够,致使单位无固定的档案管理人员,更谈不上配备档案工作所需的软硬件设施;另一方面是随着档案信息化建设的发展,档案部门缺乏熟练掌握现代信息技术的人员,同时馆藏量大,数字化加工工作量巨大,短时间难以完成。尤其是在档案馆测评升级中又有档案数字化的要求,为了早日升级,在时间紧任务重的情况下,不得不将馆藏档案数字化工作外包。

当然,也不应该一律排斥外包,对于那些开放的档案目录,开放档案中那些比较清晰、容易加工且数量较大的,可以选择外包。不过,档案馆要加强保密和监督、检查措施。

二、案例:档案馆档案数字化项目

(以四川省档案馆民国重点档案抢救数字化加工为例)

1. 项目建设内容

四川省档案馆馆藏国家重点档案(民国档案)抢救,档案数量约 3.5 万卷,其中包括修裱档案 100 余万页,扫描 500 万余幅等。抢救内容包括清理页码、除尘、去霉、脱酸、字迹恢复、字迹加固、区分应修裱档案及不修裱档案、揭旧、揭粘、修补、托裱、平整、数字化、目录数据库建立、档案系统整理、整合、案卷题名修改或重新拟写、更换或增添卷皮、档案题名拟写、更换卷皮、抄写封面、装订、装卷、装盒、冷冻杀虫灭菌消毒、打印两套各全宗案卷目录等。

2. 项目质量要求

(1)档案抢救修复必须符合修裱技术规范及四川省档案局(馆)档案修复相关技术标准。

(2)清理页码、除尘、去霉、脱酸、字迹恢复、字迹加固等抢救前期工作必须符合档案整理和档案保护技术相关标准和要求。

(3)区分档案必须按照《四川省国家重点档案修裱操作规程》和《四川省国家重点档案(民国部分)抢救修裱技术要求》的规定执行,要求区分恰当、统计准确,不能遗漏,更不能超范围修裱。

(4)修裱操作必须符合《档案修裱技术规范》《四川省国家重点档案修裱操作规程》和《四川省国家重点档案(民国部分)抢救修裱技术要求》的相关规定。

3. 项目验收要求

(1)首先成立验收小组,验收小组成员由省档案局(馆)组织相关人员,加工方指定专人协助验收。

（2）数据检验以数据抽检的方式进行，检查要覆盖所有已完成数字化转换的数据，包括目录数据库、图像文件及数据挂接的总体质量。数据验收进行抽检的比率不低于 5%。

（3）严格按照《纸质档案数字化技术规范》《四川省国家重点档案（民国部分）抢救数字化加工技术要求》执行，要求档号、控制符、数据挂接准确率达到 100%，其他项目合格率达到 98%（含 98%）以上予以验收通过，并填写《纸质档案数字化验收登记表》，做好验收记录。抽检合格率在 98% 以下，提交验收数据全部发回加工单位全面自检，直至达到验收要求。合格率换算公式：合格率 = 抽检合格的文件数 / 抽检文件总数 ×100%。

（4）档案实体验收必须逐卷清点，按档案数量、文件状况、卷内文件页数与顺序、装订要求等进行质检，如发现档案丢失、损坏、圈画或涂改等将追究法律责任；顺序错误、装订不符合要求、卷间文件颠倒等作为差错，合格率达到 98%（含 98%）以上予以验收通过。

（5）数据验收合格后，加工单位需刻录光盘或硬盘等两份移交给 ×× 档案馆，目录和全文数据要向省局档案馆数据库迁移。

4. 安全要求

严格遵守《保密守则》及省档案馆的相关规定。档案扫描工作必须在省档案馆指定的场所内进行，确保场所的正常秩序和安全。具体要求：

（1）与项目工作人员签订保密协议，加强对工作人员的保密教育。

（2）建立严格的保密制度，加强管理，杜绝工作人员对档案及档案信息的私自复制行为。

（3）不同的工序之间要采取措施，杜绝泄密事故的发生。

（4）扫描加工场地的安全及保密措施，安装监控设备，保证档案原件的安全和保密。在工作平台上建立监管系统，实时监控工作人员的操作过程，统一记录保存。

（5）在分批验收进行数据移交时，工作站上的数据必须在省档案馆工作人员的现场监督下销毁，同时移交该批次数字化加工的监管系统监控记录。

（6）不得在工作场所使用与工作无关的任何电器设备。

第三节　其他载体档案数字化

一、照片档案数字化

照片档案主要包括照片、底片和文字说明三部分，这三部分缺一不可，否则说明该照片档案不完整。照片档案数字化工作就是将照片档案信息资源通过电子数字形式转化到数据库或光盘上。照片档案数字化既是现代信息社会对档案工作发展的客观要求，也是档案管理工作信息化的重要内容。它既充实了档案馆的数字库信息结构和内容，同时也提高了档案馆的档案信息、资源开发利用能力。

照片档案数字化有利于实现档案信息的利用，提高照片档案查找的准确性和速度，并最大限度地减少照片档案原件的直接利用，以确保档案原件的安全。

但照片档案扫描后形成的电子文件也存在着可更改性，面临着真实性和电子文件存在的长久性问题。因此照片档案数字化的主要目的是便于查找和利用。

（一）照片档案数字化

照片档案数字化主要通过扫描仪扫描输入和数码相机进行翻拍录入两种方式。照片档案数字化设备通常使用的就是扫描仪，扫描仪适用于处理各类照片档案的数字化，其操作过程相对简单，使用比较广泛；数码相机翻拍录入的方法虽然快捷方便，但在拍摄过程中对于拍摄技术和数码相机的性能要求比较高，因此使用数码相机翻拍相对较少。

（二）照片档案数字化保存格式选择

数字化照片档案的存储格式一般包括 BMP、JPEG、PIG、TIFF 等，通常情况下选择 JPEG 格式或 TIFF 格式。近年来，JPEG 技术发展较快，同时许多软硬件都支持 JPEG 文件，原件经过压缩可节省数据库空间，制作成本低，但是 JPEG 文件格式经过压缩后会损失部分图像信息，所以对于一些比较重要的、要求高保真度的照片档案最好选择无损方式存储，如 TIFF 格式，这种格式易于转换成其他的格式。

（三）照片档案数字化基本流程

照片档案数字化基本流程包括前期准备、扫描参数确定、照片档案扫描加工、图像文件处理保存并刻录光盘备份、编写说明文件、质检、进库保存。

（四）照片档案数字化存在的问题

1. 照片档案数字化还没有统一的照片档案数据格式。随着国家信息化建设的进一步推进，全国各地数字化档案馆纷纷建成，发达地区很多数字档案馆通过计算机网络实现了跨地区、跨部门、跨时空的档案信息、资源共享。这些发达地区虽然制定了本地区的照片档案数据格式，但全国档案系统还没有一个统一的档案数据格式。因此，开展照片档案数字化工作存在的一个重要问题就是照片档案数据格式统一的问题。否则，虽然各地档案部门都开展了这方面的工作，形成了本馆的档案数据库，但由于数据格式不统一，就难以实现网上的档案资源共享。

2. 照片档案数字化工作人才和资金问题。照片档案数字化工作需要投入大量的资金和高技术人才。人才和资金问题是各级档案部门面临的难题。很多档案部门为了加强高技术人才队伍建设，逐渐引进计算机和网络管理方面的人才，加大了计算机等现代化软硬件设备的投入，但中西部档案馆尤其是区县级档案部门仍然严重缺乏高技术人才。因此，在开展照片档案数字化加工时，有条件的单位可以独立开展，条件不具备的单位可以在确保档案信息安全的前提下,通过委托方式进行。

二、音频档案数字化

音频档案包括唱片、领导讲话、座谈、会议录音带等以声音为信息表达方式的档案材料。音频档案在长期保管和反复利用过程中不可避免地产生磁性衰减和信息失真现象,因此音频档案数字化工作非常重要,通过对音频档案的数字化可以加强对原始音频档案的保护;同时模拟录音档案对播放设备具有较强的依赖性,随着设备的淘汰和记录方式的变更,许多音频档案无法查找利用。

(一)音频档案数字化流程

模拟音频档案是将模拟信号记录在录音带、唱片等载体之上,通过录音带上磁性的强弱变化或唱片音轨刻痕的变动来记录声音的强弱高低。播放时再将记录着的模拟信号转变为电平信号,并根据电声规律还原成原来的声音。数字化音频档案的流程如下:

1.将声音震动或已记录在录音带、唱片上的模拟信号转化为电平信号(通过相应的播放设备)。

2.将模拟电平信号经过音频线输入计算机中,由计算机中的模数转换设备完成模拟电平信号向数字信号的转换,即用二进制数据来表达模拟电平信号。

3.播放时,则将记录下来的二进制数据还原成原来的模拟电平信号并输出。数字化后的音频档案能够顺利地还原成原先的声音信号,并且还原出来的音质接近于原声带,其保真度属于可接受的范围。

(二)音频档案数字化系统的软硬件设备

音频档案数字化系统必须实现以下功能:对各种传统录音档案的播放,模拟声音信号与数字音频文件之间的相互转换,对数字音频文件的编辑和格式转换,数字音频文件的光盘刻录和在线存储。

1.传统放音设备

根据拟数字化录音档案的规格、型号配置相应的放音设备,如开盘式放音机、钢丝带放音机、盒带录音机、电唱机等。放音设备必须能将声音源以电平信号的方式输出,若原设备不具有音频输出插孔,应进行改装。

2.模数转换设备

模数转换设备是音频档案数字化的核心部件。音频模数转换设备分为家用声卡和专业声卡两类。家用声卡模数转换器的品质较低,容易发生延迟、抖动,因此在将模拟信号转换成数字信号后,声音效果会减弱。家用声卡通常不适合长时间稳定工作,不符合专业录音领域的需要,但对于MP3级的音频已经足够,能够满足录音档案数字化所需的基本技术指标。专业声卡具备极高的性能指标(低失真、高信噪比等),采用超高品质的模数转换芯片。专业声卡支持专业音频软件中所必需的 ASIO、GSIF、EWDM 等驱动，能够进行大批量的音频数据运算，声音的延迟也远低于专业人士能够分辨出的最小单位。就音频档案数字化而言，专业声卡完全符合要求。选择声卡时，应依据实际情况，综合考虑采样频率、采样精度、声道数等技术指标以及驱动方式、接口类型、价格等因素。

3. 多媒体计算机

音频档案数字化需配置高主频、大内存、大硬盘容量的高可靠性多媒体微机。同时配置至少一台对音频档案进行著录、标引，建立音频档案目录数据库的普通录入终端。

4. 信息存储设备

数字化后音频信息的存储一般有在线、近线和离线三种方式，分别适用于网络共享、数据备份等不同情形。存储介质有磁盘、光盘、磁带等，存储设备有高速磁盘阵列、硬磁盘机、光盘库、光盘塔、光盘阵列、磁带机、磁带库等。

5. 音频制作软件

目前音频制作软件非常多，较常用的有美国 Srtillium Software 公司开发的 Cooledit、Adobe 公司推出的 Adobe Audition、德国 SEK'D 公司的 Samplitude2496 等，这些软件各有特色，并都具有较为完备的音频采集和编辑处理功能。

通常选作录音档案数字化的音频制作软件应当具备以下功能：音频电平控制功能，这对高质量的音频文件非常重要；均衡功能，可以控制音频的音质；噪声控制功能，可以削减音频中不必要的噪声幅度；CD"抓取"和制作功能，可以直接获取 CD 上的所有数码信息，并且可以把制作结果备份到 CD 上；为高级处理准备的插件程序支持功能，可以在音频编辑系统中使用第三方软件；流媒体支持功能，可以直接从音频编辑系统中输出流媒体，而无须另外的编码器；批处理功能，可以自动处理批量任务。

（三）音频档案数字化基本流程

1. 音频档案前处理

音频档案数字化的前提是该音频档案能够正常播放，同时也是保证数字化音频质量的关键。旧音频档案普遍存在信号强度减弱、磁粉脱落、霉变、粘连等问题，因此正式数字化前首先要对破旧的录音磁带进行清洁、修复和必要的处理，以获得合乎要求的信号源。

2. 音频线路连接

在关机状态下，使用音频连接线将放音机的音频输出口与计算机声卡的音频输入口相连，启动多媒体计算机，选择声音和音频设备属性中的音频选项，将录音控制设置为线路输入"开"、其他选项"关"。然后打开放音机和电脑音箱，调整计算机音箱音量到合适位置。

3. 音频采集

打开音频制作软件，创建新的音频文件，选择采样频率和采样精度等参数，在按下放音机放音按钮的同时启动音频制作软件的录音按钮，通过控制和调整制作软件显示的电平波形来将录音音量控制在适宜的程度，以防止失真。实际工作中，对于批量录音档案的数字化，通常设计专用的音频档案数字化系统，该系统将音频制作软件作为插件嵌入其中，整个音频数字化的各个环节及其过程控制集成在系统平台上完成，操作者加载好磁带后启动音频档案数字化系统，设定好相应的参数，由系统按照已调整好的参数自动完成采录过程。采录中操作者只需监测程序的运行情况，最终核对存盘即可。

4. 音频编辑

采集得到的音频文件可以使用音频制作软件进行编辑处理，主要内容包括音量调节、音调调整和噪声处理。例如，如果采集得到的音频文件音量太小，可使用音频制作软件对波形振幅进行提升，将其调整到最佳状态，可利用图形均衡器对音频文件进行高低音均衡调节，使整个声音文件听起来更加逼真，可使用降噪功能去除音频文件中的各种杂音。

5. 音频存储

编辑处理的数字音频信号选择合理的音频文件格式以适当的方式存储到计算机中。

6. 后期工作

上述过程只是将录音磁带本身进行了数字化，特殊情况下录音档案所对应的声音内容还需要以文本方式输入计算机，以便对音频文件实现"全文"检索。每份音频档案原则上对应一份文本文件，该文本文件与音频档案拥有相同的文件名，但扩展名不同。

三、视频档案数字化

（一）视频档案数字化的原理

传统录像带中所录制的视频信息为模拟信号，若要在数码设备上存储和播放，必须将模拟的视频信号通过模/数转换技术转变为计算机能够识别的二进制数字视频信号，这一过程就是视频档案的数字化。模拟像带和计算机视频文件的动态视频均由一系列单个的静止画面组成，这些静止的画面通常称为"帧"，它们连续播放便形成了视频。一般每秒钟播放 24~30 帧图像人的肉眼就感觉不到视频画面的跳动和闪烁。不同制式的模拟视频标准对每秒钟包含的帧数及每帧静止图像扫描显示的行数有不同规定。如 NTSC 制式规定每秒 30 帧，每帧扫描 525 线，分两次隔行显示。PAL.SECAM 制式的上述数据为 25 帧，每帧扫描 625 线。动态视频的每帧图像又要通过亮度（Y）和色差（U、V），或者通过红、绿、蓝（R、G、B）三种颜色的组合来表示，也有通过色调（H）、饱和度（S）和强度（I）三维空间来表示的。视频档案的数字化过程要经过数字化采样、量化、压缩和编码等。采样时要同时采集视频图像信号和视频中的音频信号，其中视频图像信号的捕获以帧为单位，一帧图像可以简单看作是由 M 行 N 列的像素点阵构成的，采集设备依次对各像素点进行采样、量化与编码。由于是彩色图像，在采集每帧图像的像素信息时需要分别从色彩空间的三个分量出发同时进行采样和量化，由此得到一幅完整的数字图像。

（二）视频档案数字化文件格式的选择

主流视频格式有：AVI 格式可以将视频和音频交织在一起进行同步播放，MPEG 格式，MOV/QT-QuickTime 文件格式支持所有的主流个人计算机平台，QuickTime 具有先进的音频和视频功能；RM 可以使用 RealPlayer 或 RealOnePlayer 对符合 RealMedia 技术规范的网络音频视频资源进行实况转播。鉴于以上各种格式的兼容性和通用性，推荐使用 MPEG 格式，它不但能提供高压缩比，而且数据损失很小。

（三）视频档案数字化的基本步骤

1. 原像带处理

从库房中取出拟数字化的录像带，检查磁带的完整性及信号的质量，并做相应的记录，必要时对原像带进行修复和倒带处理，以获得符合要求的信号源。

2. 设备准备和连接

数字化前先要准备好相关的软硬件设备，具体配置根据拟数字化视频的实际情况而定。配置好设备后进行正确连接。一般情况下视频采集卡具有复合输入端、S-Video 输入端和音频输入端。复合输入端为同轴接头，将所有的信息都编码成单一信号，而 S-Video 为较小的圆形 4 针脚，将亮度和色度信息放在电线的不同部分。使用 S-Video 连接损失的质量较少，因此要尽可能使用 S-Video 连接。

3. 视频采集

线路正确连接、放像设备正常工作后，打开视频卡所带的采集软件，运行采集程序，并监控计算机上播放的视、音频质量。在视频采集之前，要做一系列的参数设置和调整工作。

视频源设置：选择输入的视频端口，如 S-Video 端口或复合端口，端口设置必须与实际连接方式相一致。

视频制式设置：一般选择 AUTO，使视频采集卡自动检测和接收不同制式（如 PAL、NTSC）的视频信号。

视频格式设置：根据视频源质量情况和原来录制水平，一般选用 MPEGI 格式或 MPEG2 格式。

视频码流设置：确定视频的传输速度，MPEGI 格式的比特率是固定的 1.5MB/S，MPEG2 格式可根据原视频质量选取比特率，一般平均比特率可选 4MB/S。

图像大小设置：设定采集图像的分辨率等。

工作目录设置：设定采集后视频文件的存储路径。

参数设置后预览采集的信号，如果不理想则修改参数，优化采集环境，直到满意为止。此后便可正式进行视频信号的采集，采集过程中要对图像的播放质量严格监控。

4. 视频编辑和格式转换

采集后的视频文件可以根据需要使用视频编辑软件或非线性编辑系统进行剪辑、编排和视频质量及效果调整,必要时进行格式转换。

5. 光盘刻录

将数字化后的视频档案刻录到光盘中,刻录光盘前要先建立光盘内目录页面,以方便利用者浏览光盘时查找,然后把硬盘上的数字视频和光盘目录一同刻录到光盘上,检查光盘质量,打印光盘封面并将其粘贴到光盘的盘盒上,用记号水笔在光盘反面轻轻写上光盘的编号,光盘装盒后竖直排放在卷柜中。

6. 后期工作

数字化后的视频档案同样需要采用数据库的方式对其进行管理和利用。由于视频档案数据庞大,一般将视频数据与其目录数据分别存储,视频数据以文件方式存储,目录数据以数据库形式存储,以此避免因数据库过于庞大而降低对其的检索和操作速度。每一相对独立的视频片段建立一条数据库记录,每条记录中不仅包括一般的档案著录项目,还要加入视频对象的源盘名称、摄制日期、摄制地点、摄制人或单位、播放长度、源盘制式及技术参数、数字化采集人、存储路径(或光盘编号)、存储格式、存储参数、采录编辑系统或软件、内容提要等字段。每一条目录中记录着其对应视频片段的存储路径,通过存储路径建立起两者之间的关联。

第四节　数字档案室室藏档案数字化

一、馆藏档案数字化

馆藏档案信息的数字化是档案信息建设的一个重要组成部分,其主要目的是利用计算机、扫描设备、图像处理技术等现代信息技术将传统的介质存储的各类档案,根据需要进行数字化处理,以积累数字档案资源。档案馆经过几十年的建设,不仅将各种档案信息组织化和有序化,而且形成了丰富而独特的档案文献信息资源。在档案馆收藏的大量经过整理、分类的档案文献资源,除极少数在其形成的过程中和前期运行阶段就采用了数字化记录形式以外,绝大部分是纸质档案。针对这一现状,现阶段和今后一段时间内,对纸质档案信息进行数字化转换,便成为档案馆藏数字化的中心任务。

1. 馆藏档案数字化的工作内容

馆藏档案数字化主要包括两项任务:一是将传统载体的档案目录进行数字化。二是将档案内容进行数字化。档案目录数字化的主要工作是对载体档案进行编目,并将目录信息录入计算机,建立档案目录数据库,利用管理信息系统实现档案目录数据的计算机管理和目录信息的资源共享。

档案内容数字化的主要工作是馆藏的纸质、录音、录像、照片等档案,通过扫描、加工处理转变为文本、图像、图形、流媒体等数字格式信息,存储在网络服务器中,利用计算机及信息系统提供查询、检索和浏览。

档案内容数字化工作包括数字化预加工和深加工两个步骤，数字化预加工能够将纸质档案照片档案、微缩胶片等转变为电子图像文件，不能将纸质档案上的文字信息进行完全处理；数字化的深加工则是利用技术含量较高的语言识别处理技术获取载体档案中的文字信息，方便提供全文检索。

2. 馆藏档案数字化的业务流程

（1）数字化的预处理：预处理是数字化加工的第一步，其主要的工作是将馆藏的实物档案，比如纸质档案、录音录像、照片、微缩胶片等按照数字化加工的轻重缓急原则进行筛选，然后再按照下一步数字化处理工作的具体要求做拆分、分类、整理、模数转换等处理工作。此环节中的安全风险主要来源于公共环境等人为因素，主要安全任务是防火、防抢、防盗、防泄露以及防止因错误操作而导致档案受损的事故发生。因此该阶段采取的安全防范措施是：按照加工工序制定严格的安全管理制度，明确各工作的岗位职责，并严格监督执行：启动档案馆的安全监控系统，实行实时监控，一旦出现问题应立即采取措施。

（2）数字化的加工与转换：就是将传统的档案转换为数字形式标识的档案信息资源，其主要工作包括：纸质档案的扫描，录音录像、数码拍照的数字化转换，微缩胶片的数字化等。本阶段的安全问题主要是加强对损坏程度比较严重的纸质又很薄、很难直接进行扫描或者无法采取扫描方式进行数字化的历史档案的处理。本阶段的安全重点是数字化过程中原件的保护，必须在大量实践经验的基础上，选择科学的、合理的数字化加工与转换的技术与指标开展工作。

（3）信息的处理：信息处理的主要工作是将数字化后的图像文件、多媒体信息等与档案的著录信息进行关联的重要过程，也是整个数字化工作的重要内容。首先是档案资源的编目、标引等基础数据的录入和处理等工作，其次是将图像与多媒体文件对照原始档案进行的核对、压缩等处理工作，无论是纸质档案还是录音录像档案通过模拟到数字化的转换后，都可能造成一定程度的数据丢失或信息的失真。因此本阶段的安全重点是保证档案数字化后能够被存储、保存和提供利用，并考虑如何将失真度降到最低的问题。

（4）信息的存储：经过处理的数据需要存储到网络环境中并提供利用，而不仅仅是存储在光盘上保存在库房做档案备份。因此应根据数字化的存储容量及网络化提供利用的要求，选择网络存储设备、考虑数据库与电子文件存储和被访问的方式，这一阶段的安全重点是考虑电子文件的存储和保管的安全模式，严格按照档案管理的标准开展规范化操作。

（5）信息的利用：这一阶段将采用计算机应用软件系统，按照档案法及本单位的管理规范，将数字信息发布到网上，并提供不同网络范围内的不同数据内容的档案利用。本阶段安全防范的重点是：系统用户权限的严格管理对访问系统中用户身份的严格认证以及内网、外网计算机之间的访问控制等安全问题，同时还要严格管理网络上各服务器、客户端等计算机系统,并防止应用程序受病毒的感染、网站受黑客的攻击等非安全因素的发生。

二、馆藏档案数字化方案的确定

选择什么样的方式是进行馆藏数字化的关键。由于档案馆保存的档案数量众多,不同档案的价值信息,开放利用的时间不相同、对不同档案的保密程度也各不相同,因此在档案信息化之前,档案馆必须确定哪种信息可以数字化哪种档案信息资源目前不需要或者暂缓数字化,哪些资源应优先数字化。最后选择何种方案,应当紧密结合馆藏的具体情况和社会利用发展趋势做出判断。目前主要有以下几种形式。

1. 全部馆藏数字化。采用此方式是将传统的档案馆全部馆藏信息数字化,建立数字档案馆,完全继承传统档案馆的全部信息资源。这是理论上最彻底的数字化方案,对利用者来说是最理想的。这种方案比较适合那些馆藏档案数量较少,开放档案占据绝大多数馆藏档案的档案馆。对于那些馆藏数量众多、利用率较低,且档案数量大需要控制利用档案的数量较多的档案馆,从降低成本和效益的角度来考虑,不一定是最佳策略。

2. 高利用率馆藏数字化。这种方案在一定程度上可以起到降低成本、提高效益的作用,但具体实施有一定的困难。一般来说,不同用户所需要的档案信息,在范围和重点方面有不同的特点,且对不同类型的档案信息的使用频率也不同。另外一部分高利用率的档案具有时效性。因此档案馆向利用部门提供一份较长时间的利用反馈报告,可能会有助于对馆藏高利用率档案的合理选择。

3. 珍贵馆藏数字化。从理论上来说这是最合适的方案,其难点是对"珍贵档案"必须具有可操作性的诠释,这种可操作性应是建立在对馆藏档案资源熟悉和价值判断的基础上的。一般地说,那些高龄档案,涉及某一地区重要机构、重大事件和重要任务的档案,在同类档案文献中较为稀少的档案等,都可以列入珍贵馆藏之列。一般来说这部分档案的利用率是很高的。

4. 即时利用数字化。即对部分档案并不数字化,只是到利用时才进行数字化。这是最具功利色彩的"用户至上"方案。所有用户不需要的馆藏均被排除在外,这是该方案最突出的优点,但也是最致命的弱点所在。用户的即时需求有很大的偶然性,过分考虑这一需求,无疑会提高档案馆数字化的经济成本。

总之,选择什么样的信息化策略应根据实际需要来定,不考虑实际需要单纯地选择某一种方案都会导致片面,如何兼顾馆藏具有永久价值的档案和用户当前的信息需求,将几种数字化的方案有机地结合起来,才是馆藏档案数字化的最佳方案。

第 八 章　档案信息化展望及探索

第一节　档案信息化新技术的应用

一、档案信息服务机制创新

随着数字档案馆的建成，档案的信息服务更多地代替了传统的查档案服务，人们的档案利用已从传统纸质档案转变为档案信息，档案馆的服务也逐渐发生了根本的改变，通过档案信息服务观念创新、档案信息服务方式创新、档案信息服务手段创新和档案信息服务内容创新，实现档案工作管理规范化、资源数字化、服务网络化，更好地为社会提供服务。

（一）档案信息服务观念创新

用知识管理思想指导档案信息服务创新，知识管理对信息服务创新的指导表现在深化信息服务内容，即提供知识服务，它不是简单的信息积累和传递，而是知识的再开发和利用。在服务内容的深度上，对档案信息资源进行深层次的开发利用。数字档案馆较之传统的档案馆，应具备档案编研、统计分析、建立强大知识库的功能。在服务内容的广度上，应有更宽的知识涵盖面，真正起到知识传播和共享的作用，主动为用户提供帮助与指导，以快捷有效的方法满足用户的知识需求。很多软件系统，如 OA、PDM、ERP 系统中保管的信息都是珍贵的知识资源，也是档案信息的组成部分，可以开发知识库管理平台，将其中的知识共享、提炼，实时有效地进行各项知识收集、交换与传递，对于不同系统中提取的知识信息进行整合与收集，将档案信息资源转变为显性知识为利用者所用。

（二）档案信息服务方式创新

在传统档案利用时代，档案利用者基本处于被动地位，利用者提交利用需求后只有被动等待，能否得到信息有很大的不确定性。数字档案馆的建成构建了一种档案信息资源环境，以利用者的需求和方便作为创建档案信息环境的根本出发点，其宗旨是为利用者提供准确和全面的信息服务，利用者通过自主行为实现与档案信息资源的互动。

传统档案馆一般只能提供文字类信息。在数字档案馆中，利用者得到的档案信息是多种多样的，包括文字、声音、图形、图像及数字视频。利用者不仅能查阅档案信息，还可获取知识、接受教育。在纸质时代,用户查阅档案信息需要到档案馆,需要由档案人员在场提供。而在数字档案馆中,利用者可以超越时间、空间的限制,在任何时间、任何地点通过网络得到各种档案信息。

(三)档案信息服务手段创新

在传统档案馆中档案信息被按照全宗、目录、案卷、文件四个层次组织成树状结构,存储档案信息的文件之间虽然存在着内容上的逻辑关系,也只能以一种或几种角度来显示档案信息的有序化。而在数字档案馆中,可对信息资源进行智能检索、分析、处理,根据文件的内容特征在文件之间建立起多种链接,各信息节点间形成多维网状结构,可以任意一种角度来显示档案信息的有序化。

利用者查阅档案,可以通过一个检索要求将所有相关文件检索出来,提高查全率。利用者可以不懂档案的任何知识,如同使用 Google 和 Baidu 一样进行"傻瓜式"数据检索,档案利用者只是关心自己的信息需求,完全可以不明白档案的组织形式。

(四)档案信息服务内容创新

档案资源库是数字档案馆最基本的特征,也是数字档案馆建设的重点,只有不断丰富档案资源库的内容,才能在加强收集积累的基础上,创新档案利用服务内容。一是根据馆藏情况建立文书档案、设备档案、基建档案、标准、图书、光盘目录等数据库,采用扫描方式将纸质档案全文数字化处理,扫描成 PDF 文件格式,在数据库中挂接扫描文件,形成档案全文资源库。二是对于增量档案,即 OA 等办公系统中产生的电子文件,通过开发数据交换接口,在线实时或离线定时接收产生的档案信息。三是多渠道收集多媒体档案,如在科研、生产、基建、培训等活动中采用拍摄录制形成多媒体档案。四是建立档案专题数据库,它是以各类档案基础库为主要数据来源,通过档案信息管理系统,按照某一专门题材内容编制而成的各类档案数据集合。

二、"互联网+"与档案管理

"互联网+"就是"互联网+各个传统行业",时下流行的淘宝、网上银行、12306 订票等,都是"互联网+"比较成熟和典型的运营模式。但这并不是简单的两者相加,而是利用信息通信技术以及互联网平台,让互联网与传统行业进行深度融合,创造新的发展生态。

从技术上讲,"互联网+"是创新 2.0 下的互联网发展新形态、新业态,是知识社会创新 2.0 推动下的互联网形态演进及其催生的经济社会发展新形态。"互联网+"是互联网思维的进一步实践成果,它代表一种先进的生产力,推动经济形态不断地发生演变,从而带动社会经济实体的生命力,为改革、创新、发展提供广阔的网络平台。

那个"+"号后面要是"档案",又该如何?"互联网+档案收集""互联网+档案管理""互联网+利用"将彻底改变档案工作的方式、方法。

三、大数据与档案信息

（一）什么是大数据

大数据并非是确切的概念，从字面上来讲，表示数据量的庞大。维基百科对大数据的定义比较直接：大数据是指无法在可承受的时间范围内用常规软件工具进行捕捉、管理和处理的数据集合，大数据是人们获得新的知识、创造新的价值的源泉；大数据还是改变市场、组织机构，以及政府与公民关系的方法。我们可以归纳出大数据的"4V"，即大数据是具有规模性（volume）、多样性（variety）、高速性（velocity）、价值性（Value）的数据。

大数据技术的战略意义不在于掌握庞大的数据信息，而在于对这些含有意义的数据进行专业化处理，在于提高对数据的"加工能力"，通过"加工"实现数据的"增值"。

（二）大数据与档案的关系

《中华人民共和国档案法》明确档案是指过去和现在的国家机构、社会组织以及个人从事政治、军事、经济、科学、技术、文化、宗教等活动直接形成的对国家和社会有保存价值的各种文字、图表、声像等不同形式的历史记录。

从档案的定义上来看，除电子档案外，其他载体形式的档案与大数据没有任何关系，只有档案记录的信息可以称之为数据。从档案的特征来分析，档案具有社会性、历史性、确定性及原始记录性，而大数据也具有类似的特征，大数据是人类社会活动的原始记录，其内容具有确定性，且其记录的内容只反映事物已经完成的状态，同样具有原始记录性。因此，档案信息与大数据的关系具有相似的特征，大数据是具有鲜明档案特性的数据集合。但是，从数据的保存价值来讲，有些数据集合对国家和社会没有永久的保存价值，不需要永久保存。

（三）大数据时代与档案资源建设

应对大数据时代的电子档案归档工作，首先，要做好现阶段电子档案归档系统与办公系统的融合，加强电子公文流转系统的全程控制，按照公文起草、签发、拟办的过程存储形成电子档案，确保公文类电子档案内容齐全。对于专业类电子档案，应分门别类地制定有关专业类电子档案数据标准，确保专业类电子档案的系统配置、标准规范的落实。其次，要逐步完成存量档案的数字化，建立丰富的档案内容数据库。最后，要瞄准大数据时代电子档案归档工作的需要，研究数据资源采集、管理、发布、分析、利用的数据平台模型，满足电子档案归档及管理的需要。

（四）大数据时代与档案开放利用

《中华人民共和国档案法》规定，"国家档案馆保管的档案，一般应当自形成之日起满30年向社会开放。经济、科学、技术、文化等类档案向社会开放的期限可以少于30年"，可见档案开放率与新时期档案工作的要求还有一定差距。大数据时代，数据已变成经济社会发展的重要基础，信息的利用与开发能力在很大程度上决定着整个社会的创新能力，如果不能及时地开放档案或数据，让社会公众掌握充分的数据资源，势必会影响政府的行政效率和社会的创新力。

（五）大数据时代与档案服务领域拓展

大数据时代的一个重要目标就是对数据获取和利用的便捷性，在提升档案信息服务能力的过程中，除了要开展档案信息化以及做好网络信息平台的整合，更重要的是要以用户体验为中心，把档案信息服务领域延伸到手机及手持终端等领域。根据中国互联网信息中心的统计，截至 2014 年 6 月底，我国移动电话用户数量已突破 12 亿户，而手机网民的数量已达 5.27 亿，手机用户已经成为信息产业的重要客户群体。档案部门要着眼于未来手机以及手持应用终端的市场，搭建具有拓展性的综合信息平台，开发手机应用 APP，使人们随时随地都能享受高质量的信息服务。

三、我国档案信息化建设

（一）我国档案信息化建设取得的成绩

所谓档案信息化，就是在国家档案行政管理部门的统一规划和组织下，在档案管理活动中全面应用现代信息技术，对档案信息资源进行处置、管理和为社会提供服务，加速实现档案管理现代化的进程。换句话说，档案信息化是指档案管理模式从以档案实体为重心向以档案信息为重心转变的过程。近几年来，我国的档案信息化建设取得了一定成绩，主要表现在：一是档案信息化建设普遍展开。近几年，随着对档案重要性认识的提升，在档案信息化建设大潮的影响下，各地逐渐对档案信息化建设工作进行了规划、部署，档案馆网站建设已全面展开，随之几千万条档案目录得以公开，为当地经济发展和服务民生提供了便利。二是档案信息化环境大大改善。随着相关政策法规的进一步完善健全，各部门档案信息化意识进一步加强，档案干部队伍建设、档案信息化软硬件投资档案信息资源结构等方面得到了改善，保障了档案信息化工作的开展。

（二）大数据环境下的档案信息化建设

当前，各地档案系统统一性和联系性较差，档案信息化建设缺乏规划、缺乏统一标准，这给一些档案的传输接收及整合利用带来了不便。在大数据时代，如何将"沉睡"在档案中的信息释放出来呢？首先，充分利用大数据技术，做好档案信息化标准建设工作。"无规矩不成方圆"，档案信息化建设要统一规划、统一规范、统一标准，这样才能使我们的档案信息资源被有效地整合，以达到档案信息资源共享和合理利用的目的。伴随着大数据规模的增大，可视化分析、数据挖掘、预测性分析、语义引擎及数据质量和数据管理等大数据技术也在飞速发展。在档案信息化过程中，相关部门要认清档案信息建设工作的特点，充分利用这些先进的技术，做好各地档案信息化情况数据的采集、分析，去莠存良，做好档案信息化建设规划，形成科学合理的档案信息化建设规范和标准建设。比如可以通过对当前各类数据类型进行分析，从大数据中挖掘出特点，通过科学的预测分析等，预测未来的档案数据结构，从而更好地做好信息化建设规划。其次，充分利用大数据环境，做好系统建设工作。档案管理系统关系档案信息化建设的速度与质量、集中体现了档案信息建设的效益和档案信息服务的效果，是档案信息化建设的重要环节。好的档案管理系统应具备功能完善、便于移植、安全性高等特点，大数据应用的爆发性增长，直接推动了存储、网络及软件技术的发展；同时，大数据发展带来的容量问题、安全问题、成本问题等，促使存储系统安全性需求、重复数据删除技术等迅速发展与成熟，这些都对档案管理系统的建设产生了重要的影响。在档案管理系统建设中，应充分利用大数据技术：一是完善系统的各项功能，如数据整理、系统维护、档案编研、查阅利用鉴定销毁等基本功能，并设计根据用户特殊需求不断拓展的功能。二是设计的系统要便于"移植"。基于成本控制的要求，很多部门都会定制自己的"硬件平台"，而不是用现成的商业产品，为适应这一需求，设计的产品应提供纯软件的形式。可以直接安装在用户已有的、通用的或者现成的硬件设备上。同时要注意做好系统兼容，以方便与部门其他各系统数据的共享与传输存储。三是系统的稳定性。软件系统的稳定性强调软件架构的稳定，即需求、代码等的变更对软件系统的影响尽可能的小，软件在一定运行周期内，软件的出错概率小、性能劣化趋势低等。四是系统的安全性。大数据分析往往需要多类数据相互参考，因此大数据的广泛应用也催生出一些新的、需要考虑的安全性问题。档案信息作为一种特殊的信息资源，有自己的安全标准和保密性需求，这在系统建设和使用中是必须遵从的，在系统建设时要特别注意。再次，充分利用大数据优势，加快数字档案馆建设。大数据环境为数字档案馆的更好建设提供了机遇，在建设过程中，一是要充分认清档案信息建设工作的特点及其原则，做好整体规划。二是合理调整馆藏结构。充实数字档案馆藏，加快馆藏档案信息数字化。三是加强各地区联络，做好经验交流和数据共享。四是相关部门要借助大数据的优势，做好统计分析，使得我国的档案信息资源能够被有效地整合，以达到档案信息资源有效共享的目的。最后，信息化是一场技术革命，它使档案载体、档案工作、档案利用等方面都发生了巨大改变，引起了档案管理的深刻变革。档案信息化是信息社会档案管理工作发展之必然趋势。而大数据是信息化时代的"石油"，在信息化的过程中，档案界要始终保持对信息技术的高度敏感，及时追踪新技术趋势，在做精业务的基础上，将两者整体权衡结合起来，使档案信息化建设工作能够有效进行，以实现档案信息资源的社会共享。

（三）大数据时代如何应对档案信息化管理工作

当今时代是信息化迅速发展的时代，信息是当今社会发展的不可或缺的战略资源。近年来，随着互联网和物联网技术在中国的快速发展和广泛应用，不同作用的海量信息衍生出巨大的数据量，最终形成了信息量暴增的大数据时代。自从大数据的理念提出后，我国档案部门迅速掀起了研究大数据的热潮，大数据、档案信息、大数据档案等概念在学术界反复地出现。那么,大数据时代如何应对档案信息化管理工作呢?

1. 筑牢档案管理基础

为更好地做好档案管理的基础工作,各单位要加强单位内部各类档案搜集、管理部门之间关于档案管理的沟通协作。要对档案员进行严格的规范和约束,督促其切实履行好职责,高标准地做好档案管理工作,如档案搜集、分类、鉴定、整理等工作。同时,也要增强档案员的服务意识,提升其服务水平。在高度重视的前提下,还要对其进行有效的全方位的监管,确保档案管理工作的准确性、全面性、及时性。此外,档案管理部门应加强与单位内部其他部门之间的沟通与协调,及时准确地将搜集处理好的档案资料提供给单位内部所需要的部门,为其业务工作或制订工作目标提供参考,充分发挥档案在业务工作中的基础性作用。

2. 实现档案管理数字化

为加强档案管理,提高档案资料利用率,使档案更好地为业务工作服务,各单位应对现有档案管理和服务模式进行改革创新,不断实现档案管理的数字化,争取实现档案管理质的改变。在原有纸质资料的基础上,把大数据时代的技术优势应用于档案管理工作中,对纸质资料进行整理编号、储存,将档案资料进行电子化处理,建立信息化数据库,不仅方便了档案查阅利用,也节省了大量时间,既能提高档案员的工作效率,又减轻了其工作负荷,还提高了档案的利用效率。

3. 抓好电子档案归档工作

在做好档案管理的基础工作的同时,必须做好以下三点:一是要做好现阶段电子档案归档系统与办公系统的融合,加强电子公文流转系统的全程控制,按照公文起草、签发、拟办的过程存储形成的电子档案,确保公文类电子档案内容齐全。对于专业类电子档案,应由国家档案局会同专业部门,分门别类地制定有关专业类电子档案数据标准,确保专业类电子档案的系统配置、标准规范的尽快落实。二是要制订档案数字化计划,要着眼未来档案工作发展需要,制订符合实际的档案数字化计划,并按照有关技术规范统一数据标准。三是要瞄准大数据时代电子档案归档工作的需要,研究数据资源采集、管理、发布、分析、利用的数据平台模型,满足电子档案归档及管理的需要。

4. 强化档案干部队伍建设

大数据时代,要全面提升档案工作人员的综合素质,使其不仅要有熟练的计算机基础,掌握计算机系统和网络安全防护知识,以确保档案资料的完整性和安全性,更要有深厚的档案专业知识。为此,各单位应该注重培养可以服务于网络的开发和数据分析人才、系统设计与分析人才;要重用严管档案工作人员,建立科学的档案管理工作用人晋升提拔机制,积极引进高学历、高素质人才,不断优化档案队伍,确保队伍稳定有力。要定期对档案工作人员进行有针对性的专业培训,如继续教育、专业学历教育、学历培训等,确保档案工作人员持证上岗,切实承担起对档案的保护管理责任。档案工作人员要加强学习,坚持接收信息化技能档案专业知识及管理工作培训,进而加大培养档案工作人员良好的工作作风和创新意识，不断提高档案工作人员的政治素质、业务素质和管理水平，建立复合型的档案管理队伍。

5. 加强档案管理软硬件建设

各单位要切实加强档案管理的软硬件建设，为档案信息化管理提供新载体。具体要做到以下几点：首先，加大对档案管理工作基础设施的投入力度，对现有基础设施加以升级或更换，确保能够满足档案管理信息化建设需要；其次，加大对现有档案管理工作人员的培训力度，通过外派学习、视频教学网络会议等多种手段对档案员进行专业化、信息化及服务意识等内容的培训，全面提升其综合素质；再次，要适当提高档案管理工作人员的任用门槛，积极引进专业化、高素质人才，聘用更多经过专业培训的档案管理工作人员，以便对现有档案工作进行信息化管理方向的创新和转变。

6. 创新档案管理制度

各单位档案管理部门要结合本单位实际情况和大数据时代背景，进一步修订完善现有的管理机制，不断创新档案管理制度。按照《电子文件归档与电子档案管理办法》精神，及时、全面制订适应信息化建设的各项档案管理制度，进一步健全完善档案管理业务流程及技术规范，以确保电子文件和电子档案的安全性与完整性；同时，要进一步统一档案整理、统计、服务等管理标准，切实实现档案资源共享，进一步使档案管理更加标准化、规范化。

7. 制定数据管理体系

大数据时代，任何一个单位都要面对海量数据，而且数据的格式是多种类型的，如果没有一个统一的数据管理体系，很难做好数据的采集、利用工作。因此，档案部门要着眼于大数据时代档案工作的发展需要，积极与信息化部门统筹合作，制订各种数据的管理体系，对各行业产生的数据格式、元数据进行规范，确定数据的种类，构建数据检索系统，为大数据时代的档案管理打好基础。

在大数据时代的发展背景下，档案资料信息化管理已成为时代发展的必然趋势。各单位要客观分析大数据时代给档案工作带来的机遇和挑战，同时要针对档案工作面临的问题认真查找改进措施。只有这样，才能够把"死档案"变成"活资源"，更好地为经济发展和现代化建设服务，进而真正发挥以史资政服务大局的作用，也只有这样，档案管理工作才能更加规范化、专业化、信息化，档案事业才能与时俱进，发挥更大作用，做出更大贡献。

第二节　档案信息化技术探索

一、移动互联网和档案信息共享

在互联网的发展过程中，PC 互联网已日趋饱和，移动互联网却呈现出井喷式发展。移动互联网（Mobile Internet，简称 MI）是一种通过智能移动终端，采用移动无线通信方式获取业务和服务的新兴业务,包含终端、软件和应用三个层面。终端层包括智能手机、平板电脑、电子书、MID 等,软件包括操作系统、中间件、数据库和安全软件等,应用层包括休闲娱乐类、工具媒体类、商务财经类等。随着技术和产业的发展,LTE（4G 通信技术标准之一）和 NFC（近场通信,移动支付的支撑技术）等网络传输层关键技术也将被纳入移动互联网的范畴之内。

随着宽带无线接入技术和移动终端技术的飞速发展,人们迫切希望能够随时随地地从互联网上获取信息和服务,移动互联网应运而生并迅猛发展。然而,移动互联网在移动终端、接入网络、应用服务、安全与隐私保护等方面还面临着挑战。其基础理论与关键技术的研究,对于国家信息产业整体发展具有重要的现实意义。

（一）移动互联网络拥有更多的用户量

移动互联具有相当广泛的群众基础,移动互联网用户数量已超过 PC 用户量,并有进一步增长的势头。如果大量档案信息服务应用于智能移动终端,将会更大地促进档案信息的利用与传播,使档案服务真正走进人民群众当中,同时用户可以轻松转发或分享自己的信息,也可实现多种形式的互动使档案利用从小众化发展为大众化,充分发挥社会价值。

（二）移动互联网络突破时间和空间限制

由于移动互联技术的发展,用户可随时随地享受网络服务,而智能移动设备就像贴身物件一样与人们形影不离,档案信息的传播也就不再受空间和时间的限制。对于档案信息的接收,用户还可以随意选择、随时查看。对于档案信息的提供者来说,也不仅仅是只能通过固定的办公设备在固定的时间传输,而可通过自己的移动设备,如平板电脑或手机甚至智能手表等其他移动设备随时随地发布信息。

（三）移动互联网络传播信息的多样性

通过接入移动互联网,用户可接收各种形式的文件信息,将文字、照片、声音、动画甚至视频融为一体,这样的信息形式能很好地丰富用户体验,运用智能移动平台提供档案信息,打破单一的服务格局,不仅能充实信息内容、丰富信息形式,还有助于档案信息化建设和档案服务工作的创新。

（四）移动互联网络与档案政务微博服务

微博是一个基于用户关系信息分享、传播以及获取的平台。用户可以通过 WEB、WAP 等各种客户端组建个人社区,用有限的文字信息实现即时分享。

微博的关注机制分为单向、双向两种。微博作为一个档案信息传播平台,不同人群都可以阅读或传播信息,利用可公开的档案信息解答历史谜团,普及历史知识,也可推出一些趣味话题讨论,使神秘的档案走进百姓生活。

（五）移动互联网与微信业务

微信是腾讯公司于 2011 年推出的一个为智能终端提供即时通信服务的免费应用程序，短短几年时间，就覆盖中国 90% 以上的智能手机，月活跃用户达到 5.49 亿（2015 年第一季度数据）。微信能够发送文字、图片、语音、视频等不同形式的消息，而相比微博，微信的对话更为直接，接收消息及时，这些独具的优势使微信逐渐成为人们的一种生活方式，因此将档案信息服务和微信技术相结合必将成为新的发展点，具体应用可以实现查询业务、朋友圈传播和信息订阅。

二、云计算对档案信息化的影响

云计算（Cloud Computing）是基于互联网的相关服务，提供虚拟和动态的存储空间和计算能力。云是网络、互联网的一种比喻说法，好比是从古老的单台发电机模式转向了电厂集中供电的模式，意味着计算能力也可以作为一种商品进行流通，就像煤气、水电一样，取用方便，费用低廉，最大的不同在于它是通过互联网进行传输的。

云计算里面的资源可以被任何单位和个人租赁使用而无须掌握复杂的计算机技术，使用的费用也相对低廉。云计算自从诞生之后，便在各个计算机应用领域掀起热潮。在档案管理部门可以利用云计算促进档案的信息化建设，解决档案的众多小规模区域的分片式管理。云计算对进一步提高档案信息化建设管理的水平，更好地为国家、社会服务也有极大的促进作用。

云计算是一种基于互联网技术平台运行的商业发展模式，内部采用的是虚拟资源共享模式。所谓的"云"，就是在互联网上的众多的计算机硬件及软件资源。有了"云"，我们就不需要为提供档案服务所需的各种软硬件资源耗费大量的前期建设成本，只需购买相应的服务，就可以调集云平台里面大量的计算设备进行运算，并在很短的时间内返回运算或查询结果。云计算对于用户的客户端没有任何要求，可以是手机、平板终端等低端运行设备，所需的只是进行一些相关指令。

目前，档案信息管理完全可以使用云计算平台来提升档案管理的服务水平。云计算平台给档案信息化管理带来以下几点优势：

（一）降低运营成本

现在各类档案的增长速度都是几何级的，为了能够确保档案的正常管理及正常的对外服务，需要有大量的档案管理人员，既要做好纸质档案的保存工作，同时又要升级服务器、管理软件和软硬件设备以应对服务需求。但是如果应用了云计算平台的档案管理，所有的升级维护都不再需要，全部由云平台的供应商提供，所有的服务检索运算等都在云计算平台上完成，而客户端所做的只是投入少量的费用，购置一些便捷的客户端。档案馆工作人员的工作强度得到降低，可以更好地进行档案馆的其他工作。

（二）共享档案信息

云计算平台的出现，将原来局限在各档案馆、机关档案室的档案信息进行了最大化的共享，用户甚至可以在异地进行业务的申请和办理，就像现在各地的档案系统没有联网，异地办理一些证件需要来回奔波，增加了用户办事的难度，通过云平台，只要获得相应的授权，就可以通过不同的终端连接到相应的档案服务部门，享受数字档案馆的优质服务。云计算平台的档案服务使原来存在的信息孤岛的问题得到根本解决，同时也可以通过该平台为用户跨库检索提供便捷。

（三）保障档案服务平台的运行

在运行的档案管理系统中，一旦档案服务器出现故障或者出现电力供应问题，档案资源或者信息就没有办法再被网络使用，而在云计算平台上，有强大的集群服务器作为后盾，通过虚拟化的技术使档案信息在多个服务器上进行备份，即使某台服务器出现问题，智能纠错系统会及时地将其他服务器的信息进行转移，解决信息服务的中断问题。

（四）为档案存储提供海量空间

随着时代的发展，档案管理由单一的纸质文件逐步向电子形式，视频、音频等多媒体形式发展，对数据存储能力提出了很高的要求。档案信息化的发展，如果全靠档案部门自己扩大存储空间来进行信息存储，投入成本过大。而云计算平台的云存储提供的成千上万台服务器组成了庞大的服务器的集群，拥有海量的达到 EB 级别的存储空间，而租用这些空间的费用极其低廉。

（五）应用系统模型构架便捷

云计算平台下提供信息咨询服务的模式不再是单机运行，而是通过在 Web 网络上的大规模的集群系统来完成，所需的数据也是在网络的存储空间保存，通过网络安全传输协议保障数据传输的安全，就像我们只要接入国家电网一样，接通了开关，就可以使用电网中的电力，非常便捷，系统的应用对客户端基本没有任何要求。

三、多载体档案统筹管理

信息化是一场革命，它引起了档案管理的深刻变革。社会信息化为档案事业的发展提供了一个集理念、方法、技术为一体的大背景，档案事业作为社会文化事业的重要组成部分被列入国民经济和社会发展的总体规划，遵循和服从社会信息化发展的总体要求和战略布局，从而使档案事业的自身发展与国家信息化发展战略相统一相协调。档案信息化是 21 世纪现代档案管理区别于传统档案管理模式的重要特征，也是信息社会档案管理业务发展的必然趋势。档案信息化改变了档案工作者的思想观念档案业务的工作环境、档案馆的组建方式以及档案的载体形式。档案不再拘泥于以纸质、录音和录像为载体，而是多以数字形式形成、传递、移交、鉴定、归档、保管和利用，档案工作借助于计算机实现自动化,开展档案工作,挖掘档案资源,提供档案利用。信息化为档案利用者提供了前所未有的方便性,馆藏档案数字化成为历史的必然,数字化档案信息在急剧增长,以全新的思路、方法和举措来发展档案事业是信息时代、知识型社会赋予21世纪档案工作者的新使命。

在我国,信息化真正在各行各业应用起来并产生有历史价值和凭证作用的电子文件和数字化档案信息,是20世纪90年代以后的事情,有条件的档案馆也随之探索和开展档案信息化的初期建设和简单的案卷目录计算机化管理和查询利用。但从全国来看,依然还有很多档案馆尚未启动信息化或还未真正将计算机和信息系统使用起来,各行各业档案信息化的应用水平也参差不齐,产生和形成的档案有模拟的,也有数字的,使用的载体有纸质的,也有光盘硬盘和其他数字格式的。应该说,进入21世纪,我们处于一个纸质与电子、模拟与数字共存的状态,处于传统管理向现代管理转变的过渡转型期:档案馆内部存有大量的纸质档案、缩微胶片、录音和录像带等各种载体的实体档案,档案馆新接收的档案既有各种形式的电子信息,也有大量的纸质档案。在这个特殊时期,档案载体形式多元化、管理工作复杂化、技术手段多样化、服务利用个性化成了现实的挑战,而档案管理的组织和队伍却很难随之更新和发展。因此,随着档案资源和档案信息管理规模的不断扩大,档案信息的管理问题势必引起社会的高度重视,要求档案工作者思考统一的管理思路,兼顾所有载体档案的统筹管理。

（一）档案目录信息统筹管理

无论是电子的还是纸质的档案,无论是手工管理还是采用计算机实行自动化管理,整理、分类和编目始终都是档案工作的重要组成部分,档案目录是各级各类档案馆提供档案服务利用的基础信息,也是实现档案检索和提供档案利用的重要依据。馆藏的传统载体档案中,手写档案目录是最常见的方式,而新归档的各类档案会形成各种机读档案目录,或以 Excel、Access、Word 或以关系型数据库格式存储的数字形式的目录信息,为了方便档案利用者,档案馆必须对已有馆藏和以后归档的所有档案的目录信息进行整合,按来源原则或信息分类方式分别进行整理、分类与合并处理,形成能够覆盖各类档案资源的目录信息,并采用档案管理信息系统对档案目录信息实行统一管理,实现目录信息的资源共享和统筹管理。避免长期以来一些档案馆的做法:数字化档案采用管理信息系统进行管理,纸质档案采用手工翻本的方式进行检索。在档案馆实施信息化过程中,目录信息的数字化也是很重要的一项任务,不能由于工作量大、过去没有录入就成为历史遗留问题。

档案目录信息统筹管理的另外一个含义是案卷目录和卷内文件目录的关联管理,即尽可能地将卷内文件目录也实行计算机化管理,并与其对应的案卷目录进行关联。当检索到案卷目录,就可以方便地浏览其卷内文件目录,提高检索的准确度;当检索到卷内文件目录时,也能够很快地定位到它所对应的案卷目录及其所在的库房存址,以方便调卷。

当然，由于档案馆人、财、物等资源的限制，档案信息化工作也是一个循序渐进的过程，不可能做到一蹴而就，因此，需要根据业务工作需要的紧迫程度，首先解决重要问题。有些档案馆在信息化实施一开始，注重新接收档案的目录建设和全文管理，而将原有馆藏档案的目录和实物数字化作为二期工程来实施。实力较强的档案馆则将两项工作并行开展，以加快档案数字化处理和信息化利用的效率。无论采取哪种策略和方式，档案信息化最终的效果是将档案馆的档案全部实行信息化统筹管理，既方便档案工作者，又方便档案利用人员，更能为未来档案资源的社会化服务与信息共享奠定坚实基础。

（二）目录全文一体化管理

档案全文，一方面是指馆藏档案内容的数字化信息，如缩微胶片、照片以及纸质档案数字化形成的静态图像文件，磁带、录像带等经过模数转化后形成的声音、图像等多媒体文件；另一方面是指各机构使用计算机和办公自动化系统等产生的电子文件归档后形成的数字化档案信息。这些全文信息是档案的内容实体，与档案目录信息相比较，档案全文能够提供更详细、更完整和更准确的内容和信息。然而，很多档案馆在接收电子文件或进行数字化加工后，没有将这些原文信息很好地管理起来，而是将这些数字化全文和图像存储在光盘、磁盘或网络存储器上，与保管纸质档案一样，把他们放在库房中，甚至没有进行分类、编目，根本无法进行系统化管理或提供利用。这完全违背了馆藏数字化和接收电子文件进馆的根本宗旨。我们知道，数字化信息最大的特点是利用的方便性和检索的快捷性，档案馆花费大量的时间、人力、物力和财力开展馆藏档案数字化和接收电子文件进馆的主要目的是方便利用，对于使用频繁的历史档案而言，也起到了保护档案的目的。实行目录全文一体化管理是信息化管理中比较有效的一种方式，其工作原理是首先在档案目录中进行检索，缩小范围，然后再检索全文，以便准确定位查档目标。通常采取的方式是，将档案目录信息采取关系型数据库管理系统实行统一管理，将扫描后的图像文件和新接收的电子文件档案以文档对象或文件形式存储在文件服务器或者内容服务器上，并通过一定的访问规则将档案目录信息与这些文件对象进行关联。在检索到档案目录信息时，就可以浏览和检索全文。如果是在信息系统中，还需要按照系统设定的用户对目录和全文的浏览、检索权限进行处理。

目前，很多档案馆在接收电子文件时，采用"目录全文关联归档"方式。这种归档方式是将电子信息分门别类，整理成方便检索的目录信息，并将电子原文与电子目录进行关联挂接，即将电子信息的目录与全文进行捆绑。具体实现思路就是把目录信息与电子全文信息分开存放，将电子信息进行分类编目，形成档案目录信息，将目录信息存放在关系型数据库中，将电子全文存放在文件服务器或数据库的二进制存储对象中。因此在实现电子信息归档时，必须做好分类编目原文整理以及梳理它们之间的对应关系。同时与之相配套，需要建立"电子信息背景应用环境"自动下载中心，以确保电子文件档案的可读性。文件中心可以是一个将所有欲归档的信息集中到一个逻辑管理中心，其物理位置可能是分布式存放在每一个业务系统内部，也可能是存放在档案馆的一个专门的服务器上，网络的使用已经模糊了电子信息的物理位置，只需要按照要求使工作人员方便管理、方便访问就达到目的。在实际利用工作中，并不是所有有价值的档案都会被所有的档案利用者频繁查找，如工程设计或建筑系的人员需要经常查询的是工程图纸类的档案信息，而很少关心财务类的档案，而建筑专业的利用者基本上只查看此类档案的应用软件和浏览工具。正是基于档案利用者的这个根本需求和特点，因此"目录全文关联归档"方案是方便可行的，不需要像"脱机存储法"那样，针对每一类电子文件信息都记录它们的应用背景、环境信息，使存储介质中储存了大量的冗余信息，造成资源浪费。但是，为了满足和方便利用者查看其他类电子档案信息，如单位领导可能会查看各类综合档案，"目录全文关联归档"方案采取提供"电子信息背景应用环境"自动下载并提示装载的手段，以满足对那些想查看数字档案信息，但其客户机上没有安装运行环境的网络用户的要求。实施"目录全文关联归档"，要求档案工作者要转变传统的工作方法，从档案利用者的需求出发，分析档案被利用的范围和特点，遵循档案管理的原则和标准，对部门形成的数字化档案实行即时归档，即将"目录全文关联归档"的思想贯穿于电子档案形成的全过程。档案馆的工作人员也要充分利用现代化管理手段，通过网络开展指导、鉴定归档与管理工作，将工作重点转移到分析档案利用者的需求上，开发档案资源的编研与开发、监控电子文件的形成过程，将工作模式从"被动接收"转变为"主动挑选"，将真正有价值的、值得保存的电子文件转化为未来社会需要参考和利用的档案资源。

档案信息的"目录全文关联归档"方案，充分体现了档案工作者在电子文件归档过程中采取的"主动服务一体化管理"的全新理念，也保证了归档以后的电子信息能够获得科学有序的管理和提供利用。这种方案已经被很多档案馆所采用，并且推广应用于馆藏档案数字化处理后的目录信息与电子图像信息的管理中，这是目前我国档案信息化工作过程中值得借鉴和采纳的、行之有效的解决方案。

计算机的普及、电子文件的产生、各种办公自动化系统的推广和应用，使文档一体化管理真正成为可能。一套新的管理思想、技术和方法将取代过去的管理模式。文件档案一体化管理是文件生命周期理论和全程管理与前端控制思想应用于电子文件管理的典型模式。在网络信息系统中，电子文件和电子档案很难截然分清，各行各业的信息化形成大量的电子文件，在结束其现行业务之后，需要将有保存价值的电子信息进行整理归档，进入永久保存期，这必然使文档一体化管理模式进入实质性的应用阶段。

四、文档一体化管理思路

文档一体化强调电子文件全过程管理的连续性和信息记录的完整性，目的是确保有保存价值的电子文件，自生成开始到生命周期活动过程结束的全过程，信息能够获得完全的记载和一致的保存。文档一体化管理的思路体现在以下几个方面：

（一）管理过程的互动性

文档一体化最重要的特点是：将现行业务系统的工作与档案工作实现互动与交叉。一方面使档案工作者从文件生成之日起就能够开展鉴定归档及归档后的管理，通过前端参与和过程控制，加强为社会积累财富的执行力；另一方面也使得开展现行业务活动的工作人员增强了对档案的认知程度，不仅认识到，只有将有价值的文件完整归档并移交给档案部门进行保管才能算相应的工作真正结束；同时还要意识到，在开展现行业务系统的过程中，要责任明确、注意积累，记录电子文件活动全过程中所有重要的和有价值的信息，确保电子文件的真实性和完整性。管理过程的互动性加强了多方人员工作中的交流与沟通，对形成和积累有价值的、完整的、真实记载社会活动记录的电子档案具有非常重要的社会意义。

（二）应用系统的统一性

文档一体化管理模式的实现是文件和档案共同依赖统一的管理信息系统，并运行于同构的网络、服务器、数据库管理平台，采取相同的数据、文件存储格式，不同的是管理文件与档案工作人员对信息系统的操作权限有所不同。在文件的生成、处理、会签、审批等各业务工作处理阶段，业务工作人员拥有对文件的增加、修改、删除等权限，而档案工作者只有查看、浏览的权限。在文件结束其现行期业务工作之后，进入归档阶段时，由电子文件的归档整理人员进行筛选、整理，而档案工作者则开始履行电子文件的鉴定职能和归档前的指导工作。在电子文件归档形成电子档案后，档案工作者则需要开展电子档案的保管，并为档案形成单位和社会提供档案的服务与利用。应用系统的统一性使得在从文件到档案的转变过程中，不再需要数据转换和迁移，保持了文件信息的真实性和完整性，同时也降低了工作人员使用信息系统的复杂性，减少了使用过程中的错误率。

（三）工作流程的集成性

在传统的文件管理过程中，文件的形成归档和作为档案保管与提供利用等环节，都将文件生命周期清楚地划分为三个相对独立的过程，即现行期、半现行期和非现行期，并通过现行业务工作部门、机构档案室和档案馆三个物理位置不同的部门分别完成各自的工作。而文档一体化则将文件、档案的管理流程实现了集成，要求在一个统一的系统内，有统一的控制中心、统一的工作制度、统一的且各有特点又互相衔接的工作程序，将档案著录、鉴定、保存和管理等工作贯穿于文件的形成、流转、会签、批准或签发、整理、鉴定、归档、移交、保存或销毁等各个环节，实现各个过程中工作流程的集成和信息的共享，而且能够根据不同的文件与处理要求定义特定的工作流程，实现流程的优化和个性化处理，提高了工作效率，降低了档案接收和保管的复杂性，避免了信息的多次录入和产生不一致信息的可能性。工作流程的集成性体现在以下几个方面：

1.归档工作与文件处理业务活动的集成：各单位在采用办公自动化系统形成和处理

文件时，可以考虑对重要文件贴上归档标记，保证其在处理完毕之后即可存入档案数据库。这个动作将一直被定位为将业务活动最后环节的归档，贯穿于电子文件处理的业务流程的各个阶段。

2. 归档工作和鉴定工作的集成：文件形成之日对重要文件做归档标记，是对文件保存价值的一个初始判断，档案工作人员在开展鉴定工作时，重点考虑带标识的文件。这样既保证了鉴定的质量，又提高了工作效率，使归档文件的质量控制和文件的技术鉴定工作得以同步进行。

3. 归档工作和用户权限设置、数据备份等安全保护活动的集成：归档意味着电子文件管理权由文件形成单位转移到档案保管单位，系统用户对文件的操作权限随之发生变化，另外归档过程中需要对归档电子文件做电子签章、做数据备份，这些工作都可以随着归档工作的结束同步完成。

4. 归档工作与档案整理工作的集成：归档的同时，系统将根据预先设定的档案目录信息著录的规则，实现自动分类、自动著录，然后，在人工参与下进行核对再确认和添加档案馆保管档案的其他元数据项的内容。

5. 业务处理的自动性。文档一体化是在充分信任的网络、计算机和信息系统的数字环境下开展工作，采用信息技术和基于工作流程管理理念实现的自动化信息系统，不仅提高了工作效率，而且降低了错误发生的概率。同时，在一些业务处理环节增加了系统自动处理技术，如电子文件版本信息的自动跟踪、电子文件处理过程中的责任链信息的记录、基于管理规则实现的电子档案的自动标引等，都大大提高了业务处理工作的自动化程度，减少了人工操作的复杂程度。由于这些自动化的处理过程是通过系统进行身份认证之后自动生成并保存记载的，因而，大大提高了电子文件整个生命周期活动中信息记载的真实性和完整性。

6. 归档工作的及时性。通过对文档一体化应用系统的广泛使用，档案工作者能够随时对归档范围内的、已经完成现行期使命的文件实行鉴定、整理归档和提供利用等工作。一旦电子文件的形成机构确认该文件已经结束现行期的历史使命，就完全能够实现即时归档、即时鉴定，避免以往通行的隔年归档中存在的各种问题，如丢失泄密、滞后等。

7. 安全管理的有效性。文档一体化，一方面使电子文件归档过程变得简单、快捷，自动化程度高；另一方面使人们对电子档案原始文件与档案目录数据实现了同步管理，最大限度地减少了人工的干预，不仅提高了归档工作的效率，更重要的是大大增强了归档过程的规范性和安全性。至于网络和信息系统带来的安全风险，是能够通过采取各种现代技术手段得到控制和加强。事实上，据权威机构统计，70% 的信息安全事件来自管理上的漏洞，应该说采用自动化手段执法比靠人工执法的安全性要高。特别是在《中华人民共和国电子签名法》颁布实施后，电子签名、数字证书、身份认证等一些安全措施和技术手段的采用，也将大大增强电子文件和电子档案安全管理的有效性。

（四）文档一体化实现方法

文档一体化管理系统的建立离不开计算机与网络技术的支持。现代化的办公系统要求文书与档案工作紧密衔接，实现办公信息的传递、存储查阅、利用、收集的现代化和自动化。受我国文件和档案分开管理传统模式的束缚，迄今为止，办公自动化系统与计算机档案自动化管理系统是两个相互独立的系统。目前，不少名为"文件和档案管理一体化的信息系统"，其实也只是将文件管理和档案管理并列，而非真正将数据集成在一起，仅仅是将办公自动化系统产生的数据自动导入档案管理的信息系统，这绝非真正意义上的文档一体化管理信息系统。文档一体化要求对归档文件的真实性、完整性、有效性要在文件产生阶段就加以控制，鉴定、编目、著录、标引等工作也要在文件产生和处理阶段进行。因此，研发能够覆盖电子文件的全部活动，实现文档状态记录和全过程管理的集成系统，将部分"档案管理工作"前置到"公文处理工作"中的文档一体化计算机管理信息系统，是实现文档一体化管理的关键。

从文件产生到利用的生命周期角度看，文件与档案的关系决定了它们具备实行一体化管理的条件。一方面，现行文件与档案是一个具有内在联系的整体，它们的物质形态、内容主题以及本质结构都是相同的，均是附在有形物质上的信息，其区别仅在于文件是现行文件而档案是历史文件，从现行文件变成历史文件，是一个顺序完成的过程。显然，归档文件与档案只有文件所处阶段的区别而无本质的不同，对处于不同阶段的文件实行一体化管理，是社会发展的根本要求；另一方面，文件形成、处理部门与档案部门只是分别管理处于不同阶段的文件，在文件的产生、流转、审批阶段，文件处于不停的流转过程中，所以需要分散保存和管理，这有利于随时查用和迅速运转。文件分散保存的任务主要由文件产生部门承担。当文件运动周期完成以后，文件就处于"休眠"状态，这时需要集中整理后并归档保存，这样既有利于档案的完整、安全和科学的管理，又有利于向社会各界提供查询利用，这就需要有一个服务机构即档案馆进行统一管理。因此，文件形成与处理部门和档案馆二者都是为了存储、传输和利用文档信息而存在。从系统学的角度看，文件和档案的管理是一个完整的信息系统，在这个信息系统中，文件质量的好坏直接决定着档案的质量，档案的质量又对未来文件的形成、收集和整理归档产生着推动作用，二者的关系十分密切，相互关联又相互影响。因此，把文件和档案纳入一个统一的系统内进行管理，既有利于文件与档案信息资源的系统化优势的发挥，又符合档案馆现代化管理的快速发展需要。

1. 文档一体化系统业务流程。文档管理的实际办公过程比较复杂，有保存价值的电子文件经过整理、鉴定、审核、移交、归档到档案部门管理后，形成电子档案。

2. 文档一体化系统功能结构。通常情况下，文档一体化管理信息系统的功能包括系统维护，收文管理、发文管理归档管理、文印管理和档案管理。这几个模块相互关联，内部信息集成化共享，真正实现了电子文件到电子档案的自然归档和一体化管理。

（1）收文管理：以电子文件的形式处理和记载上级公文、平级来文，用户可根据公文的登记日期、急缓程度、当前流转状态等过程信息快速有效地找到相关文件并进行相应的操作，主要包括收文登记、收文流转、文件催办、流程监控、文件发布等过程。

（2）发文管理：处理并转发内部制定的或外来的文件。电子文件起草后，均需逐级通过各主办与会签部门人员的审批和修改，最后提交领导签发，形成正式的公文，然后登记、归档。主要包括发文起草、发文流转、文件催办、流程监控、发布等工作。

（3）归档管理：电子文件的归档大多采用以下两种方式，一是通过机构内部局域网的电子公文传输系统从网上实现自动归档，系统通过归档环节后，电子文件的管理权就移交给档案管理部门，成为电子档案。此时，其他业务人员能够按照系统授予的权限查询电子档案，但不可以修改。档案在归档环节中，系统需要设定各种技术措施如电子签章、完整性验证等手段来确保归档的电子文件是有效的、完整的。这种方式是文档一体化系统内部自动实现的功能，档案管理人员只需要按照系统使用要求进行合理的操作，关于系统的数据备份、安全性等措施需要按照档案法和电子文件归档标准与规范严格进行管理和实施，在系统设计之初，档案业务人员需要提出充分的需求才能保证文档一体化管理系统功能的完整性且符合实际工作的要求。二是各立卷部门在向档案馆移交纸质档案的同时，上交电子载体存储的各种信息，如磁盘、光盘等。这种方式主要用于一些重要的凭证性或机密性电子文件的移交，归档后的管理也应采取相应的物理隔离措施和安全防护方法，特别是涉密档案不能存储在网络上，防止泄密。

（4）档案管理：根据国家版本的电子档案归档与管理的相关标准，执行档案的移交接收、审核、保存、管理、查询、统计以及提供服务利用等工作，档案形成机构可根据档案的信息类别或档案来源建立相应的档案信息资源库，并可根据归档年度、归档部门或档案实体分类等建立快速检索机制，方便借阅和提供利用。

五、档案资源的社会化利用

在信息社会和知识型社会迅速发展的 21 世纪，在档案信息化建设与发展的众多方面，无论是技术手段，还是信息资源的有效积累和广泛利用，都必将以档案信息资源的整合、集成、共享、利用作为出发点和落脚点，以传承人类文明，共享信息资源，实现社会的可持续健康发展。

（一）档案资源的知识化积累

档案的形成（鉴定、收集、整理与归档）是从个体知识到组织知识，再到社会知识转换的文化积累、动态跟踪的历史记载过程，档案的开发与利用（编研、开放、发布与利用）是人类传承文明、创新发展的进步与发展过程。这两个相互衔接、彼此推动的过程循环往复、推陈出新，构成了人类社会的知识化动增长（adaptive）和社会化自适应的档案资源不断丰富的过程模型。这表明了档案文化通过"传承——积累——发展——传播"这样一种类似于文化加工厂的生产工序，随人类自身的繁衍而形成民族文化生生不已、无始无终的传承环链。

21世纪初，我国的电子政务与各行各业的信息化已经进入了以知识管理为核心的快速提升和综合运营的重要发展阶段，信息技术的发展把知识管理推到了重要的位置，"以知识为基础的经济社会"的提法更表明了人们对知识和技术在经济增长中的作用有了更充分的认识。可以想象，未来的互联网是一个丰富多彩的"知识网"，是一个储存综合知识的文化资源大仓库。档案作为人类社会活动的原始记录者和忠实承载者，在记录人类社会成果的同时也揭示着人类文化，它是民族文化遗产的重要组成部分。同时，档案在文化传承中占据着举足轻重的地位，发挥着不可替代的作用，正如张辑哲在其《维系之道——档案与档案管理》中所说：正是由于有了档案与档案管理，人类才能够不断地在继承中存在、发展，在存在、发展中延续，不断使自己真正成为一个连续的时空整体。档案与档案管理是人类社会时空统一性和连续性的维系之道……因此，档案资源必将会成为未来"知识网"中不可或缺的重要组成部分，世世代代传承着人类的文明。

（二）档案资源的共享化利用

社会信息化使档案信息资源面临着一个全新的生存环境与发展空间。美国档案学者杰拉尔德·汉姆先生曾指出：档案应该记载"人类生活的方方面面"，档案工作者要"创造一个反映普通百姓生活喜好、需求的全新的文献材料世界"，档案馆藏是反映"人类生活的广阔领地"。因此，档案资源唯有回归社会，得到最大限度的利用，才能体现档案保管的价值和作用。事实告诉我们，实现档案信息资源的集成化管理和共享化利用是档案贴近公众、服务社会的最佳解决方案。

要实现档案信息资源的共享化利用，首先必须在档案基础数据库的建设上下功夫。档案基础数据库是建设数字档案馆和开展档案信息化的基础性工作之一，是实现档案信息资源的集成共享、统一管理、高效检索和方便利用的基础信息存储结构，更是国家信息资源数据库建设的重要内容。今天，我们处于信息技术快速发展的知识经济时代，城市综合服务资源库的建设是社会发展的需要，是加强政务公开、实现便民服务的一项基础性工作。我国已经在人口、法人、自然资源与宏观经济四大数据库的建设方面取得较大成效，档案作为人类社会活动的历史记载，档案资源的开发利用和档案基础数据库的建设是国家信息资源建设的重要组成部分。可以说，档案基础数据库的建设已经成为各级各类档案馆面向社会提供档案资源利用服务的基本职能，成为我国整合档案信息资源、弘扬民族文化、提高民族素质的历史性课题，同时也是档案工作者采用现代化手段记忆当今社会改革、建设、发展的真实过程，支撑社会经济发展的历史性责任和义务，更是政务公开、提高办事效率和促进科学决策的依据。

美国、加拿大、澳大利亚、德国、韩国等一些发达国家已经在档案数字化、文档一体化、数字资源长期保存、数字档案馆等方面开展了一些预言性、前瞻性和应用性研究，相继制定了电子文件管理的元数据格式与规范，研究开发档案管理信息系统、档案资源共享网站系统建设的思路和方法。2003年2月，国际档案理事会、档案著录标准特别委员会正式公布了新修订的第二版《规范记录著录规则》，于2004年第十六届国际档案大会上正式颁布，该档案著录规则对规范档案目录数据库的检索服务、建立高质量的目录中心具有重要的参考价值。发达国家的经验告诉我们，建设基础数字资源库的宗旨是遵循国际标准，构建跨区域的开放档案的共享资源库，针对公众对档案资源的利用需求提供高效率的查准、查全服务机制。

（三）档案信息服务机制变革

随着全国各行各业信息化进程的加快，档案馆信息化应用也逐渐走向更广、更深的领域。档案信息服务将不再拘泥于传统的、单一的方式，将会有所创新，趋向多元化发展。

1. 服务方式由被动性向主动性转变。改变传统的被动服务方式，积极主动地开展档案信息服务。长期以来，在档案信息利用上，总是遵循一种传统的服务方式——"等客上门"。这实质上与信息社会的发展极不协调，不利于档案信息价值的体现与发挥，封闭了档案信息表现价值的众多途径。而档案信息服务方式也必须考虑到档案的特性，"送货上门"也是不行的，不符合《中华人民共和国档案法》的基本要求。档案信息的主动服务方式应该是"请客入门"。

具体的措施包括：（1）开展针对档案利用者的利用需求研究，主动地提供档案信息利用，首先要广泛、深入地研究不同方面不同层次的利用者。（2）进行必要的档案宣传工作，社会对档案还没有广泛的认识、了解，利用它就无从谈起了。（3）提供多种档案信息利用方式，编制多样化的检索工具，形成一个全功能、高效益的检索系统；加强编研工作，编研成果的出版发行及交流，能将档案价值的精华系统全面、集中地向社会公布，向档案信息利用者提供有效捷径；拓展档案信息中介服务机构。目前，我国上海、苏州等城市已经出现了这种机构。

2. 服务手段由传统型向现代化转变。计算机网络技术、数据库技术以及多媒体技术的发展使得档案信息服务手段发生了巨大的转变。借鉴相关学科数字化发展的研究成果，实现档案管理现代化应借助数字化综合管理信息系统，把分散于不同载体、不同地理位置的档案信息资源以数字化的形式储存，以基于对象管理的模式管理，以网络化的方式互相连接，从而提供及时利用，实现档案信息资源共享。我国是发展中国家，经济和技术条件的制约决定了档案管理手段转变的长期性，传统的档案馆信息服务技术与服务手段将得到一定程度上的扬弃，将以新的信息传播循环方式提供档案信息服务。

3. 服务内容由单一型向多元化发展。通过网络等信息技术与其他档案馆信息机构及整个社会信息资源建立起紧密的联系。其信息服务将增加新的内容：诸如档案信息资源网络化组织管理、档案信息资源的网络导航、档案信息的数字化开发与提供利用、档案用户的教育培训等。例如，在档案利用者的教育培训方面，就要在对利用者进行传统档案检索和获取方式的培训的基础上，重点帮助利用者学会如何利用数字化的信息资源、如何选择档案信息数据库、如何从网上获取所需的档案信息、如何操作远程通信软件等。档案信息组织方式、检索方式、采集方式，较之其他类型的文献信息来说，具有复杂多样、技术含量高、对利用者信息能力要求高等特点，而我国熟练使用档案信息的人很少，所以对档案利用者的信息检索能力、信息获取能力、信息筛选能力、信息识别能力的培养是一项档案信息服务的重要内容。

六、馆藏档案数字化应用

为适用公众网络化查档和档案信息化管理的多元化需求，馆藏档案数字化和开展档字化应用系统的建设已成为现代档案管理的一项重要内容，对于档案工作者而言，这也是一项全新的任务，需要在充分认识到馆藏数字化重要性和必要性的基础上，采取有效的策略和方法，开展馆藏档案数字化系统的建设和有效使用。

（一）馆藏档案数字化的意义和任务

中共中央办公厅、国务院办公厅联合发布的《关于加强信息资源开发利用工作的若干意见》中明确指出："各级政府机关、企事业单位要充分认识信息资源开发利用工作的重要性，加强政务、企业、产业等信息资源的开发与利用，充分发挥信息资源在信息化建设中的重要作用。"国家档案局在《关于加强档案信息资源开发利用工作的意见》中明确指出："档案信息资源的开发与利用是现代档案工作的重中之重。"档案作为一种特殊的文化资源，是国家信息资源的重要组成部分，它的开发与利用具有非常广泛的社会价值和实际意义。馆藏档案数字化工作主要包括两项任务：一是将传统载体档案目录进行数字化。二是将档案内容进行数字化。

档案目录数字化的主要工作是对载体档案进行编目，并将目录信息录入计算机系统，建立档案目录数据库，利用管理信息系统实现档案目录数据的计算机化管理和目录信息的资源共享。档案内容数字化的主要工作是将馆藏的纸质照片、录音、录像、缩微等档案通过扫描、加工、处理（包括去污处理、图像处理，OCR 识别等），转变为文本、图像，图形、流媒体等数字格式的信息，存储在网络服务器中，利用计算机及信息系统提供查询、检索和浏览。

（二）馆藏档案数字化的思路与方法

"一切为了用"是开展馆藏档案数字化的主要目的。这就说明了档案馆工作人员不仅要开展档案目录信息的著录、馆藏档案内容的数字化加工与扫描，更需要建立一整套完整的综合业务管理信息系统，加强数字化后的档案信息的利用服务工作。由于馆藏数字化需要花费大量的人力、物力和财力，加之数字化加工过程对档案原件也会有或多或少的损害，所以，不能盲目地赶潮流、追先进，不分先后、不讲策略地将馆内所有档案逐渐进行数字化。

对馆藏结构、馆藏量、馆藏利用量、馆藏档案年度、馆藏档案受损情况、档案存储介质、各存储介质的寿命等综合因素进行深入的分析,围绕档案永久保存特点用户快速查档和高频查档的要求进行深入的研究,按照档案利用率和档案的紧急保护程度对库房档案进行量化分析,获得按年、季、月进行排序的需要进行数字化处理的档案案卷数量、纸张数量、纸张大小以及声像和缩微胶片的档案数量等,并以此来提出对购买设备的种类、数量和性能的要求。如果档案馆内有缩微品档案且数量比较大,以后还会有进馆的缩微档案,就需要考虑是否在馆内购买缩微扫描仪,以解决长期的缩微品数字化的问题;如果数量很少而且以后也不会有缩微档案进馆,那么就不需要购买专用设备,可以考虑采用一次性的外协加工方式。录音、录像档案数字化方案也采用同样的分析方法,根据具体情况考虑是否需要购买专用设备并建立数字化加工流水线等事项。

多数档案馆藏以纸质档案为主,因此,建立纸质档案的数字化加工流水线几乎成为必须,当然各档案馆(室)也可以根据自己的实际情况,不购买扫描设备,采取分批分工的外协加工方式,只需要将加工后的数字档案信息进行科学管理、利用信息系统提供服务利用。这也是一种推荐的馆藏档案数字化加工的解决方案,特别是在数字化加工量比较大时,即便是在馆内建立数字化加工流水线,如果没有聘用足够的扫描加工工作人员,单靠档案馆内部工作人员很难在短时间内完成加工任务,达到良好效果,而专业化外包加工服务能够在保障质量和安全的前提下快速完成任务。

传统的档案管理模式是以文件生命周期理论为基础的,用文件生命周期理论来指导档案管理。生命周期理论对传统的档案管理实践起到了理论基础和指引的作用,被认为是20世纪50年代以来最重要的文件和档案管理理论。但是当电子文件、电子档案大量出现后,该理论的适用性受到了怀疑。因此,自20世纪90年代以来,有关电子档案的管理模式问题成为档案学界争论的热点之一。对此,有人主张抛弃生命周期理论,为电子档案管理模式另立新论;也有人认为电子档案虽然呈现出许多新特点,但仍然具有传统档案的本质特征,因此可以对传统的文件生命周期理论进行发展,并在此基础上探索符合电子档案运动规律的管理模式。本节将从介绍和阐释电子档案管理的理论基础入手,对电子档案的管理模式进行全面的探讨。

七、电子档案管理的理论基础

20世纪中叶以来,随着电子文件的大量产生,传统纸质文件的统治地位开始受到威胁,机构电子文件的管理也面临着越来越多的新问题。相应地,传统的档案管理理论,主要是文件生命周期理论的局限性也越来越明显,这一理论已经不再能够满足现代机构的文件、档案管理需求。于是,档案学界开始对文件生命周期理论进行反思和新的探索,并试图寻找新的理论来支持电子档案的管理。在这一过程中,在传统的文件生命周期理论基础上发展起来的电子文件生命周期理论以及由社会学的"结构化理论"与档案学相关理论相结合而产生的文件连续体理论，成为国内外档案学界最具影响力的指导电子档案管理的两种理论。

（一）文件生命周期理论

1.传统文件生命周期理论。文件生命周期理论是档案学的理论基石之一，同时也是指导档案管理工作的重要理论。对于文件生命周期理论这一概念，各国档案学者在理解上几乎没有什么差异，仅在具体表述形式上略有不同，较为普遍的说法有文件生命周期、文件生命阶段等。本书对该理论采用"文件生命周期"这种提法，也是目前对这一理论最通用的称谓。

文件生命周期理论产生于20世纪50年代，对它的研究最初起源于国外档案学者对文件和文件中心的理论解释，后来扩展到了文件的整个运动过程以及对这一过程的全面管理。文件生命周期理论描述了文件从形成到最终销毁或作为档案永久保存的整个运动过程，并揭示出在文件的整个生命过程中，文件的属性、价值与管理者的主体行为之间的关系。这一理论产生之初的目的是具体而专指的，但是进入20世纪80年代以后，随着对这一理论研究的逐渐深入，学者们试图用该理论去揭示文件这一事物发展变化的客观规律，并用以指导文件和档案的管理工作。《文件的选择》和《文件生命周期研究》是阿根廷档案学者曼努埃尔·巴斯克斯分别于1982年和1987年出版的系统论述文件生命周期理论的两部代表作。在这两本书中，他深入探讨了文件的价值属性与运动阶段、保管场所和管理方式之间的关系，提出研究该理论"不仅仅是为文件中心提供理论基础"，更重要的是"为了发现是什么原因促使文件从一个阶段向另一个阶段过渡以及分析我们要遇到的各种因素，这样可以获得一种具体标准，即每个文件阶段所包括的期限，并避免用一种毫无区别的尺度去概括各种文件现象"。美国档案学者詹姆斯·罗兹认为，文件生命周期理论"是指从文件的产生，经过作为履行组织职能的工具进行活动和工作的阶段，一直到其现实效用的消失，或者当其全部使用目的已经达到时对其进行销毁，或者因其具有永久保存的价值，而把它们作为档案，赋予新的使命的整个周期"。他还把该周期划分为四个阶段，即文件的形成阶段、文件的利用和维护阶段、文件的处置阶段和档案管理阶段。前三个阶段又隶属于文件管理阶段，与档案管理阶段并列为两大阶段。在划分文件生命周期的阶段这个问题上，中国档案界最有影响的观点是陈兆祦先生的"四阶段"论，即把文件的运动周期，大致划分为制作、现实使用、暂时保存和永久保存四个阶段。按照中国文件档案工作的习惯和现行规定，"归档"后进入暂时保存阶段的文件便被称为档案。

2.电子文件生命周期理论。虽然，传统生命周期理论对于纸质等传统载体的文件、档案管理意义重大，但是在当前电子文件逐渐居于主导地位的时代，由于电子文件的读写方式、结构以及内容与载体的关系都发生了革命性的变化，因此为了解决现实中越来越突出的电子文件管理问题，档案学者对上面传统的生命周期理论进行了发展和重新阐释,提出了"前端控制"思想,以使生命周期理论能够在电子时代继续指导文件、档案的管理实践。正如法国档案学者诺加雷在谈及信息技术对档案和档案工作的影响时指出:"档案工作者要重新考虑他们在文件生命周期进行干预的时机,甚至重新考虑这种生命周期本身。"关于电子文件生命周期的划分,学术界有两种代表性的观点,一是国际档案理事会电子文件委员会提出的观点。二是我国档案学者何嘉荪先生提出的观点。

(二)文件连续体理论

文件连续体理论的形成及其内涵。文件、档案工作的使命和目标,就是为后世保存各类真实、可靠完整和有用的文件,并且能够及时、准确地满足文件利用者的利用需求,提供他们所需的文件。但是随着技术进步和电子文件时代的到来,如何在现代组织机构中实现电子文件的有效管理成为越来越严峻的课题,摆在了各国文件人员和档案工作者的面前。由于文件生命周期理论乃至电子文件生命周期理论对新的文件形式,即电子文件的管理上存在局限性,文件连续体理论应运而生。

"文件连续体"这一概念在1996年出版的澳大利亚国家档案标准中被定义为"即从文件形成包括形成前,文件管理系统的设计到文件作为档案保存和利用的管理全过程中连贯一致的管理方式"。这一定义揭示了文件形成、保存与长久利用一体化管理的理念。事实上,文件连续体理论是一个新的关于文件运动的理论,它的形成经历了一个发展过程,其思想萌发于20世纪中叶澳大利亚档案学者伊恩·麦克莱恩的观点之中,他的观点促进了人们对档案管理与文件管理间连续性问题的探索。而后,在1985年加拿大档案工作者协会年会上,加拿大档案专家杰伊·阿瑟顿明确提出了"连续体"的概念。阿瑟顿认为文件的所有阶段都是相互关联的,文件工作者和档案工作者在不同程度上都要介入被记录信息的管理。他同时指出人们假设文件要经过的生命周期阶段,事实上是档案管理和文件管理间一系列不断再现和反复的活动。在阿瑟顿的连续体概念中潜在的一体化或联系因素使文件管理服务的对象既包括文件形成者,同时也包括所有的其他利用者。直到20世纪90年代,澳大利亚档案学者弗兰克·厄普沃德在这个基础上做了进一步发展,使文件连续体理论逐渐定型。厄普沃德为了阐述文件连续体理论引入了"维"的概念,也就是说文件的运动不仅是线性的,并且是多维的。在文件连续体模型中,厄普沃德构建了一个多维坐标体系来描述文件的运动过程,从四个维度来理解文件的整个生命过程。这一多维坐标体系包括向四个方向延伸的半轴,即文件保管形式轴、价值表现轴、业务活动轴和形成者轴。其中文件保管形式轴是核心轴,因为它的变化带动了其他坐标轴的相应变化。文件连续体理论通过描述文件保管形式轴上四个坐标的变化,引发形成者轴、业务活动轴和价值表现轴上特定坐标的相应变化,揭示出文件的四维运动过程。

(三)文件连续体理论与文件生命周期理论的联系与区别

文件连续体理论以一种新的思维方式重新考察了电子文件的运动过程,为电子文件的管理实践建立了新的机理，但它并不是对文件生命周期理论的彻底否定。更应该说，它是在吸收文件生命周期理论的合理成分的基础上，在电子文件时代对生命周期理论的跨越式发展。文件生命周期理论对文件运动过程的划分被认为是一种分阶段管理文件和档案的模式。然而在真正科学的电子文件管理系统中，已经无法明确区分"文件"和"档案"，更无法明确区分"文件管理"和"档案管理"两个阶段。

因此很多中外档案学者都认为，该理论与文件连续体所倡导的对文件实施一体化、全过程管理的思想截然相反，它在电子文件的管理模式中已经被完全否定了。虽然两种理论有着不同的理论前提，体现了不同的文件管理思想，但不应该因此就简单地把二者对立起来。没有任何一种理论是不需要批判和借鉴以往的理论而凭空产生的，文件连续体理论也不例外。下面就对二者之间的联系进行简要阐述。

1. 二者开展文件管理工作的目标是相同的，即提供事务处理的凭证；满足法令和法规的要求保证组织机构能够完成其职能任务和开展日常工作等。

2. 二者都意识到了文件运动过程的整体性。从上面对文件生命周期理论基本思想的概括中，就可以了解到生命周期理论也是首先把文件从其形成到销毁或永久保存看作一个完整的生命过程，在此基础上，再针对文件运动中的价值和作用形式的变化将其划分为不同的阶段。这种"文件的运动具有整体性的特点"的观点，是与文件连续体理论中所表达的"从文件形成到文件永久保存或销毁的全过程是连续的、不间断的"基本思想是完全一致的。

3. 文件连续体理论是对生命周期理论中文件运动规律描述的丰富与扩展。生命周期理论仅仅是从单一维度对文件自身线性运动规律的描述，但是这种单一维度的线性运动在现实组织机构的文件运动中很少见，因此也被称作是"文件的理想运动状态"。对整个文件运动规律而言，这种描述显然是不全面的。连续体理论则在此基础上扩展和丰富了文件的运动形式，把文件的一个线性运动过程演变成多个线性过程的重叠或连续，使之更符合文件尤其是电子文件运动状态的实际情况。

4. 二者在文件运动过程中对文件价值主体的确定上存在共性。无论是文件连续体理论还是生命周期理论，都尽量全面地确认文件价值的主体。总体来说，两种理论在文件价值的判定上都考虑到了文件对形成机构和其他利用者的利用需求，只是在具体鉴定标准以及对满足各价值主体文件利用需求的侧重上存在不同。

5. 文件连续体理论与电子文件生命周期理论的共性。二者都体现了电子时代文件管理的"前端控制"思想，重视电子文件保管系统的计划与设计，特别强调档案工作者必须尽早介入电子文件管理，应在电子文件保管系统的设计开始时就从档案工作的角度为系统设计发挥积极作用；二者在电子文件管理过程中都强调各学科、各领域人员的交流与合作，以确保电子文件的"证据性"，并且在进行电子文件鉴定时能更好地理解文件，使鉴定的结果满足各方面的需求。

（四）档案馆的电子档案管理模式

对于档案馆内电子档案的保管模式问题，目前在国际档案界尚未达成共识。加拿大哥伦比亚大学和美国匹兹堡大学提出了两种代表性的管理方案，即由档案馆集中保管和由各机构分散保管。这两种方案分别得到了一些国家学者和档案管理机构在理论和实践上的支持。在这两种模式纷争的情况下，又出现了第三种主张，即采用集中与分散相结合的管理模式。

这是一种折中的观点。持此观点的学者认为，分散保管与集中保管两种模式各有利弊，应该吸取两者的合理因素，发挥各自的优势，采取分散与集中相结合的保管模式，即"将大部分电子文件及需要短期保存的电子档案，由形成单位按档案馆提出的要求保存，并接受档案馆的监督、检查和审计；将重要的，具有永久保存价值的电子档案上交到档案馆进行集中统一保管"。目前来看，持此观点的多是国内的学者。如上海大学档案系的于英香提出：应尽可能地将具有永久保存价值的电子档案移交到特定档案馆中进行集中保存。而对于那些具有短期保存价值和在运动环境上具有特殊要求的电子档案，可委托形成机构进行保存。但是档案馆需要事先与被委托机关签订详细、具体的委托契约，档案馆的工作人员还必须以足够的技术能力和专业知识监督这些机关是否按照契分散保管与集中保管相结合的设想的出发点和理论依据都很好，但它的实现涉及的因素较多，因此该模式是否具有可操作性还有待实践的进一步证明。

结 语

　　档案管理工作是当前事业单位经营发展过程中对自身经营发展过程中涉及的各项内容进行建档管理，并根据档案信息结果为企业经营发展过程中的各项业务提供相应服务的一项基础工作。档案管理工作涉及档案信息的收集与整理、档案价值的鉴定与应用、档案成果的保存与传递、档案内容的编辑与研究等多项工作内容，因此在信息时代下档案管理工作的相关业务流程伴随着信息化技术的有效利用与以往相比均发生了非常大的变化。档案管理现代化与档案信息化建设已经成为档案事业在信息时代背景下发展的必然要求，也成为档案管理工作服务质量和服务范围不断提升的一项必然措施。

　　档案管理现代化指的是结合当前世界范围内现代化的发展背景，使用全新的思想观念与超前的思想意识，依照档案管理工作的客观发展规律并应用现代科学技术的理论与方法，以此对档案管理工作的发展情况进行全面有效的分析、评估和判断，最终结合档案管理工作的实际发展特点利用多项科学技术和手段实现对档案内容的现代化管理，有效达到全面提升档案管理工作和档案服务工作效率、质量的目的。结合当前我国范围内档案管理现代化的实际应用情况来看，判断当前档案管理工作是否实现现代化的指数涉及其档案管理工作是否具备思维超前化、技术自动化、组织网络化、体系多元化、结构综合化五项内容。

　　创新作为促进社会各项事业兴旺发达的重要力量源泉，也是信息时代下做好档案管理工作的根本动力。档案工作的信息化建设是信息时代档案管理工作创新的客观需要，只有做好档案管理工作的信息化建设，才能满足新时期档案管理工作的需要，才能真正实现信息时代下创新档案管理工作的目的。

参 考 文 献

[1] 李军. 档案科技助推档案管理现代化 [J]. 办公室业务,2021(06):124-125.

[2] 赵玉敏. 浅谈基层档案管理现代化的途径 [J]. 决策探索 (中),2021(03):84-85.

[3] 丁丽双. 计算机技术在档案管理现代化中的运用探讨 [J]. 兰台内外,2021(06):24-25.

[4] 侯培培. 基层事业单位档案管理现代化探讨 [J]. 办公室业务,2021(04):131-132.

[5] 邵立双. 事业单位档案管理现代化、电子化发展分析 [J]. 城建档案,2021(02):86-87.

[6] 侯素青. 国家治理体系和治理能力现代化视域下的公立医院纪检档案管理工作探讨 [J]. 中医药管理杂志,2021,29(03):204-206.

[7] 倪丽娟. 档案治理问题思考 [J]. 档案学研究,2021(01):58-63.

[8] 邵继仁. 数字化技术在档案管理工作中的应用研究 [J]. 办公室业务,2021(02):189-190.

[9] 陈文静. 探讨电力档案管理的现代化发展 [J]. 投资与创业,2021,32(01):124-126.

[10] 曹倩. 新时期下企业现代化电子档案管理探析 [J]. 兰台内外,2021(02):22-24.

[11] 梁晓凤. 党务档案管理的现代化建设研究 [J]. 中小企业管理与科技 (中旬刊),2021(01):15-16.

[12] 王红玉. 浅谈新形势下档案管理现代化的有效途径 [J]. 办公室业务,2020(24):127-128.

[13] 田树青. 如何提高档案现代化管理与利用水平办法研究 [J]. 中小企业管理与科技 (下旬刊),2020(12):31-32+76.

[14] 张乐."互联网 +"背景下档案管理现代化建设路径实践与探索 [J]. 城建档案,2020(12):64-65.

[15] 田玲芝. 新时期医院档案现代化管理探讨 [J]. 城建档案,2020(12):92-93.

[16] 谭畅. 对于高校开展档案管理现代化的思考重点探寻 [J]. 知识文库,2020(23):193+195.

[17] 李青. 医院信息化与医院档案管理现代化的运用思路 [J]. 办公室业务,2020(23):72-73.

[18] 隆伟. 新形势下医院档案管理现代化面临的问题及对策 [J]. 办公室业务,2020(23):95-96.

[19] 王慧. 交通运输档案管理现代化建设策略研究 [J]. 兰台内外,2020(33):35+76.

[20] 赵瑾 . 数字化建设在医院档案现代化管理中的应用 [J]. 城建档案 ,2020(11):39-40.

[21] 刘亚男 . 医院管理现代化和建立现代医院档案管理新模式 [J]. 办公室业务 ,2020(22):149-150.

[22] 赵云 . 医院信息化与档案管理现代化现状探讨 [J]. 办公室业务 ,2020(22):92-93.

[23] 盛立燕 . 房屋产权产籍档案管理的规范化建设分析 [J]. 传媒论坛 ,2020,3(23):105+107.

[24] 王明 . 现代化档案管理技术应用 [J]. 科技经济导刊 ,2020,28(32):202-203.

[25] 顾巧莲 . 学校档案管理的功能与服务 [J]. 才智 ,2020(31):96-98.

[26] 刘津宏 . 新形势下医院档案管理现代化的问题研究 [J]. 科技资讯 ,2020,18(31):93-95.

[27] 胡京津 . 现代化管理手段和服务方式在国企档案管理中的应用 [J]. 办公室业务 ,2020(20):136+157.

[28] 曹维维 . 房地产企业档案管理现代化建设策略探析 [J]. 居业 ,2020(10):117+119.

[29] 谷士鹏 . 医院档案现代化管理的趋势分析 [J]. 公关世界 ,2020(18):96-97.

[30] 李花英 . 适应新时代发展要求 推进基层工会档案管理现代化 [N]. 山东科技报 ,2020-09-25(003).

[31] 鄢虹英 . 高职院校档案现代化管理存在问题及措施探析 [J]. 杨凌职业技术学院学报 ,2020,19(03):39-40+53.

[32] 徐媛娟 . 事业单位档案管理的现代化和电子化研究 [J]. 兰台内外 ,2020(29):22-24.

[33] 王维娜 . 医院档案管理现代化探讨 [J]. 办公室业务 ,2020(16):128+131.

[34] 王绎涵 . 不动产档案现代化管理探讨 [J]. 办公室业务 ,2020(16):121-122.

[35] 魏真真 . 档案库房管理现代化建设的设想与探讨 [J]. 城建档案 ,2020(08):60-61.

[36] 高丹 . 基层计划生育档案现代化管理模式的探究 [J]. 黑龙江档案 ,2020(04):29-30.

[37] 任丽杰 . 论办公自动化和机关档案管理现代化的互动影响 [J]. 黑龙江档案 ,2020(04):47.

[38] 李媛媛 . 论档案管理现代化中档案管理原理的运用 [J]. 黑龙江档案 ,2020(04):20-21.

[39] 于敏 . 中学档案现代化管理对策研究 [J]. 山东档案 ,2020(04):51-52.

[40] 米丹 . 档案管理现代化视域下高校档案管理应用于校园文化建设的实践 [J]. 国际公关 ,2020(08):182-183.